青山真治アンフィニッシュドワークス

Shinji Aoyama Unfinished Works

Contents 目次

Critique
［論考］

Scenarios

［シナリオ・シノプシス］作＝青山真治

History

［資料］

カバー：© 1996 WOWOW／バンダイビジュアル
バックカバー、本表紙、本扉：写真＝田村尚子世の中は相変わらずひどい状態だが、それでも生きて行く。

——青山真治『波、あがりて』より

青山真治という映画の運動に寄せて

樋口泰人

あらためて青山真治のフィルモグラフィを見なおしてみるともちろんそんなことはわかっていたはずなのに不遇な映画監督のイメージを作り上げてしまったこちらの身勝手な想像を超えて多作なラインナップだったことに不意打ちされる。思うように映画を作れなくなった二〇一〇年代以降の印象が強いためか記憶上のフィルモグラフィは途切れ途切れで、それは一方で『Helpless』や『ユリイカ』『サッド ヴァケイション』などの有名作ばかりが目立ちすぎその間を埋めるいくつもの作品が希薄になってしまったこともあるのだが、しかしこうやってタイトルを一望するとなんと多作で多様な映画を作り続けた映画監督だったのだろう。しかも不遇と決め込んだ二〇一〇年代以降もまた劇場用長編に限らなければ学生たちとの短編やテレビドラマやｗｅｂドラマなど劇場用長編では簡単にはやることのできない実験的な試みも含んだ新たな道を切り開いているよう

に見える。そしてそれらひとつひとつを青山真治はそれまでの経験と知恵と技術を総動員しつつまるで初めて映画に触れた大学生のように経験と知恵と技術だけでは対応できない「映画」の外側へと扉を開いたのだった。

アップル社の映像編集ソフト「ファイナルカット・プロ」が発売されたのは一九九九年のことだ。すでに実用化されていた小型のDVカメラで撮影された映像データをパソコンに取り込むことによってビデオ編集は一気にパーソナルなものになった。もちろん当時のDVのデータでは映画館のスクリーンで上映するにはまったく物足りない。しかしそれでも何かできる、これまでできなかった自由な作品を予算を気にせず作ることができる。8ミリフィルムで映画を作っていたころの映画作りへの高揚感が多くの若手職業監督たちに共有されていたように思う。そんな空気の中で作られたのが『June 12./1998 at the edge of chaos カオスの縁』であり『phew video』であり『すでに老いた彼女のすべてについては語らぬために』『刑事まつり「Noと言える刑事」』『軒下のならず者みたいに』『秋聲旅日記』『海流から遠く離れて』『WISH YOU WERE HERE』といった一連のDV作品群だった。

どれも劇場用の長編に比べれば光は弱く音も貧弱でゴージャス感には欠けているのだが今改めてこれらの作品を観てみればそこには言いようのない幸福な時間と空間が映されていることに気づかされる。青山は「バンド」という言い方でそれらの映画作りをたとえていた。映画作りに必要な最低限の人数で作業をし、必要に応じて応援を呼び、必要に応じてメンバーを入れ替え終わりのないツアーを続ける。そんな映画作り。

一方でヴィム・ヴェンダースは映画作りをサーカスにたとえていた。それぞれの専門家たちがひとつの目的のために集まって作業が終了すると散り散りに去っていく。そして再び機会が訪れるとどこからともなくそれぞれが集まってそして再び散っていく。そ

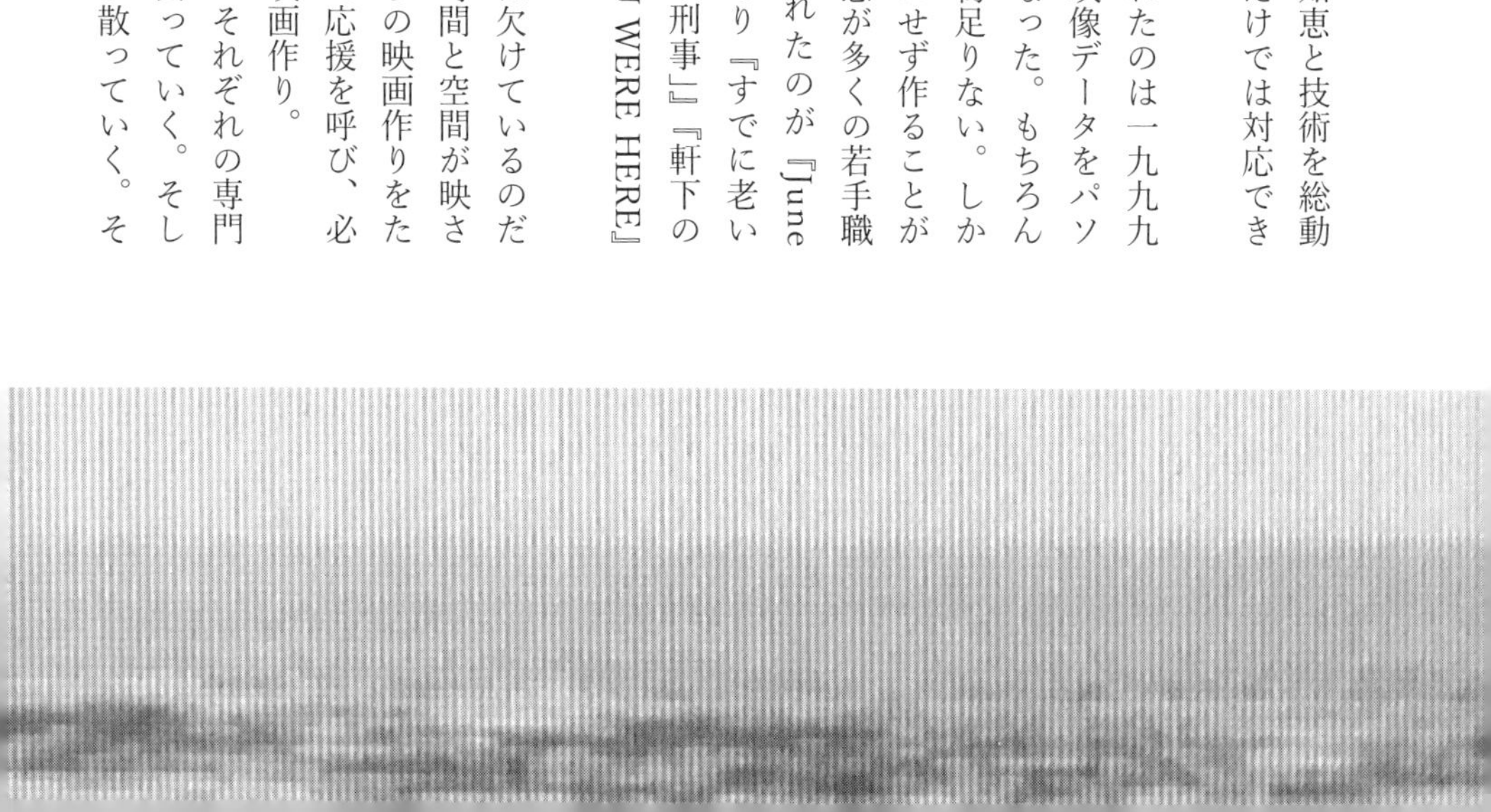

のクールでしかし強い連帯の在り方こそ映画という運動の母体である。青山の言う「バンド」の、どこか危なっかしくうっかりすると映画作りを超えて別の運動をし始めかねない不定形で可能性と初期衝動の喜びに満ちた集団に比べ、よりプロフェッショナルな集団ということになるだろうか。

　青山はこのふたつの映画製作の方法を自身の映画作りの両輪にしてきた。フィルモグラフィにはその両輪がくっきりと痕跡を残している。『Helpless』から始まり『空に住む』で終わる劇場用長編の流れと先述したDVでのドキュメンタリーや短編、そして二〇一〇年代に教鞭をとっていた大学で教え子たちと作った『FUGAKU』シリーズ。どちらも青山にとってかけがえのない作品たちだったはずだ。だからその意味では二〇一〇年代以降劇場用長編が思うように製作できなくなってからも「不遇」だったのではなく別のフェーズに入っていただけだと言うことができる。「映画」という言葉を聞いてわれわれが想像するいわゆる「劇場用長編」だけが映画ではないと今更言うまでもないことを今更今ここで言うべきであると青山真治のフィルモグラフィが語りかけてくる。逆に言えばそのふたつは両輪ではなくただひとつのものだということである。ただひとつのものであるがゆえにそのふたつが必要なのだと言うべきか。音楽も小説も批評も映画もどれも別々の場所にあるのではなくこのひとつの場所から生れ出たものなのだという意味でその両輪もひとつでありふたつでもある不定形の運動体として「青山真治」という壮大な風景を作り上げる。

　あるいは「青山真治」という何ものかがそこにあることによってそれらの作り出す大きな広がりが見えてくると言ってもいい。それは例えば「小津安二郎」や「ジョン・フォード」「ジャン＝リュック・ゴダール」といった何ものかがそこにあることによって見えてくる風景と似かよった何かであるだろう。それらの肉体はなくなってしまっても

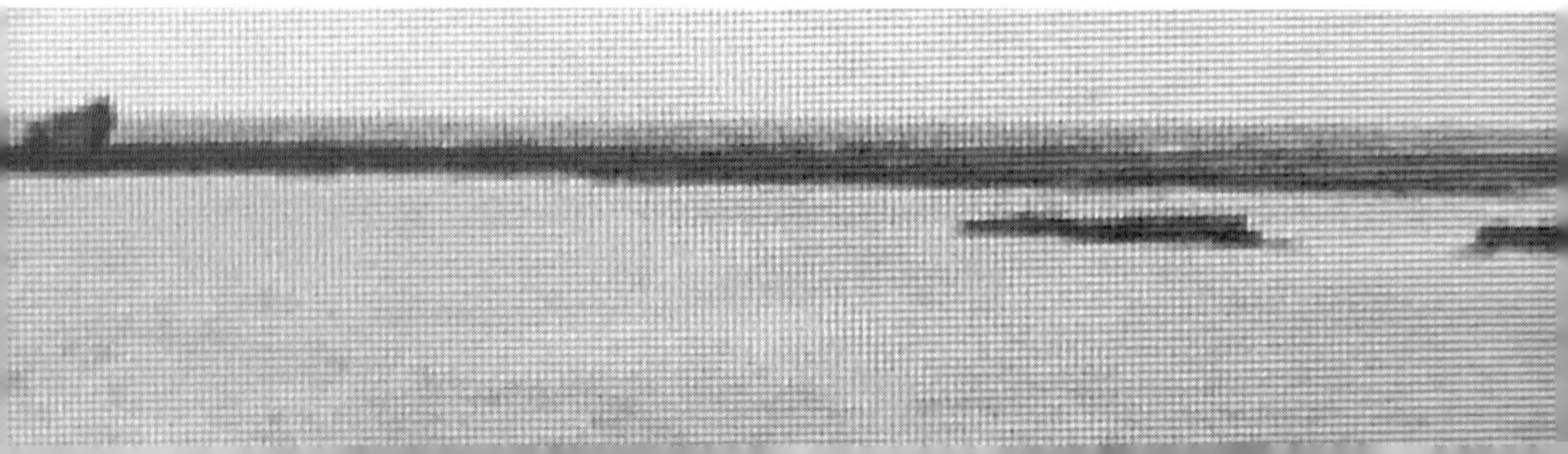

その名前がこうやって残ることによってその風景は今なお変容し新たに生まれ未知の何かを生み出し続ける。これこそ現実というやつではないか。『すでに老いた彼女のすべてについては語らぬために』の中で連呼される固有名が思いだされる。それらの固有名が抽出された基準は定かではないが、それらがそうやって呼ばれることによって生み出され変容する風景をとらえ続けていくことこそが映画の役割ではないか。青山真治はただひたすらそのことを肝に銘じ実践し続けてきたように思う。

たとえば本書におさめられた『Helpless』の第一稿と完成した映画との大きな違いは何よりもまずそこにあるように思える。つまり「秋彦」の役割。その後の青山真治映画の主人公となるべく誕生した「健次」の相棒としての「秋彦」は、第一稿では健次の変奏とも言える兄弟のような存在として登場している。一方映画化された『Helpless』ではトンネルの暗闇の中から不意に現れた想定外の人間として不協和音を奏でつつ誰も思いもしなかったはずの物語の可能性を示すわけだが、その時われわれが思わず幻視する可能性としての風景こそ、青山真治の映画の中心点のありかを指示しているように思う。『Wild Life』には「jump into the dark」という文字が印象的に挿入される。その暗闇の中に「秋彦」という人間を置いたときにはじめて浮かび上がってくる風景をいかにとらえるか、あるいは「秋彦」を暗闇の中からいかに登場させるか、そしてそのことによってどんな風景が浮かび上がってくるのか。青山真治はひたすらそんな作業を繰り返してきたのではないか。もちろん「秋彦」は「小津安二郎」や「ジョン・フォード」や「ジャン＝リュック・ゴダール」と同様な固有名であるゆえに秋彦である必要はなく、たとえば『東京公園』の染谷将太はどうか『空に住む』の猫の「ハル」はどうか。というかフィルモグラフィの後半になるにつれ、「秋彦」はよりかすかな存在へと姿を変えそれを観るわれわれはその風景を幻視する側から幻視された風景の中の登場人物のようなも

のへと立ち位置をスライドさせられもはやこの現実こそが青山真治の映画ではないかと思えてくる、そんな曖昧で眩暈のする世界を体験することになる。そういえば『シェイディー・グローヴ』の中にそんな不安定に運動する絵画が登場していなかったか？

青山真治の死後、遺されたパソコンの中には映画化されなかった数多くのシナリオやプロットや企画書が入っていた。断片やメモ程度のものも含めるとああひとりの人間の頭の中にはこれほどまでのアイデアや妄想や欲望が渦巻いているのかと途方に暮れた。五七歳で死んだ男の中には三〇〇年分くらいの企画が詰まっていたのだ。『Helpless』以降、プロジェクトの大小にかかわらず毎年コンスタントに作られ続けていた青山真治の作品群はその膨大な企画の海に浮かぶ島のようなものであり、海は果てしなく広がる。さまざまな方向に思わぬアイデアとともに「映画」という枠組みをも踏み越えてしかしぎりぎりそこに踏みとどまりつつ増殖していくそれらは、より多様な世界を描きつつしかしそれらが生まれたただひとつの場所を指し示すようなものだった。

漠然と広がる豊饒な海の中に「秋彦」を差し入れる。あるいは「健次」をさしいれる。あるいは「ハル」を差し入れる。日々、そんな作業が繰り返されそれぞれの風景が重なり合い変容し次第にひとつの物語を語り始める。あるいはそれぞれが勝手にそれぞれの物語をささやき始める。そのざわめきを聞き取った青山がメモしたのがそれらの企画書類だったようにも思える。もちろんそれだけでは映画は生まれない。映画監督の仕事はそこにさらに船を差し入れることだったりバスを差し入れることだったりバイクを差し入れることだったりウサギのぬいぐるみを差し入れることだったり水槽の金魚を差し入れることだったり歴史上の出来事や人物を差し入れることだったり百葉箱のビデオ映像を差し入れることだったりする。そしてそれらが共鳴しエコーを響かせ差出人であるは

ずの「青山真治」は気づくと差し出される側の人間となりそれはもはや「映画」なのか「現実」なのか見分けのつかないぎりぎりの「カオスの縁」がそこに出現する。そのときそれを観るわれわれもまた「人間」であり「人間」ではない不明瞭な存在へと姿を変える。そんな境界へとわれわれを誘うものこそ「映画」と呼ばれるものなのではないか。誰もがよく知る酔っ払った青山真治のべろべろな状態のその手に負えない泥酔の中で頭の片隅だけが冴えわたり明瞭すぎるほどにくっきりと世界の姿をとらえているとしたら……。パソコンの中に遺されたいくつもの企画がそんなことを語りかけてくる。

本書に収められたのはそんな映画のざわめきたちの一部である。それ自体が何かものすごい作品の原型というわけではなくしかしそれがあることによって大きな何かが生まれるかもしれない小さな可能性のかけらのような存在である。われわれはその可能性の中にいったい何を差し入れることができるだろうか。若くして青山真治の映画に影響を受け、あるいは交流を持った監督たちや俳優の言葉は彼らの思い出として語られてはいるもののその言葉がこれらの可能性の中に差し入れられたとき、そこから新たな風景が立ち上がって来はしないだろうか。彼らの言葉、小さな企画と可能性のかけらたちは過去を作り現在を生き未来を照らし出すだろう。あるいは未来を生き現在を作り過去を照らし出すと言ってもいい。その意味で青山真治と青山真治の映画はそんな「今」をなお生き続けている。豊饒な海に差し出された「青山真治」によって生まれつつある世界の中をわれわれは生きているのである。そしてわれわれもまたいつかその海の中に差し出される何ものかへと変容する。そんな「映画」という運動の回路ひとつとして本書は作られている。

See The Sky About To Rain

きたるべき青山真治再生にそなえて

阿部和重

もとよりカメラは離陸していたのだった。青山真治の映画を観つづけてきた者の多くが、彼の予期せぬ早世によってそれに思いあたり、深く静かな驚きをおぼえたにちがいない。

それというのは円環を閉じるかのごとく、初作の冒頭と遺作の末尾が明白な一致を示すことを指している。長篇劇映画の初監督作にあたる『Helpless』は真俯瞰空撮による風景ショットではじまり、最終監督作『空に住む』では高層階から撮られた窓外眺望ショットがラストに配されている。偶然が必然と化したかのようなその事実をどう受けとめるべきなのか、追悼文を記す者としてはいろいろと考えさせられてしまうが、いずれにしても作家自身の説明に耳をかたむけることはもはやかなわない。このきびしい現実に今あらためて呆然としている。

一五本目の長篇劇映画監督作にあたり、二〇二〇年に発表された『空に住む』は、劇場での初見時からして例外的な青山作品に思えた。作中からうかがえる作家の存在感がいつもと際だって異なるように感じられたのが主たる理由だった。これは印象論にすぎないが、つくり手個人の創造的嗜好性ないしは指向性に直結する表現をできるかぎりとりはらっているふうに映ったのだ——補足すれば、署名抹消の目的化というより内容上の要請により、それらの符牒をとりいれる余地はなくなったものの、デヴィッド・ボウイ関連の引用についてはキャラクター設定の強調をねらう効果として採用されたのかもしれないと推測される。かといって、作者の影が薄いとかいう単純な話ではない。むしろ反対に、『空に住む』は、青山真治そのひとの輪郭を色濃く浮かびあがらせるきわめてパーソナルな映画に仕あがっていると指摘したとしても、反論は少なかろうという気がする。

『空に住む』はそもそも完成度が高い。画面設計ないしは場面構成、芝居構築、ロケーションの選択から美術配置にいたるすみずみまで、工夫を惜しまず型どおりの造形を避けつつ緻密に組みたてられている。それのみならず、ドラマ上では人間関係が複雑にからみあうなか常識や一般性なるものへの抵抗がたくみに物語られるわけだが——そうした特色は、どれも過去の青山作品においても認められるということも言いそえておくべきだろう。

その意味では、『空に住む』にはあらゆるものがそろっているばかりか、以前にも増して演出に力がそそがれているのではないかという感触すらある。つまり本気で撮られた映画であるのはたしかだ。ゆえに作者の影は薄まるはずもないのだが、それにしては不思議なくらい気負いを感じさせず、衒いなどかけらも見あたらない。

あるいはこう言ってよろしければ、北九州三部作や『月の砂漠』といった代表作には

作家の思考はおろかあの巨体の重量や熱量さえ伝わってくるほどの存在感が刻印されていたように見うけられたが、最後の監督作にそうした気配は見られない。においや雰囲気すら嗅ぎとれぬまでに徹底してみずからを希薄化させているかのごとき澄みきったおもむきを呈しているのだが、にもかかわらず、作品全篇をあまねく見とおすまなざしの主体がはっきりと知覚できてしまうところが『空に住む』の例外性をあらわしている。それは見方を変えれば、作品と作家がかつてないくらいシームレスに一体化していることの証左とも言いうるかもしれない。

監督自身にとり、「女性」を中心にすえた長篇劇映画の初の本格的試みだったこともその希薄化に影響したのだろうか。おなじく「女性」が主役の映画ではあるものの、特殊な役割を課されたキャラクターによる謎めいたドラマが展開される『シェイディー・グローヴ』や『ＥＭ エンバーミング』や『こおろぎ』とは異なり、『空に住む』はいわゆる「等身大の平凡な独身ＯＬ」の心理劇に焦点がしぼりこまれてゆくから、それに見あった演出方針を推しすすめた結果の印象なのかもしれないとも考えられる。

特殊な役割を課されたキャラクターには役柄やジャンルにふさわしい表現のコードがあらかじめ用意されているが、「等身大の平凡な独身ＯＬ」は決まった色がなく目だった特徴をもうけにくい。ありふれた属性だからこそ、実在性の演出は簡単ではなくなる。そうした人物像を、どちらかというとアウトサイダーの男性キャラクターを主人公にすえることが多かった男性監督が本気で撮るには、においや雰囲気すら嗅ぎとれぬまでに徹底してみずからを希薄化させざるをえず、まなざしそのものと化しつつ作品と一体化しなければならなかったのかもしれない。固有性を帯びたリアルな一個人として「等身大の平凡な独身ＯＬ」をスクリーン上に立たせるには、役者の一挙手一投足を現場で注意ぶかく見まもりつつ適切な瞬間を場面ごとにつかまえてゆくしかなかったわけだ。

ならば『空に住む』において、その「等身大の平凡な独身ＯＬ」はどのような経緯を通じて固有性を帯びていったのだろうか。

両親の急逝を機に叔父夫婦より招かれ、都内タワーマンション高層階の一室で暮らすことになった主人公の直実は、さしあたっては孤独な様子には見えない。郊外の日本家屋をオフィス利用しているめずらしい中小出版社につとめる彼女は、和気あいあいたる職場で同僚たちと明るく語らいながら編集業務にいそしむ日常を送っている。後輩にも慕われ、上司との間柄も良好で重要な仕事をまかされるくらい信頼されてもいるようだ。タワーマンションでは転居後まもなく知りあった有名俳優に振りまわされつつも彼とメロドラマチックな色恋沙汰を演じ、部屋のオーナーであり別の階に住む叔父夫婦もしつこいほどしょっちゅう訪ねてくるからひとりになる時間は少ない。なにより飼い猫のハルがいつも室内のどこかにいてときどき寄りそってくれる。

そんな直実にも、感情を素直に表現できないという悩みごとがある。両親の葬式で泣けなかったことを気に病んでいる彼女は自分自身の弱さを自覚しているが、文語的な物言いが口癖でもあるせいか周囲にはクールに見られがちだ。それを外面と内面の不一致だと言いあてる有名俳優には、本当の気持ちを嘘のふるまいで隠していると指摘される。そうしたみずからの性格の問題に加え、叔父夫婦のおせっかいも悩みの種だ。とりわけ叔母による善意の押し売りめいたゆるやかな支配をうとましく感ずることになる。

ドラマの後半、直実はおおきな試練を経験する。有名俳優や叔母との関係がこじれ精神状態が悪化するなか、飼い猫ハルの発病と死という最悪の事態をむかえるのだ。そのどん底から自力で立ちなおり、有名俳優とは色恋も仕事も両立させる仲を築いたすえ、ハルを火葬し遺骨を両親の位牌とともに窓辺の祭壇にならべるまでが物語られてゆくのだが——つまり『空に住む』とは、文字どおりの葬送の映画なのだ。それを今、遺作として見なおさねばならない鑑賞体験は虚実の反転を錯覚させずにはおかず、こうなることを予見したうえで組みたてられた作品なのではなかろうかという妄言さえつぶやかせてしまう。

もっとも、虚実の反転じたいは『空に住む』そのものの構造に組みこまれている。外面と内面の不一致という直実の性格問題がまず当てはまるが、それ以上の役割を担っているのがタワーマンション高層階の一室だ。見方によってはあの部屋は、虚実反転の舞台として設定されていると解釈できるからだ。

映画において窓――すなわち光を受けとめる四角い平面はスクリーンの隠喩として機能する。だとすれば直実がタワーマンションで最初の朝をむかえる場面、自動カーテンが開き室内に陽光がさしこむ描写が意味するものは映画の上映開始であり、高層階一室での出来事は映画内映画であると見なしうる。現に、都内タワーマンション高層階の生活は夢のようなものと位置づけられており、おなじ空間で住人が映画スターとメロドラマを演ずるまでにいたるのだから、その解釈をしりぞけるのはむつかしい。

映画は夢を見せるが同時に抑圧的な悪影響をもおよぼす。青山真治にとっての映画館とは、ときに閉塞を起こし、与えもすれば奪いもする試練の場でもあるのだ。そうした意味を際だたせるべく、高層階一室の窓はまぶしい陽光を受けとめはしても決して開けはなたれず、タワーマンション内の各所を切りとる構図は壁やドアの遮蔽性ばかりを目だたせるが――それ以外の、中小出版社の日本家屋をはじめとした空間はどれも明らかに開放的な環境として撮られている事実を見のがしてはならない。

そんななか、虚実の反転は日没とともに生ずる。逆に今度は室内光が光源となり、内から外へ向かって映画内映画が上映されるシチュエーションが描かれることにより、感情表現のねじれも解消を遂げるのだ。試練を通過し、約束のロングインタビューを果たすために直実は有名俳優を部屋に招くが、最後の質問を終える頃には陽が沈みだしている。そのきっかけを待っていたかのように、途端に受け身の立場を脱した彼女は主導権をにぎり、有名俳優をみずからベッドへ誘うのである——つづくショット、ベッドにうつぶせで寝ている裸体の背中がオレンジ色の光と紺色の影に二分されたように映る画面設計は見事だ。

ラストシーンで直実は自分のためだけに料理する。食後に彼女は窓辺に立つのだが、そこで伸びをする姿を背後からおさめた引きのショットは印象的である——緑色のワンピース姿で祭壇のかたわらに立ち、体を伸ばす姿勢が画面手前の花瓶とかさなり茎のように見えることにより、直実自身が生けられた供花と一体化したかのごとく読みとれるからだ。

さらに印象的なのは、陽光を浴びつつ窓外を見つめる直実の表情の、神々しいとさえ感じられるクローズアップだ——虚実の反転を経て、彼女自身がスクリーンと化す瞬間を示すことにより、自分自身と映画との和解劇を青山真治は演出していたのかもしれない。

そしてあの、窓外眺望ショットがラストにあらわれ、『Helpless』冒頭とつながって長年にわたる円環を閉じる。ただし、真俯瞰空撮と窓外眺望はカメラの向きが縦と横で異なるのだから、その円環はメビウスの帯状にねじれている可能性がある——以前の直実の感情表現のように。したがってもう一度、今度はわれわれこそが虚実の反転を試み、青山真治をよみがえらせなければならない。スクリーンに上映できる輝かしいタイトルが何本も存在している以上、それは絶対に不可能なことではないはずだ。

（「群像」２０２２年６月号）

Fragments 1

自由——青山真治

○　墓地・昼

梢、黄色い菊の花束を持って来る。とある墓の前に立つ。墓には「沢井家之墓」とある。花を手向けると跪いて手を合わせる梢。

梢　「沢井さん、お兄ちゃんが出てきたんよ。そうとう迷ったんやけど、迎えに行かんやった。しげちゃんと秋彦君が行ってくれて。しげちゃんとこで働き始めたって。沢井さんみたいに。沢井さんみたいにお兄ちゃんもなるとええなあち、私思いよるんよ。沢井さん、これからもお兄ちゃんを守ってあげてね」

立ち上がる梢。

ふと見ると、やはり花束を手にした弓子が立っている。

弓子「うふふ、会えると思ったんよ、なんとなく」

梢　「お久しぶりです」

弓子「よかった、元気そうで」

梢　「弓子さんも」

微笑む梢。

○　下り坂

並んで歩く梢と弓子。

弓子「うまくいかんもんよね」

梢　「でも、たぶんしょうがないと思います」

弓子「ね、私が悪いとやけ」

梢　「忘れられることとそうやないことがありますけえ」

弓子「忘れないけんかったのにねえ」

梢　「そやけ、たぶん誰も悪くないんです」

弓子「（笑って）悪いンはまこちゃんよ」

梢　「（笑って）そうですね」

弓子「けどね、離婚してホントはほっとしたと。ああ、私まこちゃんとまだ一緒におるんやなあち、なんかそんな感じして」

梢　「兄が、しげちゃんとこで働きだしたんです」

弓子「ホントね」

梢　「まだ会うとらんのやけど」

弓子「無理せんでええんよ。会いたいときが来たら会うたらええ」

梢　「弓子さんもそうやったですか」

頷く弓子。

梢　「沢井さんも幸せやったって思います」

弓子「そう思わんとねえ、やりきれんもんねえ」

力なく笑う弓子。

弓子「梢ちゃん、好きな人は？」

梢、首を横に振る。

弓子「ほな、これからやね」

梢　「私、気が強すぎるみたいです」

弓子「それは気が弱いんと一緒」

弓子、突然立ち止まって梢の腕を掴む。

弓子「梢ちゃん、無理せんでええんよ。無理するンが一番いけん」

梢　「（頷いて）弓子さんも」

弓子「（微笑んで）ね！」

また歩きだす二人。

SCENARIOS

Helpless

第一稿

脚本＝青山真治

SCENARIOS

『EUREKA』〜『サッド ヴァケイション』とつづく、のちの北九州三部作《サーガ》の第1作であり、長短合わせて50作にのぼる映像作品の原点ともいえる1996年公開の長編デビュー作のシナリオ第1稿。健次と秋彦と安男というおなじみの登場人物を中心に、暴力と死が渦巻く展開は映画版の雛型ともいえるが、登場人物、ことに秋彦の人物造形には飛躍がある。その理由や要因については本書のインタビュー記事でもさまざまな推測がなされるが、元型というより反転した異本《ヴァリアント》とでもいうべき本稿が青山真治研究において意味することは少なくない。遺品整理にあたり発見された手書きの清書原稿を元に復刻した。

登場人物

健次（17）
秋彦（17）

安男（24）

ユリ（16）
ヨーコ（23）

坂梨（35）
五郎（17）
ドライヴインの男
同・ウエイトレス
チンピラ
車の女

スーツの男
若い男たち

1　タイトルバック

夜の路上。白い断線が現れては消える。
延々とバイクで走る健次と秋彦。
エキゾースト・ノーツが高鳴るばかり。
音楽はない。

やがてトンネルに入り、音が消える。
健次の声「友だちはいない方がいい。結局は何もしてやれないのだから」

2　街の情景

工場の煙突、さびれた商店街、老人たち、子供たち、誰もいない道路など。
どこでも工場の騒音が響いている。

3　教室

黒板に「10時～終業式、11時～就職ガイダンス」と書いてある。
窓外を眺めている健次。顔じゅうバンソウコウだらけだ。Ｙシャツにネクタイの夏の制服姿。

4　街（前夜）

三人相手に喧嘩している健次。

5　教室

机上に「就職についてのアンケート」。
Ｑ１：将来の希望、Ｑ２：人生のモットー。
先生の声「ほな書き終わった人から提出！」
健次、自分の名前を書き入れると、Ｑ１に「家出」、Ｑ２に「そやなあ」と答え、立ち上がる。

6　字幕「11a.m.」

7　コンビニ内

アイスキャンデーを二本買う健次。

8　同・外

ビニール袋を提げて出てくる健次。
バイクが通過する。健次、「秋彦！」と声をかける。
バイク、Uターンして戻ってくる。Tシャツにジーンズの秋彦。

秋彦「おう健次、何しよんか」
健次「ちょっとな、親父んとこ行くんよ」
秋彦「病院か」
健次「溶ける。送れーや」
と、ビニール袋を見せる。

9　田んぼに囲まれた道を走るバイクの二人

10　精神病院・病室

五つほどのベッドが並ぶ大部屋。
ひとつの前に立つ健次。
ベッドはすべて空であり、健次の立つベッドの周りにだけまだものがある。
窓からの風で白いカーテンが大きくはためいている。
黙って空のベッドを見つめている健次。

11　同・外

「精神科」の看板。
バイクの側でリーゼントヘアをクシでなでつけている秋彦。
健次が出てくる。

秋彦「どやった」
健次「喰うか（袋からアイスを取出す）」
秋彦、気まずそうに受取ると、食べる。
健次も食べる。
健次「個室に移されたち。他の人がおらんようになって広い部屋に独りンなったら暴れ出したらしいわ」
秋彦「会わしてもらえんかったんか」
健次「会いとない。不味いのう、これ」
と、食べかけのまま捨てる。

12　田んぼの道を戻って行くバイクの二人

だるそうにゆっくりと走る。

13　字幕「0p.m.」

14　喫茶店

だるそうにコーラを飲む健次。
秋彦はケチャップべとべとのスパゲティをかきこんでいる。
健次「そんな不味いモン、よう喰うのう」
秋彦「腹減るよりマシやん」
健次「不味いモン喰うなら腹減ったまんまの方がマシやけどな、俺」
秋彦「腹減ったら死ぬ、俺」
健次「死んでみいや、タコ」
答えず、黙々と喰う秋彦。
健次「ヒマやのう、何もない」
秋彦「夏休みてよう、高校ンなってから全然うれしくなったやろ」
健次「どっか行くにも金はないしのう」
秋彦「それちゃ」
秋彦、まだ喰っている。
健次「全然おもろない」
と、窓外の駐車場に車が停まり、三人の男たちが下りてくる。年かさのサラリーマン風の男は坂梨（35）、若い男は五郎（17）、そしてもうひとり、片腕の男がいる。安男（24）である。
健次「あ、安男さんや」
秋彦「（窓外を見て）誰か、安男さんて」
健次「近所の兄ちゃん。出てきたんかあ」
秋彦「出てきたち」
健次「見てん、腕切られたんよ」
秋彦「……ヤクザか」
健次「坂梨組よ」
秋彦「坂梨組てもう無かろうが」
健次「おう、もう無い」
三人、店に入ってくる。
安男、すぐに健次を見つけ、手を振る。
健次、手を振り返す。
安男、やってきたウエイトレスに注文を言うと、坂梨にことわってやって来る。
安男「おーおー健次、元気しとったか」
健次「いつ出たんね」
安男「もう二週間ぐらいかのう」
健次「大変やったねえ」
安男「これからのが大変よ、ムショ出ても帰るとこないけえ。……大きなったのうキサン、年ナンボか」
健次「17、もうすぐ18」
安男「三年会わんとこんなになるかあ。オヤジは？　相変わらず呑んどんか」
健次「もう呑めん」
安男「何か。死んだんか」
健次「病院入った。一生出られんち」

安男「ほんとか。ほなお前ひとりか」
健次「うん」
安男「お前も大変やのう。（秋彦を見て）友だちか」
健次「秋彦」
秋彦「こんちは」
安男「おう。ほな、また後での」
　安男、行ってしまう。
秋彦「……こわー」
健次「こわいことあるか」
秋彦「こわいわい」
健次「しょーもない」
　秋彦、皿に少しスパゲティを残してフォークを置く。
健次「もう喰わんのか」
秋彦「もういらん。のう、どっか行かんか」
健次「どこ行くんか、このクソ暑いのに」
秋彦「ええやん、どっか行こうや」
健次「イヤちゃ」
　秋彦、諦めて椅子に凭れ、やがて苛々と貧乏ゆすりを始め、爪を噛み、窓外を見る。落着きがない。
　健次、腕組みして、遠いテーブルの安男の方を見ている。
秋彦「ほなよお、今日から旅行行こうや、俺のバイクで」
健次「どこへか」
秋彦「どこでもええよ、涼しいトコ」
健次「東京行かんか」
秋彦「東京？　全然涼しないらしいぞ」
健次「ほなどっこも行かん」
秋彦「……北海道は？」
健次「お前のう、田舎から田舎行ってどこがおもろいんか、しょーもない」
秋彦「ほなどこ行くんか」
健次「どっこも行かんちゃ」
　秋彦、再び椅子に凭れ、貧乏ゆすりを始める。
　健次、コーラを飲みほす。
秋彦「帰る」
健次「いやじゃ、暑い」
秋彦「（金を出し）俺、帰るけえ」
　秋彦、ヘルメットを持って立ち去る。
　途中、安男にペコリと頭を下げ、出て行き、バイクに乗って去る。
　健次、秋彦の金を取り、サイフに入れる。
　三人が立ち、坂梨が金を払いにレジへ。
　安男が来る。
安男「友だち帰ったんか」
健次「アホやけ、あいつ」
安男「お前暇やったらちょっと手伝ってほしいんやけどのう」
健次「ああ、ええけど」

安男「二時間ぐらいしたらの、峠のボロ小屋あろうが、あそこに来てくれ」

健次「わかった」

安男「頼むの（と去る）」

安男、坂梨と共に出て行く。

駐車場では、車を開けて五郎が待っている。

車のところまで来て、安男がいきなり銃を抜き、坂梨を撃つ。逃げかけて倒れた坂梨に、さらに発砲。

安男「この腕の分じゃ！　懲役の分じゃ！　すぐオヤジに会わしちゃるけ待っとれ」

さらにもう一発撃つと、五郎の運転で車で逃走する。

窓に寄ってたかる店の人々。

健次も呆然として見ている。

15　字幕「1p.m.」

16　健次の部屋

ベッドに寝転がる健次。下着姿。
×　×　×
起き上がり、立って鏡を見て、また寝転がる
×　×　×
急に起き上がると、棚からアルバムを取って一枚の写真を見る。
健次と秋彦の間に女の子が笑っている。
健次、それを抜き取り、座りこむ。

17　字幕「2p.m.」

18　健次の部屋

壁に貼ったエルヴィスのポストカードを剥がすと、エルヴィスの写真集にはさみ、すでに衣類の詰った旅行カバンにそれを入れて、蓋を閉める。

19　さびれた商店街

カバンを提げて急ぎ足に歩く健次。

20　バス停

ベンチに座ってバスを待つ健次。
秋彦のバイクが来て、健次を見つけ、Uターンして、停まる。
秋彦「兄ちゃん、どこ行くん」
健次「峠のボロ小屋あろうが」
秋彦「へえ。……カバン持ってか」
健次「それから東京」
秋彦「……俺も行こうかね」
健次「来んでええ。元気でな」
秋彦、ヘルメットを脱ぎ、エンジンを止める。
秋彦「もう帰って来ん心算か」

健次「帰れんようになるやろ」
秋彦「何しに行くんか、峠のボロ小屋」
健次「お前に関係なかろうが」
バスが来る。

21 バス内

一番後ろに座った健次。

ふと後ろを見ると、秋彦のバイクがついて来ている。

22 バス停

バスが去る。
下りた健次の前にバイクを停める秋彦。
健次「ええ音やのう、いつ聞いても」
秋彦「ちゃんと毎日整備しとるけえ」
健次「……そうとうヤバいぞ」
秋彦、じっと健次を見る。
健次「帰って来れんようになるかもしれん」

23 峠のボロ小屋前

うっそうと生い繁った夏草の奥にボロ小屋が見える。

道路には安男の車。

健次と秋彦のバイクが来て停まる。

24 字幕「3p.m.」

25 ボロ小屋

夏草をかき分けてくる二人。

壁にあいた穴から中を覗く健次。

中ではスコップを手に床に掘った穴の縁に安男がじっとうずくまっている。

健次、開きにくい戸をこじあけて中へ。

秋彦も続く。

二人に銃を向ける安男。

思わずしゃがみこむ二人。

安男「お前らか、入る時は声かけんか」

秋彦「びっくりしたァ」

安男「みんなに狙われとるんぞ」

健次、穴の中を覗きこむ。

頭を撃たれた五郎が死んでいる。

健次、声を上げて尻餅をつく。

秋彦、見ると口を押えて隅へ行き、吐く。

安男「こいつはハナからアテンならんと思っとった。こんな女の使うようなチャカしか持ってこんで」

健次、震えている。

安男「こんなトコいつまでもおれん。埋めたら出るぞ。車で話そうや」

とスコップを健次に差出し、微笑む。

秋彦、吐く物が無くなり、嗚咽している。

26 走る車内

バックミラーに秋彦のバイクが映る。
運転する安男、助手席に健次。

安男「人のこと利用したいだけ利用して、ム所から出たら、組はもう無い、オヤジは死んだち言よる。そんなん嘘に決まっとる。俺に会わす顔がないけ、隠れとるだけよ」

健次、黙って聞いている。

安男「トランクにな、荷があるんじゃ。金になる。それをオヤジブチ殺すまでしばらく預かってほしいんじゃ」

健次「わかった」

安男「荷が何か訊かんのか」

健次「……訊いてもしゃあないけえ」

安男「ハハハッ。お前やっぱ頭ええヤツや。アホはみんな裏切りよる」

健次、バックミラーを見る。
秋彦、ついて来ている。

安男「健次、俺の片腕になれ。ないなってホント不自由しとんじゃ。運転できるけど、ハッハッハッ」

健次「ホント器用やね」

安男「こんなん楽勝やけどのう。仕事はダメよ。相棒がおらんと。おお、そう言やあ、ユリが来るぞ、ユリが」

健次「ああ、どうしとるん」

安男「俺が入っとる間あいつも施設に入れられとったんじゃ。俺がおらんと生きていけんのよ、あいつ。……県境のドライヴインあるやろ、知っとるか」

健次「ああ、トンネルの手前」

安男「おう、夕方ユリがあそこに来るけえ、お前荷物ってユリと待っとってくれ。俺も暗くなったら行くけえ」

27 路肩

安男、車のトランクを閉める。
肩にショルダーバッグをかけた健次。
バイクを停めた秋彦が、少し離れてこちらを見ている。

安男「中、見てもええぞ」

健次「見んちゃ」

安男「ヘッヘッヘッ。お前はえらいのう」

健次、秋彦をチラッと見る。

安男「あいつは心配いらん。終わったら始末しちゃるけえ、俺が」

健次「あいつは俺の相棒やけえ」

安男「……そんならええけど。そしたら後でな（と、運転席に戻る）」

健次「（車内を覗きこんで）安男さん、千春さあ、東京やろ、どこにおるん」

安男「誰か、千春て」

× × ×

クラクションを鳴らして安男の車が去り、逆方向へ健次と秋彦のバイクが去る。

28　路上

バイク、走り続ける。

途中、路肩にボンネットを開いた車があり、ミニスカートの女が覗きこんでいる。それを過ぎて、急にバイクが路肩に停まる。


健次「どしたんか」

秋彦「あれ（と女を指差す）」

ヘルメットを脱ぎ、髪をなでつけ始める秋彦。

健次「お前アホか」

秋彦「俺、機械科よ」

ニヤニヤしながら歩いて行く。

健次、バイクから下り、ヘルメットを脱いで、座りこむ。地面にショルダーバッグを置いて、じっと見つめる。

車が一台通り過ぎる。

ビクッとして、ショルダーバッグを肩にかけ直して懐に抱き、車の方を見る。

秋彦がボンネットを覗きこんでいる。女は心配そうに横に立って見守る。

健次、煙草に火を点け、パンツをまくって膝のバンソウコウを剝がす。

女、車に乗りこみ、エンジン音がする。

秋彦、ボンネットを閉め、運転席の窓辺に行って何か二言三言会話を交わすと、車走り去る。

秋彦、ノロノロ歩いて戻り、秋彦の隣りに座ると、深いためいきをつく。

健次、無視。

秋彦「健次、東京行ったら東京弁しゃべれんとナンパもできんのぞ、知っとおか」

健次、無視。

秋彦「捨てるモンがいっぱいある」

立ち上がるとヘルメットを被り、エンジンをかける。

健次も立ってヘルメットを被り、バイクにまたがる。

バイクはまた走って行く。

29　工場前

野原にポツンと立った工場に安男の車が停まっている。

30　同・裏

安男が若いチンピラを追いかけている。
安男「（鉄パイプをぶら下げて）どこ行くんか。待てちゃ」
傷だらけのチンピラ、金網に追いつめられ、力尽きたというように座りこむ。
安男「オヤジ、こっちにおったんやろ」
チンピラ「オヤジさんは死んだっスよ」

安男「嘘つくな」
安男、チンピラの腕の下に鉄パイプをかませると、蹴る。ボキッと鈍い音。
チンピラ、絶叫する。
安男「オヤジ、今どこか」
チンピラ「お前頭おかしいんやねえか。オヤジは死んだち言よろうが。俺も葬式行って線香あげたちゃ！」
安男「それがおかしいやないか。お前みたいなドチンピラがなしオヤジの葬式出るか」
安男、もう一方の腕も足で押える。
チンピラ「痛！　痛いちゃ、安男さん、もうせんで、痛いちゃ」
安男「オヤジ、どこおるんか」
チンピラ「そやけ、オヤジは死んだち……」
安男、鉄パイプを腕の下にかませ、グイと持ち上げる。
再び鈍い音。
チンピラ、あまりの痛みに声も出せず、足をバタバタさせるばかり。
安男、折れた腕を鉄パイプでこづく。
安男「オヤジ、どこか」
チンピラ「痛い、……痛い」
安男「オヤジ、どこか」
チンピラ「オヤジ、死んだ」
安男、銃を抜き、チンピラに向ける。
安男「なしみんな俺に嘘つくんか」
チンピラが何か言おうとした瞬間、銃声が周囲に轟く。

31　字幕「4:12p.m.」

32　工場前

車に乗りこむ安男。
安男「（微笑んで）両手使えな飯喰えんけ」
車、勢いよくバック。と、後ろから来た車に追突。若い男の運転手が下りてくる。
助手席に若い女。
安男、男を射殺。車を出す。

33　山道

バイクが走って行く。

34　県境のドライヴイン前の道

先にトンネルがある木々に囲まれた道。
バイクが来て、車寄せに停まる。
二人、下りてヘルメットを脱ぎ、店へ向かう。

35　同・店内

ガランとした店内に客はいない。
二人が窓辺の席に座ると、無愛想なウエイトレスが現れ、水を置く。
健次「コーヒー」
秋彦「俺も」
　ウエイトレス、返事もせず戻って行き、奥に向かって「ホットニつ」と言うと、椅子に座って、雑誌を見始める。
　二人とも黙ってダラリと座っている。やがて男がカウンターにカップを二つ並べると、ウエイトレスがそれを盆の上に乗せて持って来て、二人の前に置き、戻ってまた雑誌を読み始める。
　目の前のコーヒーを見てものむ気にならない二人、ボケーッと座ったまま。
秋彦「のまんのか」
健次「お前は?」
秋彦「のむ気せん」
健次「俺も」
　再び沈黙。
　店の男、出て来てウエイトレスの隣りに座り、新聞を読み始める。
秋彦「中身何かのう」
健次「死にたいんか」
秋彦「死ぬわけないやん、見るだけで」
健次「安男さん、俺は殺さんけどお前は殺すち言うとった」
秋彦「……嘘やろ」
健次「俺が止めたんよ」
秋彦「嘘つくな」
健次「ホントじゃ」
秋彦「(ゾッとしたようにコーヒーを取り、一口のんで)どうしたらええんやろか」
健次「心配すんな。大人しゅうしとったら殺されん。これのこと知らん顔しとったらええんじゃ」
秋彦「うん」
健次「まだ見たいか」
秋彦「見たない」
健次「よっしゃ、合格」
秋彦「(鼻で笑って)何がじゃ」
健次「極道合格よ!」
秋彦「お前、健次、極道ンなるんか」
健次「……なるか、アホ」
秋彦「ああ、やっぱせんやったらよかった、こんなこと」
　秋彦、椅子に凭れてうなだれる。
　健次、手持ち不沙汰に指でテーブルを叩いてリズムを取る。
秋彦「うるせえ」
　健次、無視して叩き続ける。
秋彦「〝さらばベルリンの灯〟」
健次「あたり!　ほなこれは?」
　また叩く健次。

秋彦「ン?……(考えて)ああ、〝人格の危機〟」
健次「おお、ようわかったのう、ほなこれは?」
秋彦「待て、次は俺じゃ」
健次「おう」
秋彦、テーブルを叩く。
健次「はァ?……何かそれ」
店の男とウエイトレスがうるさそうに二人をにらんでいる。
健次「……わからん」
秋彦「よう聴けちゃ。……これよ」
と激しく叩く。
健次「はいはい、あのねえ……」
と、窓外をふと見る。車が停まり、若い派手な服の女が下りて来る。
秋彦も叩くのをやめる。
女は助手席にまわり、別の女を下ろす。
足が悪いらしく、杖を突き、ビッコを引いている。
健次「来たぞ」
ビッコの女はユリ(17)であり、もうひとりは安男の女、ヨーコである。
二人、店内に入ってくる。
健次と秋彦、じっと二人を見ている。
女たち、二人のテーブルに近づく。
ヨーコ「あんたたち? 安男の相棒って」
うなずく健次。
ヨーコ「(ユリを秋彦の隣りに座らせて)はいユリちゃん、座れる?」
ユリ「はい、ありがとう」
ヨーコ「(健次の隣りに座り)こんな時間に叩き起こされて、たまんないよお、いつもなら寝てんのよ、まだ。朝まで仕事してんのにこっちは。あの人、何かしたの?」
健次「さあ」
ウエイトレス、来る。
ヨーコ「(ウエイトレスに)私はいいから。ユリちゃん、何かのむ」
ユリ、ニコニコと答えない。
ヨーコ「あの、メニュー見せて」
ウエイトレス「ウチ、それだけなんですけど」
とテーブル上のプラスチックのボードを指す。
ヨーコ「ああ、これじゃわかんないねえ、ユリちゃん。あ、またあれにしよっか。パフェ。チョコレートのドロッとしたこんな大きいの。前に大丸の屋上で食べたじゃん」
理解せぬままニコニコしてうなずくユリ。
ヨーコ「ね、(ウエイトレスに)チョコレートパフェひとつ。あ、あとビールある?」
ウエイトレス、うなずく。
ヨーコ「じゃ、ビール」

ウエイトレス、行く。

ヨーコ「何か組の人からガンガン電話かかってきてェ、口止めされてっから何も言わないけど、ケッコウ怖かったァ」

沈黙。

健次「それで、安男さんは？」

ヨーコ「知らない。あ、私ヨーコ。安男の女。先週別れたけど。ユリちゃんは彼の妹」

健次「健次です」

秋彦「秋彦です」

ヨーコ「安男、暗くなるまでにはこっち来るって言ってたけど……。いくつ？　あんたたち」

健次「17。もうすぐ18」

ヨーコ「若いんだ（微笑みうなずく。奥に向かって）ちょっとお、ビールまだァ!?」

苛々とテーブルを指でつつく。

秋彦「あ、よかったら（と水をヨーコの前に置く）」

ヨーコ「ダメよ、これからビールのもうって人に水なんかすすめちゃあ」

秋彦「あ、すんません」

ウエイトレス、ビールを持って来て、コップと一緒にヨーコの前に置く。ヨーコ、すぐにコップに注ぎ、一気にのみほす。

ヨーコ「ふう。（とまた注ぎ、のむ）あんたたち、コーヒー一杯で夜までここにいる心算？」

健次「いやあ、まあ」

ヨーコ「（うなずき）ユリちゃん、お兄ちゃんからもらったお金、持って来た？」

ユリ、うなずくと、ポシェットを持ち上げて不器用に開けようとする。

ヨーコ「いいのいいの、持ってればいいの」

ユリ、うなずいて元に戻す。

ヨーコ「いいコだねえ、ユリちゃんは」

ユリ、照れてうつむき、ニコニコ。

ヨーコ「あのお金使っていいからね」

健次「あ、そうなんですか」

ヨーコ「そうよ、自腹切る心算だったの？」

健次「いや、安男さん来たら……」

ヨーコ「ヤクザの金あてにしちゃダメよ」

健次、戸惑いを隠すように笑い、秋彦を見る。秋彦も微笑み、ユリを見る。ユリ、相変わらずうつむいてニコニコ。

ヨーコ、すでに最後の一杯を飲みほそうとしている。

ヨーコ「ねえ、健次クン、運転できない？」

健次「いや、まだ17やから免許ないけえ」

ヨーコ「教えたげるよ、ちょっとそこまでつきあってよ（と、健次の太股に触る）」

健次「いやあ、安男さん待っとかんと」

ヨーコ「いいじゃん、すぐだよお（その手が股間近くに上がる）」
健次、秋彦を見る。
秋彦、笑いをこらえている。
健次「いや、やっぱダメッス」
ヨーコ「ちえっ。じゃ私、帰る。ユリちゃん、おネエちゃん、帰るからね、バイバイ」
ユリ「（うなずき）バイバーイ」
ヨーコ、ユリの手を握ると小さく振り、出口へ向かう。
秋彦「（小声で）なしか、お前、誘われとんやないか」
健次、ヨーコを目で追う。
ヨーコ、外へ出て、車まで行き、健次を見て、微笑み、車のドアを開ける。
秋彦「見てん。待っとるやん。行けちゃ」
健次「お前は？」
秋彦「俺は誘われとらんし、この子がおるけえ」
ヨーコ、車に乗らず、煙草を吸っている。
健次、立つと走って外へ。
ヨーコの所まで行くと、ヨーコ、健次を運転席に乗せ、自分は助手席へ。

36　車内

ヨーコ「少しアクセル踏んで、キーを回して」

言われるままにする健次。エンジンがかかる。

ヨーコ「かかった……、じゃあ、これ（とギアを指し）握って。（健次、握る。その上から優しく握り）トップ、セカンド、ロー、ニュートラルで、ここに入れるとバック」

ヨーコ、足を組む。その足を見る健次。

ヨーコ「ね、簡単でしょ。バックして。後ろ見なきゃダメよ」

車、急スピードでバックし、車道に出る。

ヨーコ、手を叩いて喜ぶ。

車、急スピードで発進。道の向こうに消えて行く。

窓内で呆然と見送る秋彦。

37　店内

ウエイトレスがパフェを持って来て、ユリの前に置いて去る。

ユリ、見つめてニコニコしているがストローもスプーンも取ろうとしない。

秋彦「どうしたの、食べないの」

うなずくユリ。

秋彦「何で？　嫌いなの？」

首を振るユリ。

秋彦「食べればええのに」

ユリ「もったいないから」

秋彦、言葉を失い、椅子に凭れる。

ユリ、持って来たバッグを膝の上に置き開ける。中に兎がいる。
秋彦「あ、兎」
ユリ「(首を振って) キューちゃん」
秋彦「キューちゃん?」
ユリ、兎の頭を撫でる。

38 山道
ヨーコの車、走って来る。

二又の道で、一方に行きかけて停まり、バックしてもう一方へ入って行く。

39 字幕「5:02p.m.」

40 モーテル・駐車場
電飾の看板が点く。

ヨーコの車が停まっている。

ヨーコ「緊張してるの?」

うなずく健次。

ヨーコ、健次の首すじに口唇をつけ、さらに口唇にキスし、両腕を首にまわす。

健次、おそるおそるヨーコの体を抱く。

ヨーコ「(顔を上げ) 中に入ろう」

41 同・室内
ベッドに座り、服を脱ぐ健次。

ヨーコも部屋の中央で健次に見せつけるように一枚一枚服を脱いで行く。

ソワソワとそれを見つめる健次。

まるでストリップのようだ。

下着姿になったヨーコ、健次の隣りに座り、手を出す。

ヨーコ「手を出して」

健次、手を出すと、ヨーコ、その手に自分の手をくっつけ、そこを始まりにして少しずつ体をくっつけていく。

ヨーコ「変な感じでしょ」

うなずく健次。

ヨーコ「ブラはずして」

空いた方の手でヨーコの背中をまさぐる健次。ヨーコはブラジャーの肩ヒモをカップからはずす。やがてブラジャーが取れ、二人は胸と胸を合わせ、口唇と口唇を重ね、ヨーコが健次に馬乗りになり、両手を横に伸ばした形でベッドに横たわる。

ヨーコ、ゆっくりと体を前後に揺すり始め、だんだん動きが早くなる。

途端に、健次、ウッと声を上げる。

ヨーコ「(動きを止め) 脱いで、後で洗っとくから」

健次、ノロノロとパンツを脱ぎ、股間を拭うと、床に捨て、ヨーコに乗る。

ヨーコ「私のも脱がせて」

　言われるままにヨーコの下着を剝ぎ、全裸になった二人がからみあう。

　ヨーコ、腰を浮かせて健次を導き入れると、健次の強い腰の動きに歓びの声を嚙み殺そうと、初めは口唇を嚙み、耐えられなくなると、健次の肩に嚙みつく。

42　ドライヴイン・店内

　ユリの前でパフェがドロドロに溶けている。ユリは兎を抱いている。

秋彦「(ソワソワと) ああ、クソウ、チェッ (立ち上がり) ちょっとトイレ」

　店内を横断してトイレへ向かう秋彦。

　通路をくぐってトイレのドアを開け、中に入り、便器の前に立つ。

秋彦「(股間をまさぐりながら) ああ、もれる。出てこん、でかなりすぎて」

　やがて勢いのある小便の音。

　秋彦、ためいきをついて腰を振ると、ジッパーを閉め、戻ろうとする。

　ドアを開けると、店の男が立ち塞がる。

秋彦「何?」

店の男「あれ何ね」

秋彦「あれて何?」

店の男「お前ら変なコトしよんやないんか」

秋彦「変なコトち……何もしよらんよ」

店の男「わし、坂梨の秀よう知っとんよ。あの女、坂梨んトコの若衆とここ来たことあるん覚えとおんじゃ。なあ、あれ何か言うてみいちゃ」

秋彦「関係ないやん」

店の男「ほな見るぞ。ええんやの」

　行きかけた男の背中にとびかかる秋彦、しかしすぐはねとばされ、壁に押しつけられ、殴られる。蹴ろうとバタバタ暴れるが、男、軽くかわし、逆に膝蹴りを入れ、動けなくなった秋彦をさらに殴る。

店の男「ナメたらつあらんぞ、兄ちゃん」

　うずくまった秋彦を蹴倒して、男は店の方へ。

　秋彦、懸命に立って、後を追い、店の中央辺りで男に体当たりする。

　前のめりに倒れる男、その上に乗りかかろうとして、秋彦、またも蹴られ、ふっとぶ。

　男、立ち上がって、秋彦に歩み寄る。

　秋彦、椅子を取って男の足にぶつける。

　ツボにはまったか、足を押さえて痛がる男。

　秋彦、這うように厨房にとびこむ。

店の男「キサン! (と追う)」

　包丁を捜すが見当たらず、目の前のフライパンをとっさに手に取ると、追った男の頭上に叩きつける。

「うッ」と唸って倒れる男。その男に何度も何度もフライパンを振り下ろす秋彦。

秋彦「キサンこのォ、キサンこのォ……」

ウエイトレス、じっと見ている。

ユリ、気づかぬようにパフェを一口、スプーンですくって食べる。

なおも殴る秋彦。

ウエイトレス「もうやめときィ、死ぬよ」

電話が鳴る。

ウエイトレスが電話に近づく。

秋彦「出るな！」

フライパンを持って厨房を出ると、ウエイトレスを押しのけて、受話器を取る。

秋彦「……はい、俺、秋彦です。……いや、健次はヨーコさん送って、ええ、一時間くらい前……もしもし……安男さん……切れた……（受話器を置く）」

ウエイトレス、厨房へ入る。

秋彦、椅子に座る。呼吸が荒い。

頭を抱えて呻き、咳こむ。

ウエイトレス、出てくる。

秋彦「死んだんか」

ウエイトレス「（首を振り）生きとる。気絶しとるけど」

秋彦「死んどらんやろ、俺、手加減したけえ。死ぬわけない。人殺しになってたまるかっちゃ」

ウエイトレス「私、帰っていい？」

秋彦「ダメじゃ……そこにおれ！」

秋彦、走って入口に行くと、「OPEN」の看板を裏返し、「CLOSED」にする。

秋彦「（戻りながら）死ぬワケないやん。死んでたまるかっちゃ……」

ユリ、何事もなかったようにパフェを食べ続けている。

43　モーテル・室内

汗まみれになって息づかいも荒くベッドで重なりあうヨーコと健次。
ヨーコ「もうできない」
健次「何回した？」
ヨーコ「覚えてない」
健次「五回までは覚えとる」
ヨーコ、起き上がる。
健次「（ヨーコの腕をつかんで）どこ行くん」
ヨーコ「パンツ洗ったげるよ」
微笑むヨーコ、健次が手を離すと、自分のと健次のパンツと両方拾って浴室へ。
倒れたままの健次。シャワー音が聞える。

44　ドライヴイン・店内

テーブルでコップの水をのみほす秋彦。

ユリ、あらかた食べ終わったパフェの残りを兎に嘗めさせようと、スプーンでかき上げ、兎の鼻先に持って行く。

秋彦「あの人、ヨーコさんち、東京の人？」

ユリ、首をひねる。

秋彦「東京の人が何でこんな田舎におるんかねえ」

ユリ、首をひねる。

秋彦「ユリちゃん、東京行ったことある？」

ユリ、首を振る。

秋彦「俺、これから行くんよ。健次と」

45 字幕「6:15p.m.」

46 モーテル・室内

空調の前にパンツが二枚並べて干してある。

ベッドに横たわったヨーコ、背を向けて座った健次の脇腹にビールの入ったコップを押しつける。

健次「（ビクッとして）冷た！」

手にした缶ビールを少しこぼす。

ヨーコ「パンツ乾くまでしばらくかかるね」

健次「うん。そろそろ戻らんとなあ」

ヨーコ「大丈夫だよ、まだ」

ヨーコ、健次の脇腹、先刻コップを押しつけた辺りに口唇を押しあて、キスマークをつける。

健次「また大きなった」

ヨーコ「（健次の股間をまさぐり）ホントだ」

健次「（横たわり）ヨーコさん、東京の人？」

ヨーコ「まあ、そんなとこ」

健次「どしてこんな田舎に来たん？」

ヨーコ「変わんないよ、東京もここも」

不思議そうにヨーコを見る健次。

ヨーコ「男の人と同じ。ここがちょっと違うだけで、あとは大差ない（と健次の股間をギュッと握る）」

健次「痛ッ！（と、とびのく）」

ヨーコ「（微笑んで、拳を出し）ひと握りの人、（拳の上に拳をのせ）ふた握りで足りない人（上の拳の親指を立てて舐める）でも中味は変わんないよお」

健次、自分の股間を見る。

と、ドアがノックされ、振り返る。

再びノック。

答えず、ドアを見つめる二人。

ドアを蹴破り、銃を向けて安男が来る。

身を伏せる健次。銃声二発。

ヨーコ、シーツを血に染めて死ぬ。

顔を伏せた健次の肩を叩く安男。

安男「危なかったのう健次、ホラ立て」

健次、顔を上げて、立つ。

安男「服着れ……、この女も裏切り者じゃ」

健次「安男さん、俺……」

安男「オヤジ殺り損のうた。隠れてしもて出て来よらせん。

……早よ服着れ」

健次、濡れたままのパンツをはく。

47 工場前（夕景）

パトカーが赤ランプを回して停まっている。二、三人の警官と、私服刑事がウロウロしている。

48 字幕「6:32p.m.」

49 山道を走る車内

運転する安男、助手席の健次。

安男「健次、オヤジ、本当は死んだんやないんかのう」

健次、黙ったまま。

安男「お前、相棒やけえ、ホントのこと教えちゃるけどのお、ヤクザなったら後悔するぞお」

健次、黙ったまま。

安男「お前はヤクザなるなよ」

50 字幕「6:49p.m.」

51 ドライヴイン前の道

店の少し手前で停まる車。

健次「ほなちょっと見て来るけえ」

と車を下り、店へ走って行く。安男は、フロングラス越しに健次を見て、銃を向け、はずすと笑ってシートに凭れる。

安男「もうダメかもしれんのう」

52 ドライヴイン・店内

駆け入る健次。氷タオルで頭を冷やす店の男とウエイトレス。元の席にユリ。

秋彦「（駆け寄って）どうしたんか」

健次「安男さん、もう来とる。行くぞ」

秋彦「ナメとおけ、クラしあげちゃった」

ユリ、立ち上がる。

窓外に安男の車が来て、安男が下りる。

ユリ、ニコニコとカバンを持ち、杖を取って出口へ向かう。

安男、路上に出て、来た方角を見、路面に寝転がる。

53 同・前

寝転がった安男、路面に耳をつけ、何かを聴いている。

安男「来よる来よる、みんな上がってこい」

店からユリが出てくる。

54 同・店内〜外

秋彦、電話コードを引きちぎり、壁に電話器ごと投げつける。

健次、ショルダーバッグを肩にかける。

秋彦、ポケットから万札を出し、店の男にクシャクシャにして投げつける。


秋彦「釣りはいらん。とっとけ」

二人、出て行く。

安男にユリが抱きつくのが見える。

安男、ユリの頭を撫でている。

二人、近づいて行くと、安男、銃を出す。

立ち止まる二人。

銃声。

ユリが安男に抱かれたまま後ろ向きにのけぞる。

落したカバンが開き、兎が逃げ出す。

呆然とする二人。

安男、ユリの屍体を抱き上げると後部席に投げこむ。

健次「安男さん、何で……」

安男「それのう、お前にやるわ。ここ持ってったら買ってくれるけえ」

とポケットからマッチを出し、投げる。

受取った健次、見るとクラブの名があり、東京の住所がその下にある。

健次「安男さん、どうするん」

安男「置いていったら可哀そうやけえ」

店の男とウエイトレスが出て、逃げる。

安男、追いかけて撃つ。

ウエイトレスが倒れ、立ち止まった店の男も撃たれて、倒れる。

戻って来る安男。ゾッとするような笑顔。

二人、動けない。

安男「早よ行け、来るぞ、ようけ来る」
二人、動けない。

安男「(銃を見て) もう自分の分しか残っとらんけえ」

健次「安男さん、千春どこにおるん」

秋彦「何言よんか、健次、千春てあの千春か」

健次「安男さん、千春東京連れてって売っとばしたやろ、あいつどこにおるんね」

安男「(何か言うが聞こえない)」

健次「(安男につかみかかり) 千春に会わんといけんのじゃ。ねえ、教えてっちゃ」

秋彦「やめれ健次、行こう」

健次「このクソヤクザ！　言わんか！ (と揺さぶる)」

安男「置いて行ったら可哀そうやけえ」

健次、あきらめて手を離す。秋彦、バイクに走る。健次も続く。

安男、車に乗りこみ、深呼吸。奥でバイクにまたがる二人。安男、顳顬に銃口を押し当てる。

バイクのエンジンをかけ、路上に出る。
振り向く健次。
と、運転席の窓が、真っ赤に染まる。
健次、秋彦の肩を叩き、バイクスタート。
トンネルを抜けて行く。

55　字幕「11a.m.」

56　東京の、とあるクラブ

ソファに数人の若い男たちが座って、気怠げに何か話している。
カウンターに座った健次と秋彦。
ソワソワと落着かない。
若い男のひとりが立って来る。

若い男「今日、中止だよ、パーティー」

戸惑う二人。

若い男「あれ、関係ないのか。ごめーん」

と、戻って行く。
奥のドアが開き、スーツ姿の男が現われ二人に会釈する。
立って奥へ行く二人。

57　同・奥の部屋

男「(デスクに着き) 先週から何度か来てもらってたようで。申し訳ない。夜はここにはいないんです。それで、御用件は?」

健次「これ買って欲しいんです (とショルダーバッグをデスクに乗せる)」

緊張に身を固くする二人。

男「(バッグを閉め) これはどこから?」

健次「言えません」

男、しばし二人を見据え、やがて懐から出した札入れから札束を抜き取ると、引出しから封筒を出して中に入れ、デスクに置くと健次に差出す。

男「どうぞ」

健次、取ると急いで懐にしまいこみ、ペコリと頭を下げる。

58　同・店内

相変わらず気怠げに喋っている男たちの前を通り過ぎていく健次と秋彦。

59　字幕「6:49p.m.」

60　ゲームセンター

並んでゲームしている二人。

健次「腹減ったのう、何か喰おうや」

秋彦「健次、さっきの金半分くれんかのう」

健次「おお、忘れとった」
封筒を出し、数えて半分秋彦に渡す。
秋彦「俺、バイク売ろうかと思うんやけど」
健次「……そうか」

61　夜の道
桜並木をただぼんやりと歩く二人。
言葉もなく、ただ歩く。

62　東京の夜景

63　字幕「1a.m.」

64　カプセルホテル・客室
ズラリと並んだカプセルのいくつかのカーテンが閉まっている。
そのひとつ、下段のカーテンが開き、秋彦が荷物を持って出て、去って行く。
その上段のカーテンが開き、健次が顔を出す。

65　同・前
バイクに荷をしばり終え、秋彦、走り去る。

66　同・客室
健次、カーテンを閉める。
どこかからアダルトビデオの女の喘ぎ声が聞こえている。

（終）

SHINJI AOYAMA BY FILMMAKERS

Part 1

KATSUYA TOMIYA, TORANOSUKE AIZAWA (KUZOKU) INTERVIEW

富田克也、相澤虎之助（空族）
反発しつつ自分たちと比較しながら
つねに意識していた人

富田克也（とみた・かつや）／写真右
映画監督。1972年、山梨県生まれ。2003年に発表した処女作『雲の上』が〈映画美学校映画祭2004〉にてスカラシップを獲得。これをもとに制作した『国道20号線』を2007年に発表。『サウダーヂ』(11)ではナント三大陸映画祭グランプリ、ロカルノ国際映画祭独立批評家連盟特別賞を受賞。その後、フランスでも全国公開された。ほかにオムニバス作品『チェンライの娘』(『同じ星下、それぞれ夜より』)(12)、『バンコクナイツ』(16)、『典座 -TENZO-』(19)。

相澤虎之助（あいざわ・とらのすけ）／写真左
映画監督・脚本家。1974年埼玉県生まれ。早稲田大学シネマ研究会を経て空族に参加。『国道20号線』『サウダーヂ』『チェンライの娘』『バンコクナイツ』『典座 -TENZO-』など富田克也監督作品の共同脚本を務めている。監督作に、『バビロン2 THE OZAWA』など。瀬々敬久監督と共同脚本を務めた『菊とギロチン』(18)で、キネマ旬報ベスト・テン日本映画脚本賞を受賞。

富田克也と相澤虎之助、空族のふたりと青山真治の出会いは、富田が映画美学校の一期生としてその門を叩いた時点に遡る。一九九〇年代に映画を志した彼らにとって青山真治は時代性を体現するかのようなスタイリッシュさを感じさせる映画監督だったという。その印象はいかなる変遷をたどり、どこにいたったのか。空族のふたりとオンラインを結んだ。

富田　順を追って話すと、俺が東京に出て、映画を志しはじめたころ、いちばんイケイケだったのが青山真治さんだったの。まわりに虎ちゃんとか、映画を一緒につくる仲間たちができて、会うたびに映画の話をするようになるんだけど、青山さんは新作が出れば、見たうえで、あだこうだと話をする対象だったよね。

相澤　リアルタイムのね。チラシのビジュアルがカッコ良かった。

富田　そう、リアルタイムの最前線。俺にとって次の段階は映画美学校に入学したこと。そこからだいぶときを経て、日本映画大学でシナリオを教えないかとお誘いいただいて短いあいだだけですけど教えに行ったとき、隣のクラスで青山さんが教えていて、そのときの交流かな。あとはゴールデン街でベロンベロンな青山さんになんどか遭遇して、青山さんも俺のことを認識してくれるようになって、いつかサシで飲もうぜなんておっしゃっていただいていたんですけど、それは叶わず……。

樋口　最初に見た青山の映画はなんだったの？

富田　『Helpless』（一九九六年）ですよね。リアルタイムだったといっていいのかな。

相澤　だったと思うよ。

富田　あとは新作が出るたびに追っかけて見た、そういうひと。

相澤　黒沢さんより先でしたよ。黒沢さんはけっこうあとから、シネ研で教えてもらってからです。

樋口　黒沢さんはそれまでもコンスタントに映画をつくっていたけど、より広く知られるようになったのは『CURE』（一九九七年）以降だから。

富田　黒沢さんはVシネマの『勝手にしやがれ』（一九九五〜九六年）のシリーズなんかを、まわりにいた日芸のひとから「これは見たほうがいいぞ」といわれて見てました。高橋洋さんとの『蜘蛛の瞳』（一九九八年）を見て、なんだこのわけのわからない映画は、と思ったんだけど、まわりのシネフィルたちはいいたいことがいっぱいあるからいろんな話を聞いて、そんなところまで考えて見なきゃいけないのね、というふうに自分のなかにある映画というものを学んでいく、更新されていったよね。難しかったよ。

相澤　『路地へ』（二〇〇〇年）とか、中上健次も俺ら好きだったからそれは気になりますよ。とはいえ『Helpless』のころは青山さんが中上健次に影響を受けているとか、まったく知らないですから。映画が先です。中上を読んでいたのはもっとずっと前ですけどね。中上作品は読んでいても映画とかかわっているなんてことは知らなくて、文学として読んでただけだったから。

富田　虎ちゃんはそうだろうけど、俺は青山さんの映画を見るようになったところに中上と出会ったかもしれない。中上健次きっかけで見る映画も変わってくるじゃない。柳町光男監督の『十九歳の地図』（一九七九年）とか神代辰巳の『赫い髪の女』（一九七九年）だったりとか。そういう流れで、中上健次を知れば知るほど青山さんのことも出てくるからさ。相乗効果もあったと思う。

相澤　あとはゴールデン街でベロベロになっていたときは奢っていただき、ありがとうございました（笑）。青山さんはどんなに正体をなくしても必ず奢ってくれるんですよ。

富田　きっと世代的なものもありますよ。勝新太郎とか、先達たちの武勇伝をいっぱい聞いているじゃないですか。俺は青山さんのそういうお話も国内外を問わず、いろいろ聞いていますよ。パリでベロンベロンになって姿をくらませたと思ったら地下鉄のベンチで朝、目をさましたとかね。パリですよ（笑）。俺なんかパリに行って二回スリにあっているからね。それもものすごい芸術的な技でね。

――でもおふたりはもっと危ないところもいろいろ行っているじゃないですか。

富田　ラオスの国境で捕まってAK47をもった国境警備隊にかこまれたとかね（笑）。後ろでガッチャンって銃弾を装塡する音がしたもんね（笑）。青山さんには古き良き剛毅な無頼派のイメージもあるけど、作品を見たらどう考えても繊細な人だよね。こんなことというとなんだけど、酒を徹底的に叩き込んで、こんなに早く亡くなっちゃって……。中上健次の小説の登場人物ってだいたい夭逝するけど、そういうのって若いときに憧れたりするじゃないですか。だいたいシド・ヴィシャスに憧れていたタイプだから、俺。

相澤　アレックス・コックス監督の『シド&ナンシー』（一九八六年）とか（笑）。

富田　ボロボロになってぶるぶる震えながら地下鉄の駅で鼻提灯パチンみたいのに憧れて上京したのに。

――入ったのは映画美学校だったと。青山さんにお会いしたのもそのときが最初ですか。

富田　じつはゴダールの映画が川崎のアートミュージアムで上映されるというんで行ったら、青山さんが列に並んでいたのを見たのが最初。うおー青山真治だー、青山真治来ているよ！　と、それが一方的な最初の出会い。

樋口　そのころはまだ髪は長かった？

富田　もろこんな（といって画面越しに長さを強調する）。

――話しかけはしなかったということですね。

富田　話しかけらんないよ（笑）。映画美学校に入っても青山さんに直截話しかけることはなかった。受講生八〇人いたしね。一期生は相当数の応募もあったみたいだから、すごい数だったんですよ。

相澤　俺落ちたもん（笑）。

富田　そのとき映画をつくっていた仲間たちと「一緒に応募しようぜ」なんていってたらみんな落っこちゃって、いちばんわかってない俺が受かった（笑）。たしか応募要項はA4一枚のペラに「あなたが自分で撮りたいと思う映画を、いかようなかたちでもいいからアピールしろ」という内容だったのね。書式は自由。

俺はそのころ企画書とかシノプシスとかわからないから、写真を撮って三枚だけ貼ってちょっとしたキャプションを添えて……そしたら受かった。よくよく考えたら、写真に写っていたのはその後の空族作品に出てくる俳優たちの顔だったんだけど、ヤツらの日常の写真を三枚貼って出した。書式自由でアピールしなさいということですから、マジメに企画書を書いた人もいたというか、大半がそうだと思ったから、俺どうせわかんないし、これでダメならもうダメだよと思って。

学校では高橋洋さんと塩田明彦さんがシナリオの先生で、青山さんと黒沢清さんは演出の先生。シナリオにかんしては膝詰めで塩田さんや高橋さんに教わった。企画書、プロット、ロングシノプシス、そして最終的にシナリオになるんだけど、各段階で全受講生が提出してくるものを講師陣が全部読んで、超的確な赤が入って返ってくるんだよね。ものすごい作業量だったと思う。あれをこなしていた講師陣はほんとにすごいと思う。あのころは若かったからいわれたことにいちいち反発心が先立っちゃったけど、いまになってあのころ教わったことすべてが身にしみております（笑）。

赤が入ったあとは二者面談みたいなかたちで細かい話になるんですね。「この登場人物がこの場面で、この台詞をほんとうにいうかね？」「いわないですかね……」といった具合に。演出のほうの講義では、たとえば黒沢さんなら生徒ひとりを役者に見立ててみんなの前で、低予算、限られた時間のなかで映画を撮らなければならず、俳優も選べない。そんな現場でどういう演出をするか、つまり、そもそも達者でない役者にできないことをつけたす演出ではなく、引いていく演出といった具合でした。

映画美学校の第一期は、キャッチコピーが「最強のインディペンデント映画作家を育成する」だったからね。当時青山さんとか黒沢さんがやっていたVシネマ、つまり制作費三千万円でスーパー16撮影。こういうバジェットで、どう出資者を口説きおとし、厳しい条件のなかで作品を成立させていくのか――みたいな実践的な内容だったんだよね。

――とまどうことはなかったですか。

富田　その部分ではなかったけど、美学校の雰囲気にはちょっととまどった（笑）。受講生も多種多様だったし、すでに業界でバリバリやってる人なんかもいたんで、ただならぬ雰囲気があって、講師陣にガンガン噛みついていく生徒もいたからね。青山さんも、講義中にいちど気色ばんだことがありましたよ。ある生徒が青山さんはカメラマンを決めるときに、どういうふうに選んでいるんですか、と質問したんです。そのときたぶん、青山さんとたむらまさきさんがなんかあった時期なんだよね。おそらく生徒にはそんな意図はなかったんだけど、青山さんとしてはそれをゴシップ的につっこまれたんじゃないか、と思ったのか、「俺はここでそんなことを話したくないな！」と答えて静まり返った（笑）。そういう情況もあったりして雰囲気わるかったですよ（笑）、へんな緊張感が常にあった。ただ、くり返しになりますが、ことここに至ってみて、映画美学校時代のことはすごくためになっている。あのときの講師陣はすごかったんだなって。

　美学校ではシナリオを一年間書きつづけて最後に講師陣が四本選ぶんですよ。選ばれたら、書いたひとが監督をして、それ以外のひとはスタッフとしてそこに加わるんですけど、俺はおっことされたから、こんなとこ辞めてやるといって撮りはじめたのが『雲の上』(二〇〇三年)。

樋口　美学校の一期生の代では作品にぜんぜんかかわっていない？

富田　そうなんですよ。イヤなヤツですよね。

——さっきはまわりの雰囲気わるかったとおっしゃっていたじゃないですか!?

富田　すいません、人のこといえないね(笑)。

——ただ『雲の上』はもう少し後年ですよね。

富田　うん、美学校での課題は二〇分ぐらいの作品という想定で書いていたから。俺は無痛症をテーマに書いて一年間提出しつづけたの。ようは生まれつき痛みを感じない人がいるんです。痛みを知らないから、子どものころに平気で二階から飛び降りたりして、身体中の骨などが折れてしまう。そういう病気をもった双子の話を名づけて『記憶のない身体』というタイトルで書きました。身体をカラダと読ませたくてね。それなのに高橋さんは「記憶のないシンタイ」って、「シンタイシンタイ」って(笑)。だんだんこっちが恥ずかしくなってくるわけ(笑)。

相澤　そのタイトルだけで高橋さんのなかには違う映画ができていたかもしれないよ。

富田　しかも、こっちは若さ全開で、そのシナリオの冒頭にドスとエフスキーを引用したりして(笑)。そしたら、高橋さんに「まだまだ観念のツメが甘い」と(笑)。こっぱずかしい思い出ですよ。ちなみに青山さんの授業でおぼえているのは「演出講座」という科目名で、『キング・オブ・キングス』(一九六一年)を題材に、ニコラス・レイが人物同士の会話のカットバックで、ふたりの関係性をどう表しているかの解説や、増村保造が横長のシネスコの画面に登場人物を五人も六人も、手前にも奥にもいっきに配置して大人数をワンフレームで見せるようなやり方だとか、あとはご自身の『チンピラ』(一九九六年)の冒頭の俯瞰で波打ち際を映しているオープニングで、ちょうど画面の中央に波が来るような映像があるんですけど、なぜこういうショットをファーストシーンにもってきたんだとか、そういうような演出論とかね。さっきもいったけど、映画というのはそこまで考えて見なきゃいけないものなのか、と学んでいったわけです。

　それで美学校から逃亡して虎ちゃんと一緒にやるようになって『雲の上』を完成させて、美学校の卒業生だけが応募できる〈美学校映画祭〉に出品したらスカラシップをもらって。それでつくったのが『国道20号線』(二〇〇七年)。虎ちゃんにはシナリオはもちろん、現場ではカメラマンやってねって。

相澤　翌年だったかな。映画美学校の夏期講習、短期集中カメラ講座に習いにいきました(笑)。

富田　そうそう、俺たちはまだ十六ミリフィルムに触る機会があったから、これはラッキーだったよね。

相澤 フジフィルムの販売の方に相談しにいったら、フィルムも安くしてくれて助かったよね。在庫処分をやりくりしてくれて。それでも廻せるフィルムはギリギリで。

樋口 青山は『国道』を見たのかな。『雲の上』は確実にみているはずだけど。

富田 『サウダーヂ』（二〇一一年）のときも「見てください」とはいえなかったですね。結局見てくれたかはわからないですが、『サウダーヂ』が渋谷のユーロスペースで公開していたとき、下でうろうろしていたら高橋洋さんが「見たよ」といってくださったんですけど、思わず、俺、卑屈にも「どこがダメでしたか⁉」って（笑）。そしたら「いやいやダメじゃなかったよ。（パゾリーニの）『アッカトーネ』みたいだった」といっていただいて、それはすごくうれしかった。黒沢さんの感想はご本人からではなく人づてで「俺だったらあんなに長くならない」と聞いたことがある（笑）。青山さんからはついぞ自分たちの映画にかんする感想をいってもらったことがないんだけど、そこはこっちも訊きづらいし。やっぱねぇ……、先生ってのはそういうもんなんですね。

ただ亡くなる一年前ぐらいかな、甲府の桜座に青山さんが『はるねこ』で甫木元空くんと来て、青山さんはベロンベロンでいたんだけど、バンド演奏も全部終わってフロアで一緒に酒飲みながら……「おいっ、富田！　おまえ目障りんだよ！」って。「え⁉　そ、そうっすよね……すいません！」みたいな。そういうのはあったのかなぁってね。俺らとしては、青春時代、映画を志しはじめたころ、青山さんの映画を見はじめたわけで、ああだこうだいいたい時期だったというか、反発心もあったわけです。だって、あのころ売り出し中の青山さんはバリバリでしょ？　あ、あと互いに中上健次を好きだったというのも大きかったですよね。となると簡単にほめてたまるか、みたいな青臭い気持ちとかも当然ありますよね。結局いちばん意識していた人だったんでしょうね。でもあとになって虎ちゃんと俺らは幸せだったね、と話してたの。その後はインディペンデントだなんだと、作品はいっぱいあるけどさ、最近はそんなふうに話したくなる映画あんまりないですよ。で、「おまえ目障りなんだよ！」っていわれて、俺がもごもごしてたら青山さんが「こいつはな、そんじょそこらのヤツじゃねえんだよ！」って（笑）。下げられ上げられ……。それが青山さんと会った最後だったんですよね。

樋口 そこらへんは北九州流儀なんだろうか。さっきの「下げて上げる」じゃないけど、まず下げるところからはじめるというのが生きるリズムとしてあったような気がするね。

富田 中上健次の影響もあったのかも？

相澤 あらくれのね。

富田 中上は文壇の見張り役を自認していたとこがあったでしょ？　「中上くん、君がその役目をやっていかなきゃいけない」って柄谷行人にいわれていたような気がするよ。だから、中上は他の作家にガンガン絡んでいったじゃん？　そういえば高橋洋さんもいってたよ。とにかく先輩からは徹底的にダメしかいわれたことがないって。ほめられるなんてことは一度もなかった、でもそれでいい、そういうもんだって。時代は変わったからさ、いまはすぐパワハラみたいになっちゃうけど、(青山さんは)わりと昔気質の、俺たちもギリギリその時代に入っていると思うけどさ、そういう感覚もあったんだと思う。

――これからはおふたりが映画界でその役目を担われるんですか。

富田 いやぁもう新時代が来ちゃってますから、ほめてほめて、だから俺もほめてくれって(笑)。

ローカリティとトポロジー、あるいは波のような山

――青山さんの映画における北九州のような地方の描き方でなにか参考になることはありましたか。

相澤 俺は青山さんの映画にそういうものは全然見ていなかったですね。なにを見ていたかといわれると難しいですけど、ローカリティを感じたことは青山さんにはあまりなかったですね。逆にわざと消してるんじゃないと思うくらい。柳町光男的な土着性ではなくて、青山さんの映画はスタイリッシュなものと、俺はみていましたけどね。

樋口 『サッド ヴァケイション』(二〇〇七年)を見ると、いろんなところから流れてきたひとたちが居着いた場所がたまたま北九州だったということでもある。

相澤 九州を意識しているのはわかるんだけど、風土みたいなものよりも映画としての普遍性。そうそうたとえば『サッド ヴァケイション』で光石さんと斉藤陽一郎さんの長回しのシーンで、アドリブも含めてゴリゴリの九州弁で話すんだけど、とても映画的な演出だなと思って見ていました。

富田 スタイリッシュ、でしたよね。今回青山さんの遺されたシナリオをたくさん読ませていただいて、やはり九〇年代という時代の要因が大きかったんだとあらためて思いました。青山さんはVシネマ、三千万円、スーパー16という枠からスタートして、そのなかで自分の思いも入れつつ商業的なものとして成立させなければいけない。底のほうに中上健次があったり、ごりごりなのに青山さんの映画がスタイリッシュな雰囲気を当時かもしていたのは、時代背景や当時まわりで公開されている映画の雰囲気もあったんじゃないかと、今回シナリオに目を通して感じましたね。

相澤 スパッと切るもんね。でもビデオではなくてフィルムの感覚というか。

富田 もし俺たちが青山さんのシナリオでなにか撮るんだったら――そういう可能性も含めて読んでみて思ったのは、いまなら『Helpless』かなと。今回第一稿を読ませていただいたんですけど、秋彦と健次のバディものとして描かれていて、秋彦もいじめられっ子ではなく、健次のワル仲間として腕っ節強く描かれていて、この設定で撮ってみたいと思いましたね。あと、映画のなかで出てきていたバイクよりも、シナリオのなかで描かれているバイクのほうが印象的だったというのもありますね。

相澤　そうだね。

富田　シナリオは文字として読むから、バイクの存在が何度も文字で念押しされるからなおのことそう思ったんだろうけど。「不良バディもの＋バイク」というのが第一稿の印象でしたね。映画で使っているのは（ヤマハ）SRX？

相澤　あのとき（映画『Helpless』）はSRXだったかな。

富田　バイクのチョイス、大事ですよね！　SRX悪くないけど、俺だったら違うな！とか当時見ながら対抗意識燃やしてたりしてました（笑）。

相澤　そこは対抗できるからね。

富田　あとね、俺が当時、『Helpless』で対抗意識を燃やした、というか嫌だったのは拳銃の発砲音（笑）！　なんであんなちゃちい音にするんだろうって。で、きっと青山さんは何周もまわりすぎてあの銃声に辿りついたんだろうと……。全部ゴダールからの悪影響（笑）！みたいなことも思ったりしてましたね、当時。虎ちゃんのシネ研の先輩の話と同じで（笑）、考えすぎて結局映画を撮れなくなるみたいなのもあったけどさ（笑）。で、俺たちはというと、じゃあもう映画に拳銃だすなら本物以外は嫌だ！となって、『バンコクナイツ』（二〇一六年）のときも本物のコルトガバメントをタイの警察官にお願いして貸してもらって撮影したり、後続の世代はいろいろ大変なんですよね……（笑）。

樋口　黒沢さんが以前、バイクを映画に出すのは難しいと話していたことがあったのね。バイクはたんにバイクが走っているだけのシーンにしかならなくてどうもしっくりこないと。ぜひ黒沢さんをあっといわせる映画にしてほしいね。

富田　バイクを出さないと映画を撮った気がしない空族（笑）。

相澤　そこは「バイクが走っているんですよ」といいたい。「このバイクが戦後の川崎重工の――」と（笑）。

富田　バイクは走るためだけに乗るものなんで走るだけでいいんです（笑）！　あと、バイクにかんしては相澤さんがうるさいんで（笑）。この人、『ゴッドスピード・ユー！ブラック・エンペラー』（一九七六年）を見て、画面に映っているバイクとそれにつけられている排気音が違う！って柳町監督にツッコんでたもん（笑）。

相澤　「そうなの？」って逆に聞かれて「そうです」って（笑）。

富田　虎ちゃんはホンダにカワサキの音がついているってわかっちゃう。

相澤　（頭のなかに）車種が出てくるからね。

富田　とにかくバイクはかっこよく撮りたいよね。これからは黒沢さんみたいに考えてみよう。

　でも考えてみると『Helpless』のスタイリッシュさは秋彦像が変わったことがいちばん大きいかもしれないですね。北九州弁丸出しの不良と、左腕がないヤクザの先輩という設定。ヤクザもののVシネマとなにが違うんですか……？　と問われれば答えようもない（笑）。そんななかで、どうやって青山さんの繊細な部分を入れつつ成立させていくのか？　そう考えていくと、第一稿からの変化は当時の時代背景もよみがえりつつ、理解できるような気がしましたね。スタイリッシュな中上健次というかね。

相澤　そうだね。

富田　だけど当時の俺たちはというと、スタイリッシュな中上健次は嫌だ！ってね（笑）。そういう感じで青山さんを見て、自分たちのやりたいことと比較しながらつねに意識していた人――ということになるかな。

――影響を受けた作品といえばなんになりますか。

富田　俺はやっぱり『EUREKA』（二〇〇〇年）だなあ。

相澤　俺は『サッド ヴァケイション』はいい映画だったんだなと思った。俺が思ったのは『サッド ヴァケイション』には青山さんの映画史がふんだんに入っているると思うのね。一本の映画のなかに自分の好きな映画が何本も入っている。『EUREKA』はスタイルが確定していて、このスタイルの映画です、という感じで進むんだけど、あらためて見てみると『サッド ヴァケイション』は青山さんの映画史として見る感じがあって、たとえばこれから映画を習いたいとか学びたいという人には見せたほうがいい。それで先生が、ショットの解明などあれやこれやというのにすごくいい映画だとも思う。もちろん成功しているだけじゃなく、失敗している部分も含めて教科書的なところもある。そういうふうにも見られると思った。

樋口　最初の移民が船でやってくる場面とか、ハリウッドくらい予算をかけられたらさらにものすごいシーンになる可能性があるからね。

相澤　そこは公開当時から俺たちは文句をいっていたんですよ。中国からの移民なのにそうは見えないのはちょっとね、ということですね。バイクはまだいいですけど、あれが中国人の移民の人たちに見えないのは致命的だと思いましたけどね。それはもう、中国人の人たちに出てもらうしかないということなのかもしれないですけどね。そこはハリウッドスタイルでいったほうがよかったかもしれない。まあそれが絶対ではないとも思いますけど。

樋口　『サッド ヴァケイション』は映画の抱えている問題や世界の広がりが日本映画の規模を踏み越えていく、いびつな面白さを持った映画だったと思う。その大きさをいかに日本映画の中で出していくかという課題を、映画自体がこちらに問いかけてくるというか。

相澤　かといってCGでガッとつくるのも違いますもんね。

樋口　そう思いながら、浅野忠信とオダギリジョーがトレーラーの上でいろんな話をするシーンなんか、いいなあと思いながら見てましたよ。いやあ『シェルタリング・スカイ』（一九九〇年）みたいだとか。大金持ちだったらこのシーンのために惜しみなく金をつぎ込む。

富田　『シェルタリング・スカイ』、たしかに！　とてもいい喩えですね。『EUREKA』にはさ……、映画は生きているというか、変化しつづけていて以前と同じように見ることのできないモノだということを教えられましたよ。冒頭で「ここはいつか津波が来て全部飲み込まれる」という予感が宮﨑あおいの台詞で語られて、彼女の後頭部なめの画面の奥に映る黒い壁のような山の稜線が津波のようにせりあがってくる。東日本大震災よりずっと前に撮られているはずなんだけど、この冒頭シーンの持つ意味は、その前後で完全に変わってしまった。そういえば、『チンピラ』のオープニグも波打ち際からはじまってたなぁ……、俺は出身が山梨で海なし県だからなぁ……。山にはうおーーー!!ってのがあるんですけどね……。だから、次回作は山をうおーーー!って描こうと思ってます。しかも、『EUREKA』のナオキの出所後を描く映画のタイトルが『波、あがりて』って……青山さん、どう思ってたんだろう?

相澤　ねえ。

（二〇二三年一月三〇日、オンラインで）

Fragments 2

いまどきの夜——青山真治

女の一生、ベラミ、或る女、痴人の愛、征服されざる人々、悲劇週間、夜はやさし、ブライズヘッドふたたび、シャーリイ・ジャクソン、拾った女、ワット、嵐が丘、ハイスミス、ヴィオレット・ノジエール、シャブロル、反撥、ポランスキー

ホラー、女性小説、ノワール

事件（大岡）

シノプシス

○　赤いバイク。セイタ、走りまわる。女がいる。セイタはユミに惚れている。だがユミはべつの男、妻子持ちの中年ムナカタに夢中だ。その上、ムナカタはユミと別れたがっている。

○　ムナカタとユミの別れ話。

○　ユミは泣きじゃくる。バイクを下りてユミの車に乗ったセイタにはなす術もない。

○　ユミはセイタにムナカタの乗る高級外国車を盗もう、と持ちかける。

○　計画は成功したかにみえた。が、ムナカタに気づかれ、セイタは誤ってムナカタを殺してしまう。高級車を奪って逃げるユミとセイタ。

○　実はムナカタはアジア某国との国交に関わる二重スパイで、その影で妻のアキコが糸を操っていた。ムナカタが掴んだ重要な情報はセイタの盗んだ高級車に隠されている。

○　アキコと部下たちは高級車を追う。逃げるセイタとユミ。

○　福島に侵入するセイタとユミ。クリスマスの夜。雪が降る。車が放射能に反応して、発光する。車自体が放射能探知機になっていたのだ。

○　原発地帯にあるセイタの祖父の家に逃げ込む二人。
誰もいないはずの家に、老人は残っていた。
アキコたちは高級車を追ってその場へ辿りついた。
老人がアキコたちの車にめがけて高級車で突っ込む。燃え上がる車。
それでも血まみれのアキコがセイタとユミを殺しに来る。

CRITIQUE

重力《ネイション》の彼方へ
——中上健次と青山真治

渡邊英理

1、「非場所」としての北九州

小説『EUREKA』の作家である青山真治とは、中上健次の文学を創造源として新たな小説世界をつくりだした作家である。同時に青山は、ある時期まで中上を重要な参照項として、新たな映像作品を生み出した映画監督である。自身にとってその重要性が決定的である作家として、中上健次の名を特権的にあげる青山の小説と映画、その少なからぬテクストは中上文学に対する卓越した批評としても読まれるが、その批評性を、創作者としての青山は、研ぎ澄まされた映画制作の方法意識においても発揮している。その端的な例のひとつが、場所をめぐる方法だと思われる。

青山の映画『Helpless』『EUREKA』『サッド ヴァケーション』の三作を、わたしたちは北九州物語群《サーガ》の名で呼びならわしている。知られるように、青山映画における中上の影響は、とりわけ、この三部作に顕著である。北九州で撮影されたこの三部作が中上健次の圏域に位置することを自ら証すかのように、第二作『EUREKA』の小説版には、中上の逝去の翌日、一九九二年八月十三日の日付が刻印されている。また第一作『Helpless』には中上の三部作の主人公・秋幸を思わせる秋彦、さらには健次の名をもつ人物が登場する。第二作『EUREKA』の傍らには、映画『路地へ――中上健次が遺したフィルム』も寄り添っている。（再）開発によって失われゆく路地を中上が記録したフィルムに新たな生を吹き込むべく、青山は、この映画を監督した。この映画のなかに織り込まれた紀州への旅――中上作品の朗読者を演じる井土紀州を旅人とする――は、映画『EUREKA』の撮影寸前になされたものである。

　熊野の「路地」から北九州の風景へ、中上文学から得た着想を独自の映像表現へ昇華させるにあたって、青山は、トポロジーの移動を実行したと見える。青山にとっての北九州は、自身の生地という意味で中上にとっての熊野と構造的に同位である。こうした自身の生地への作品世界の移植は、さほど珍しいものではない。たとえば、大林宣彦は、中上と同じ和歌山県新宮市出身の作家である佐藤春夫の小説『わんぱく時代』を映画化した『野ゆき山ゆき海辺ゆき』で、その舞台を新宮から生地の広島県尾道市へ移し替えている。大林の映画における尾道がそうであったように、青山が映画監督としてなしえた枢要な達成のひとつは、この北九州の風景を半永久的にフィルムにとどめ、映画史のなかに登録したことにあるとわたしは思っている。

　とはいえ、広く知られるように、青山自身は、フィルムのなかの北九州を「非場所」として、どこにでもありつつどこにもない場所だと公言していた。したがって、青山の北九州とは、ノスタルジーの対象としての「地元」や「故郷」ではない。そこでは、「郷土」という重力から慎重に距離が置かれている。この「非場所」とは、固有でありつつ普遍的、抽象的でありつつ単独的な「現場性」の時空を意味するものではなかっただろうか。固有性と抽象性、単独性と普遍性とが弁証法的に止揚された先の「現場性」を条件とする「非場所」としての北九州。[1] この意味において、青山の映画のなかに登場する「北九州」は、北九州でないと同時に北九州であると言える。

2、開発と風景

　青山の北九州物語群の第一作『Helpless』と第三作『サッド ヴァケーション』は、製鉄の街・八幡を主な舞台に据えている。その風景は、半島大陸へといたる海の玄関口を構える門司、軍都であり交通の要所を占めた小倉、石炭積出港として栄えた若松、筑豊川筋や三池の炭鉱地帯をも含みこみつつ描きだされている。二作目の『EUREKA』の舞台福岡県甘木市（現在の朝倉市）もまた、八幡出身の茂雄や門司で育った秋彦、小説では三池炭鉱の技師であったことが明言される誠治らによって、同じ北九州の外延にあることが示されている。これら青山映画の主人公とは、この北九州の風景のなかで蠢く者たち一人ひとりである。人々がインとアウトを繰り返す映画のフレームは、この蠢く者たちの肖像、あるいは群像を飾る額縁のようである。と同時に、その主役はまた、風景そのものであり、さらには、この風景を構成し成り立たせている諸要素であり動力である。言い換えれば、青山映画の北九州は、所与の静的な空間ではなく、交通と変容の空間——人の移動と開発によって変容を被る動的な空間として現れている。その空間の動きもまた、「超微力の運転力」[2]「非常に静かで微動するカメラワーク、カメラアイ」[3]（吉増剛造）によって触知されている。

たとえば、二作目の映画『EUREKA』では、先述の八幡から流れてきた茂雄や、東京生まれ門司育ちの秋彦に加え、博多の街に働きに出る弓子らは、甘木の風景を伝統的な農村地帯の土着性から遠ざけ、博多と北九州に挟まれた交通の空間へと近づける。沢井が運転する西鉄バスをモデルとしたであろう路線バスの終点は筑紫の久留米であった。長崎出身の陣野俊史は、映画『EUREKA』の「方言」中にある言語的な差異を浮き彫りにしている。陣野によれば、光石研が演じる茂雄が「火の玉」のように繰り出す「撥ねまわる球」の如き北九州弁の「きさんくさ！」——「貴様」に北九州特有の「くさ」の語尾が接続されて、「きさん」と撥音便化したもの」——に対し、長崎県諫早出身の役所広司演じる沢井真の「まろやかで」「圧倒的な語尾の弱さを刻んでいる」「二人称」「あんた」がある。[4] 八幡出身の光石もまた、「北九州から博多よりの甘木」では「北九州弁と博多弁」の「二つの言葉がチャンポンになっている」と語っている。[5] そこでは「登場人物たちはそれぞれ違う地方語を話して」おり「違っているけれど、それは理解できている」のだ。陣野が指摘するこの映画世界の多言語性や多声性は、茂雄や沢井が生きる地方都市が交通の空間であることを証立てている。

そして、この人々の交通、「労働力」の移動の函数として開発という巨大な力がある。製鉄所と炭鉱を有する北九州は、近代明治期以降の国家的開発プロジェクトの前線であり、中心であった。筑豊三池炭鉱の開発、原料供給地に隣接した官営の八幡製鉄所の建設、国際貿易港・門司の繁栄などによって、北九州には坑夫や沖仲仕、炭鉱や港湾、工場の労働者として多くの人々が移り住んだ。一九六三年に五市の合併により北九州市が誕生、政令指定都市となる。戦後のある時期まで、北九州市は九州随一、広島をもしのぐ人口を抱えた大都市であった。しかしながら、石炭から石油への「エネルギー革命」により炭鉱は衰退し、高度経済成長を経て日本のリーディング産業は、サービス業や情報通信産業へ推移し、製鉄業の栄光も翳りを帯びる。人口流出がとまらない北九州に対し、商業地域である博多を擁する福岡市の人口は増えつづけ、一九七九年には九州第一の都市の称号は、北九州市から福岡市へ移る。二〇〇一年の映画『EUREKA』において、沢井の妻・弓子は、美容師の友人を頼って博多にでる。この弓子の移動のリアリティは、単に北九州より博多が近い甘木の地理的条件を意味するだけでなく、開発と人の移動の歴史的推移を表象することで担保されているのだ。

「いつも人で溢れていたのが、だんだん人がいなくなってきて、ゴーストタウンのようになっていった」[6]。両親が八幡製鉄所で働いていた光石の、自身が上京した一九八〇年頃を語るこの言葉は、博多に凌駕された時期の八幡の様子に符合する。映画『EUREKA』にアルバート・アイラーの「ゴースト」が挿入されることも、この「ゴーストタウン」への、そして、かつていていまはいないゴーストたちへの——さらにはアイラーを愛した中上健次への——レクイエムとして理解される。薄皮一枚で生の側にとどまり、それは自分であったかもしれない死者たちにとらわれたまま生きるバスジャック事件のサバイバーである沢井真、直樹・梢兄妹もまた、幽霊的存在である。と同時に、アイラーのゴーストがコードや定型を拒否するのと同じく、映画に響くこの音もまた、記号的な意味や「日本的叙情」の重力から逸脱している。言わば、それは屈曲した哀歌である。

しかしながら、たとえ住む人はいなくなっても、工場街や炭鉱の掘削痕は、地上に消えることなく遺っている。開発とは、人為による自然環境に対する侵食であり、損壊であり、人間は、地球という惑星に、人間活動の物理的・物質的産物を蓄積し、人間の痕跡を刻み込んでいる。『Helpless』の冒頭、そして映画『EUREKA』の棹尾におかれた空撮は、こうした地球という惑星に刻印された人間活動の物理的な痕跡(human imprint)——人間的で歴史的な生活世界——を捉えるために必要とされた鳥瞰的視点のようだ。『EUREKA』の大観峰（阿蘇）と『Helpless』における高圧線の走る山間地、臨海部の工業地帯、海面、二つの鳥瞰図は作中の配置とイメージにおいて差異と対照をなしており、青山映画の北九州の風景とは、この「人間活動の物理的な痕跡《ヒューマン・インプリント》」を含むものである。こうした風景を空から捉える視点は機械の力を借りなければ、すなわち、人間ならざるものの力を借りなければ不可能である。もとより映画そのものが、機械への依存という点でも、また存在と不在を漂う像《イマージュ》という点でも、非人間的なるものなのだ。この人間に不可能であることが強調されるという意味で人間離れした「鳥の目」をフィルムの切れ目に差し込む脱人間主義的《ポストヒューマン》な青山映画において、真の意味のゴーストとは、人為の力によって切り落とされ、屍とされた声なき者たち、非人間たちすべてのことであろう。そこには、開発によって死をもたらされた非人間たちとともに、人外の領域におかれ、近代の闇にて近代の光を支えた死者たちからの問いかけがある。映画『EUREKA』における「他人のためだけに生きるっちゅうとは、できるとやろか」という沢井の言葉もまた、非人間たちをも他なるものたちに含んだ問いかけとして響く。

青山真治にとっての中上健次とは、以上のような場所をめぐる理論的な視座を持ち、秀でた方法意識を携えた小説家であったにちがいない。拙著『中上健次論』では、「(再)開発文学」という方法論的視座からこうした中上の批評性に迫ったが、中上の「路地」とは、土着と伝統のローカル性を表すというよりも、開発と人の移動による交通と変容の空間である[7]。そして、中上にとって、路地とは、開発や再開発という出来事を表象する舞台であると同時に、それに抗する思索や思想を形象化する文学的かつ理論的ビジョンであった。スクリーンに揺らめく青山のゴーストは、この中上の路地のビジョンと通いあっている。

3、北と南、あるいはネイションとポストファミリー

三部作の第一作『Helpless』の中心には、「父殺し」の不可能性の主題が鎮座する。ヤクザ者の安男が命を狙う組のオヤジはすでに死んでおり、その朋輩である健次の父親は、「アル中」で自死を遂げる。これらは、父・浜村龍造が自壊する中上の『地の果て 至上の時』に柄谷行人や小森陽一らが読みとった冷戦体制の崩壊と「モダンなものの終焉」という世界史的な認識を明確に継ぐものだ。『Helpless』の「父殺し」の不可能性とは、東の首領も西の首領も擬制であることをあらわとするという意味で政治的には脱冷戦の、経済的にはグローバリゼーションの、思想的には二元論的枠組みを具えた「近代」以後《ポストモダン》の形象であり、三部作の北九州の風景を構成する当のものである。同時に『Helpless』は、東琢磨が「代理戦争」「頂上作戦」として現象するヤクザの抗争のうちに冷戦時代の国際政治の形象化を見いだした、深作欣二の『仁義なき戦い』シリーズの批評的続編としても読まれるだろう[8]。中上にも、『奇蹟』のタイチや『熊野集』「海神」の完治など「ヤクザ者」が登場する一連の小説群がある。『Helpless』の安男は、『奇蹟』のタイチら、そして『仁義なき戦い』で抗争するヤクザたちの末裔である。

また、『Helpless』(一九九六年)に刻印された「September, 10,1989」の日付は、この映画世界を「昭和の終わり」の秋に位置づけ、後に起こる二〇〇一年九月一一日を予見するものと連想させもする。この青山らしい日付の刻印もまた、中

上小説の時間と通じている。『千年の愉楽』「天人五衰」（『文藝』一九八一年二月号）で路地の産婆オリュウノオバは、半蔵の子の竹信が、「昭和の天皇が崩御した同じ日」に、その半蔵の子の竹信の子の光輝がそのさらに未来の「昭和の次の年号の五年目」に死ぬことを語る。[9] これは、小説の執筆当時においても発表当時においても未来にあたる予言的な語りである。元号を不適切に用いて語るオバの言葉は、支配秩序の時間性を「奪領」し撹乱している。青山における過去でもあり未来でもある時間の混交と予言を含む映画時間の無意識もまた、支配秩序をささくれさせる「奪領」の一種であろう。

　こうした大文字の政治や歴史、世界史的なビジョンとともに、三部作は、別様のフィルム感触で多様な差異、小文字の政治や歴史的記憶をも宿している。先ほど青山映画の「北九州」の風景について触れたが、実のところ、母方の家がもとは八女ではあるものの、おもに「南九州」で育ったわたしにとって、これらの風景は必ずしも親密なものではない。むしろ、この映画のなかの「北九州」は、わたしにとってつねに近くて遠い場所だった。

　この私的記憶を多分に含む「北九州」と「南九州」のあいだ、その二律背反的な距離感。その絶妙な表現として、GO!GO!7188の音楽を聴いたものだった。同じ高校の同級生だった中島優美と浜田亜紀子が鹿児島で結成したガールズバンドから発展したスリーピースバンドGO!GO!7188の歌の多くは、まるで演歌のようにこぶしを効かせて唸るロックである。その歌には、しばしば高速道路とバスが登場する。「バスに揺られる流れる窓の外指さして　誰かが何かを伝えようとしている　急に君に会いたくなった」（「ひとりたび」二〇〇六年）。「高速道路を２００㎞でクラッシュしたら　血まみれの顔を今まで以上に愛してあげるの」（「赤いソファ」二〇〇三年）。GO!GO!7188によるフラワーカンパニーの「深夜特急」のカバー（二〇〇九年）も、オリジナル曲のバスと高速道路の延長線上に位置づく。GO!GO!7188のバスと高速道路、その高速バスの終点は、博多でなければならない。鹿児島の女子高生にとっての「都会」とは、博多のことであり、二〇一一年の九州新幹線の開通以前、高速バスで博多に買い物に行く休日こそが「彼女たち」の最大の娯楽であった。少女たちは高速バスで博多を目指す。この「都会」への小旅行が、おそらくGO!GO!7188の心象地図の下地にある。通勤や通学に「日常の足」として使われている桜島フェリーを恋の交通手段として歌った（「さくらじま」）GO!GO!7188は、九州の「北」と「南」を行き交う女子高生たちの地図を熟知している。バスと高速道路に表象されるのは、「彼女たち」にとってのこの交通であり、この距離であり、それらが主要な移動手段を占める郊外的な風景とその地図である。

「北九州」と「南九州」の間。そもそもこの九州の「北」と「南」の懸隔を、いち早く戦後思想の問題と運動の課題として言語化したのは、谷川雁である。初期のエッセイ「農民が欠けている」において、雁は次のように述べている。

二つの極、一方に炭焼き、木こり、漁夫、竹籠作りの職人、水のみ百姓などがあり、他方に坑夫、金属工、船乗り、紡績女工、ならず者、階級の低い兵士、売笑婦などの群があります。前者は東北地方に比較される広い貧農地帯、私達の故郷、南部九州に。後者は鉄と炎の北九州、阪神、京浜に。

この両極は互に相手がなくては生きてゆけない、永遠に憎みあう男女のように、また一つの井戸から命の源を汲む二つのつるべのように親しく存在しております。精巧な藤細工のように裏と表から絡みあい、引っ張りあい、反撥しあい、微妙な力の均衡を創り出しています。[10]

ともすると階級性を単一的な地域性に還元する、怪しげな文明論のようにも見えるこの論は、尺度《スケール》を変えることで群れを差異化するものであり、酒井隆史が言うように、ネイションを細分化し、アジアの範域に地図を描き直していくビジョンに通じている。[11] この雁のビジョンを、動的な流民たちの地図として敷衍するなら、そこから青山のゴーストはさほど遠くはない。青山のゴーストのうちには、人外の領域を生きた者たち、すなわち「坑夫、金属工、船乗り、紡績女工、ならず者、階級の低い兵士、売笑婦など」、北九州の流民たちもまた含まれていると言えるからだ。森崎和江が『与論島を出た民の歴史』で描いたように、沖縄奄美群島から渡ってきた人々もそのなかにいる。[12] と同時に、映画『EUREKA』ではログハウスを捨ててバスが高速道路を走りだす。路地解体後、オバたちを冷凍トレーラーに乗せて路地のアニたちが高速道路を旅する中上の『日輪の翼』のように。「バスはまた走り出し、高速道路に乗って南へ向かった」。[13] 映画『EUREKA』で高速道路を走るバスが阿蘇外輪山へと至るとき、その交通は「南九州」へと延伸され、「彼女たち」の地図と重なりあうことになるだろう。これらの歴史性を整理するなら、青山のゴーストとは、五〇年代を牽引した労働運動もサークル文化運動も後退を余儀なくされ、九州の「北」と「南」の流民の潜勢力が失われたあとの痕跡でもある。東西の構造の自壊に先んじて、すでに五〇年代末には九州の「南北」流民の潜勢性は退潮しつつあった。バスと高速道路の地図は、八〇年代に「ゴーストタウン」化した「北九州」にフォーカスするカメラを広角に切り替え、「南九州」まで視野に収めたときに見えてくる地勢図である。

なるほど、バスと高速道路の交通は、流民のそれに比べて、はるかに中産階級的であり、「市民社会」性を帯びたものであるにちがいない。にもかかわらず、その交通に批評的な生命線があると思われるのは、その運動性において、青山が、重力《ネイション》の核心部に位置する「家族」と「親族関係」に切り結んでいるからである。言い換えれば、青山は、映画『EUREKA』において、『Helpless』で示した「近代《ポストモダン》」以後というモチーフから離れ、ポストファミリーのほうへ向かっていったということだ。

　この点に関して、陣野俊史は、映画『EUREKA』について「共同体からはずれていった人間たちがどのように自力で共同体を形成し得るか、ということを試行錯誤するプロセス」（傍点原文）として論じている。映画『EUREKA』の中盤で、沢井真は、同じバスジャック事件のサバイバーである田村直樹・梢兄妹が住む高台のログハウスで共同生活をはじめる。そこに、直樹・梢の従兄弟である秋彦もやってくる。やがて、手に入れたバスで、沢井ら四人は旅にでる。陣野が述べるように、これは、「家族の濃密な匂いの立ち込める家を放棄し、バスの「家」を選択する」行為だろう。つまり、バスによる四人の共同生活とは、地縁による地域共同体や国民共同体などのネイションに内包された血縁と血統を紐帯とする「家」や親族関係とは異なる「親密関係」（竹村和子）を取り結ぶ家ならざる家を作りだそうとする行為である。

小説『EUREKA』では、その意図がより明確に言語化されている。

> 　関係は疎ましい、と沢井は思った。そして、関係は愛おしい。いっそ何もなかったことにできればどんなに楽かしれない。事件はなかった。バスもなかった。弓子との結婚もなかった。兄と弟との、親と子との関係すらなかった。だがそんなことはありえない望みに過ぎなかった。絶えず死と背中合わせに生き、それでも死ぬことができなかった沢井に、いまさらそのことを自分に許すこともできなかった。[14]
>
> バスの中の四人はあらゆる関係から逃れ、その四人自身の関係すらが、やがて切り離されるためにある繋がりに過ぎなかった。それを四人が四人とも自覚していた、そして、そうであるからこそ、いっそうその繋がりは強度を増したのだった。
>
> 　急げば、その繋がりは壊れる。それほどに脆い繋がりでもあった。[15]

バスに乗った四人の「繋がり」は、生殖によって国民という「労働力」の再生産を担い、ネイションを下支えする家族でも家でもない。それとは異なる家ならざる家、家族ならざる家族の「親密関係」である。ここでの沢井は、無論、次世代を「産む」のではなくて、血縁の範囲を越えて、子らを「育てる」存在である。この四人が織りなす関係性は、ダナ・ハラウェイが言うところの類縁関係を想起させる。産むのではなく、育てることに重きをおき、子どもではなく類縁関係を作ることを提唱するダナ・ハラウェイの思想を、逆巻しとねは、「血統と類の継承、一夫一婦制を規範とする人間主義的な《産むこと》を、胡乱な生命のあやとりのなかにある《育てること》の一部として語りなおす」[16]と述べている。沢井・直樹・梢らの互いに他を育てると同時に育てられる関係。そこには、ただ「日の光と大気と水と土との信じ難い交歓」「世界そのものと直接交わる自由」があり、「沢井が捨て、離脱した関係の重力は、もとよりそこにはなかった」[17]。異種の互助関係を含み、多孔的で被傷性に満ちた生き物としての生命の連なり[18]。映画にあった空撮を欠く小説の脱人間主義は、この人間と人間ならざるものを含む開かれた共同性に担保されている。

さらに言えば、陣野が好きな描写としてあげる、「出入り自由、移動可能な「家」として」の「バスからめいめいが洗面器をもって出会い頭の銭湯へでかけてゆくシーン」に端的に示されているように、ここでは物理的建造物としての「家」そのものも問い直されている。

熊本在住の坂口恭平は、「home」の概念を「一つ屋根の下の都市」として再発明している。そのヒントとなったのが、自家発電のブルーテントハウスである。その「家」の主人＝ブルーテントハウスに住む「homeless」状態の労働者は、「晴れていれば、隣の隅田公園で本を読んだり、拾ってきた中学校の音楽の教科書を見ながらギターを弾いたりできる。トイレも水道も公園にあって使い放題。風呂は一週間に一度、近くの銭湯に行く。食事はスーパーマーケットの掃除をしたついでに肉や野菜をもらえる。だから、家は寝室ぐらいで十分だ」[19]。つまり、この家の主人にとって、「公園は居間とトイレと水場を兼ねたもの、図書館は本棚であり、スーパーは冷蔵庫みたいなもの」である。これは、まさに「一つ屋根の下の都市」である。「家だけが居住空間なのではなく、彼が毎日を過ごす都市空間のすべてが、彼の頭の中でだけは大きな家なのだ」[20]。中上の『地の果て　至上の時』では、土地を私有し、コンクリートの基礎の上に何十年ものローンを組み、お金を使って家を建てる人々と違い、ヨシ兄ら「浮浪者」＝「homeless」状態の労働者は砂漠のなかに草原を見つけるように、「都市」（地方中核都市）のなかに空地を見つけ、その原っぱに簡易なテントを張る。坂口、そして中上は、土地を私有しローンを組んで建てた家とは異なる別様の「所有」、別様の「家」を提示する。青山の『EUREKA』もまた同様の思想性において、坂口／中上の企てに共振していた。『EUREKA』のバスの行方とは、この重力《ネイション》の彼方であったと言うべきだろう。

（わたなべ・えり／日本語文学・批評）

1 蓮實重彦は、「青山真治をみだりに追悼せずにおくために」（『新潮』二〇二二年六月号）のなかで、青山について、「その「温かみ」と「恐」さ、またその「優しさ」と「恐怖」との弁証法的な記述ともいうべきものを、大学一年の後期のレポートだからまだ二十歳になったばかりの若者がごく自然にやってのけているところに、教師としての余裕を超えたすえ怖ろしさを覚えた」と述べている。

2 吉増剛造「中上さんの《方》へ、〈路地〉へ、……。」『ユリイカ』二〇〇一年二月号、一三一頁。

3 吉増剛造、同誌、三〇頁。

4 陣野俊史「バスという「箱」」同誌、一六六頁。

5 光石研「[インタビュー]『EUREKA』の光を浴びて」（聞き手・北小路隆志）同誌、一五六頁。

6 光石研、同誌、一五七頁。

7 渡邊英理『中上健次論』インスクリプト、二〇二二年。

8 東琢磨「傷はいかにあるのか?」『文藝別冊　深作欣二——現場を生きた、仁義なき映画人生』河出書房新社、二〇二一年、三〇一頁。

9 「千年の愉楽」『中上健次集七』インスクリプト、二〇一二年、九九～一〇〇頁。

10 谷川雁『原点が存在する』月曜社、二〇二二年、八六～八七頁。

11 酒井隆史「いま、谷川雁を読むということ——無数の情動からなる潜在的地平へ」『道の手帖　谷川雁——詩人思想家、復活』河出書房新社、二〇〇九年、一八頁。

12 森崎和江、川西到『与論島を出た民の歴史』（たいまつ社、一九七一年→葦書房、一九九六年）。

13 青山真治、小説『EUREKA』角川文庫、二〇〇二年、二三二頁。

14 青山真治、同書、一一七頁。

15 青山真治、同書、二三七頁。

16 坂巻しとね「未来による搾取に抗し、今ここを育むあやとりに学ぶ——ダナ・ハラウェイと再生産概念の更新」『現代思想』二〇一九年一一月号、二一六～二一七頁。

17 青山真治、前掲、二三八～二三九頁。

18 樋口泰人は、「ユニゾンとブラウン運動」（『ユリイカ』二〇〇一年二月号）において、ジム・オルークの音楽「EUREKA」を補助線とし沢井・梢・直樹らの関係性に、森や植物などの非人間と人間との関わりを読みとっている。

19 坂口恭平『独立国家のつくりかた』講談社現代新書、二〇一二年、二四頁。

20 坂口恭平、同書、二五頁。

SHINJI AOYAMA BY FILMMAKERS

Part 2

SHO MIYAKE INTERVIEW

三宅唱
ぜんぜん終わってないし、いまもつづいている

三宅唱（みやけ・しょう）
1984年、札幌市生まれ。一橋大学社会学部卒業、映画美学校フィクションコース初等科修了。主な長編に『Playback』（12）、『きみの鳥はうたえる』（18）、『ケイコ 目を澄ませて』（22）など。ほかに音楽ドキュメンタリー『THE COCKPIT』（14）、iPhoneで日々を記録した『無言日記』シリーズ（14－）、ビデオインスタレーションとして「ワールドツアー」（18）、「July 32, Sapporo Park」（19）など。最新作は『夜明けのすべて』（2024年2月公開予定）。

学生時代からその作品の熱心な観客であり読者でもあった三宅唱にとって青山真治は「すごく近いところにいるけど、よくしゃべるような間柄ではなかった」という。つまるところ「一ファンなんです」という二〇歳下の映画監督にとって青山真治とはどのような存在だったのか。

青山さんが亡くなったというニュースを知ったのは、自宅の近所で友人の鍵和田啓介くんとお茶していたときでした。ちょうど青山さんの映画や日記で読み取れる病状の話もしていたんですが、別れぎわにLINEを見て「え」となり、鍵和田くんにもニュースを共有したものの、お互いに感情がどうにかなりそうだと悟って、あまり喋らずにすぐ解散しました。まっすぐ帰宅する気も起きず、一人でずっと歩きながらいろいろ考えたような気がしますけど（しばし無言）、なにも考えてないですね。言葉にはならなかったです。

いや、このさいなのでダサいことをいっておくと、『ケイコ目を澄ませて』を見てほしかったのに、なんてことを思ったりしました。すみません、めちゃめちゃ自己中心的な話で……。とはいえ、いくらか関係もあるので一応お話しさせてもらうと、『ケイコ』を一緒につくった撮影の月永雄太さんは『東京公園』（二〇〇二年）の撮影や『サッドヴァケイション』（二〇〇七年）のメイキングとしてかかわっていましたし、衣裳の篠塚奈美さんも長年青山さんの映画に参加されていたので、「青山さんって現場でどんな感じなんですか」「あのシーンどうやって撮ったんですか」なんて質問を何度もしていました。その前の現場中にはテイ龍進さんにも聞きましたし、LINEで報せを送ってくれたプロデューサーの城内政芳さんとも、いちど青山さんに一緒に会ったことがあるので「青山さんは『ケイコ』みたらなんていうかなあ、文句いってくれるかなあ」なんて話を編集中にしていたんです。完成後、二〇二二年二月にベルリンでワールドプレミアだったんですが、その時期の青山さんの日記にその一行が記されていて。きっと、ケイコ役の岸井ゆきのさんが『空に住む』（二〇二〇年）に出演していますから、青山さんは「三宅の」というよりは「岸井さんの——」ということで、気にかけてくれていたのだろうと思います。岸井さんにも「青山さんはどんな演出でした？」と質問したり、「青山さん試写は来ないだろうから早く公開したいですね」なんて話をしていたので、亡くなったニュースを聞いたときは、そういうことにもつい頭がいってしまいました。

ほかにも、一緒に映画を作っていた松井宏・エレオノール夫妻だとか、青山さんに近い人が周りに多く、普段から頻繁に青山さん情報をよく話題にしていたんですが、その一方で、本人に直截お会いして話した機会はあまり多くないんです。下北なんかで何度か同じ席にいて大勢でわいわい話したことはありますけど、青山さんは一切憶えていないと思う。あるときは、解散した後に青山さんが階段から落ちて大変なことになっていたようだし。シラフに近い状態の青山さんと一対一に近い状態で話せたのは、吉祥寺でお会いして一緒に帰りの電車に乗ったときのひと晩くらいですかね。その後は、青山さんが多摩美で撮られた映画がユーロスペースで上映していたときだとか、笹塚でやった舞台『ワーニャおじさん』（二〇一四年）だとか下北でやった『しがさん、無事？ are you alright, my-me?』（二〇一九年）を見にいったときに、「おお！」「どうも」なんて挨拶する程度で、まあ遠慮しすぎました。なんだか照れちゃって。勝手に「こんどお会いしたらとことん訊いてみよう」という質問リストみたいなものを貯めていて、いずれそういう機会もあるだろうと呑気に思っていました。もうほんと、ただの一ファンです。

三宅唱がはじめて見た青山作品は『EUREKA』だった。高校三年生のとき札幌のシアターキノで鑑賞した。一九八四年生まれの三宅が十八になる二〇〇二年のことである。『EUREKA』はその二年前のカンヌ国際映画祭で話題をとり、凱旋上映のかたちとなった。三宅は当時「広告批評」の映画特集などで、映画になにかがあると感じていたという。

『EUREKA』は、こんなカッコイイ映画あるのって驚いたんですよね。その後何回も見直して記憶を上塗りしてしまっているので、当時の言葉では語れないですが、自分を映画に向かわせる決定的なものでした。その一、二年前にゴダールの『映画史』（一九八八年）を見て「映画ってこんなすごいんだ」という洗礼を受けたんですが、その後『EUREKA』がやってきて、エドワード・ヤンの『ヤンヤン 夏の想い出』（二〇〇〇年）もあって。それまではもうすこし広く映像とかデザインとか芸術一般に漠然と興味があったんですが、これは映画だな、と。

上京した一年目の夏に、シネセゾン渋谷で〈スクリーンサイズを考える〉というテーマのオールナイト上映があって、そこでナマの青山真治を初めて目にして、次の週にはシネセゾンに履歴書を出してアルバイトをはじめました。その時期は特に、青山真治という名前があると、とりあえず条件反射的に反応していましたね。当時矢継ぎ早に撮られていましたからすぐに新作が見られましたし、映画について書いたり話される機会も多かった。新作のアメリカ映画をみたあと、本屋さんにいけば青山さんの批評が載っている雑誌があったりして。同意することもあれば、わからんと思うこともあり、勝手に空想でおしゃべりしていた感じです。ふと気になった時に、青山さんのブログやツイッターで検索をかけるというのも何度もしました。「cooff クリント」とか「cooff トニー」とか「cooff 漱石」とか。

僕が大学生のとき、青山さんが東大で授業をやっていたのでモグっていました。スピルバーグの『宇宙戦争』（二〇〇五年）がテーマで、ある回は冒頭から十五分くらい見たあと、生徒に順番にカット1はなにか、カット2はなにかといわせていくという授業でした。同じころの『Inter Communication』

にもスピルバーグのことを書いていましたよね（14号「アメリカ映画の現在3　スティーヴンとスティーヴン」二〇〇五年）。東大の授業では打ち上げにもまぜてもらいましたが、下手なことをいってこいつはバカだと思われなくないのでずっと黙っていて、ただ話を聞いていました。

その数年後、CO2（シネアスト・オーガニゼーション・イン・大阪）という映画祭に短編で参加したさい、青山さんが長編部門の審査員をされていたんですが、表彰式の壇上に、青山さんがワイン片手に信じられないぐらいの千鳥足で出てきて、呂律もかなり怪しかったですが、「いま生きている人間のために映画をつくろう、ジョージ・A・ロメロのように」というようなことをおっしゃったんです。ちょっと正確じゃないかもしれません。青山さんの言葉がなにを意味するのか、本当のところはわからないんですが、僕は直感的に、すごいことを聞いてしまったと震えまして、その後の打ち上げのパーティで青山さんを中心に大勢が楽しそうに話している光景を眺めていたら、ボロボロ泣けてきちゃって。なぜかはわかりませんけど、「生きている人」という単語とロメロの映画の記憶が結びついて、生死にまつわる新しい感覚のようなものが自分の中でスパークしたんですかね。

涙といえば、ぴあフィルムフェスティバルでダグラス・サーク特集の『悲しみは空の彼方に』（一九五九年）がかかったときに、場内は自分も含めみんな啜り泣いているわけですけど、一人とんでもなく嗚咽している人がいるなと思って顔をあげたら、青山さんがワンワン声をあげながらよろよろ歩いていく姿が見えて、すげえ、めっちゃ好きだわ、と思って笑ってしまいました。『悲しみは空の彼方に』はそりゃ泣きますけど、いやあ、あんなに泣くなんて。

言葉を交わす機会はそんなにはなかったといいながら、二〇一八年の『きみの鳥はうたえる』への感想を、三宅は青山の口から直截耳にしたという。

さっきお話しした吉祥寺からの帰りです。井の頭線の車中で、具体的には、ラストで柄本佑が石橋静河といったん別れたあと、もういちど走り出して道をわたった先で間のわるい告白をする展開があるんですが、その手前、逡巡した後に道路をわたったショット、その走り去った後ろ姿で終わってよかったんじゃないの、といわれました。当時の青山さんの言葉を思い出すと、それまでせっかく映画にはしないという冒険をつづけることができていたのに、最後の最後でカットバックなんてかたちで物語に落ち着いてしまうなんて、そのひとつ手前で終れたのではないか、そもそもお前はどういうチャレンジをしていたのだ、というようなことで、そのあたりは『宝ヶ池の沈まぬ亀』でもちょっとだけふれてくれていました。「いや違う」なんて意見も少ししたんですが、駅に着いちゃって。あのとき解散せずにもっと話せばよかったと思っていたんですが、あるときにフィリップ・ガレルの映画をみたら、まさに青山さんのいうようなラストになっていて。「ああこういうことかな」と思ったと同時に、「いや、自分はまだそんな態度ではあの物語は扱えないよ」とも思いました。それはともかく、青山さんが「本気でみてくれた！」ということ自体、うれしかったですよね。『Playback』（二〇一二年）と『密使と番人』（二〇一七年）も見てくれていたようです。

僕のほうは『EUREKA』以降の青山さんの映画はすべて逃さず封切り時に映画館で見たはずです。アルバイトしていたシネセゾン渋谷では『エリ・エリ・レマ・サバクタニ』（二〇〇五年）がかかることになって、フィルムを触って映写機にかけていましたし、初日の前夜に音調整があり、ビルの外で出迎えて映写室まで案内させてもらうという役目をやらせてもらいました。あと、バウスシアターで一度だけやった爆音サーフ（編注：爆音上映でサーフィン映画を鑑賞すること）用の短編も、また見たいです。海辺の焚き火を捉えたショットに、「Wish You Were Here」（ピンク・フロイド）が流れるんでしたよね。あの曲と、「ワーニャおじさん」の舞台で流れた「At Last I'm Free」（原曲はシック。ロバート・ワイアットのカバーでも知られる）は、青山さんだなあと思います。

青山さんが亡くなったあと、『Popeye』という雑誌で、冒頭に話した鍵和田くんから「二〇〇〇年代の映画をテーマに話してほしい」という取材を受けたんですが、そこで僕は、「青山真治の時代だった、僕にとっては」という言い方をしました。亡くなったからってそういうことをはじめて口にするのはものすごく抵抗感があったんですが、「いいや、いっちゃえ」と思って。自分の二〇代、同時代に青山さんが旺盛に活動していたことがすごく大きいのは、本当にたしかなことなので。これは僕だけじゃないですね。

映画一本ごとに新しいチャレンジをされているというのが刺激になっていたし、追うのが楽しかったですよね。今度はなにをやろうとしているんだろう、と解き明かすつもりで気合いを入れて映画館に行って。ソフトも手元にいろいろあるので、何度も見返していたんですが、それを本人に伝えたことはないです。青山さんと同レベルで夢中になった監督はいない。作品単体で好きとかこれはちょっとという監督は他にいますけれど、青山さんの映画は好き嫌いを超えている感じです。これはどうなのというところも、自分なりに時間をかけてまた再見して考えたくなるので、どれがいいとかダメとか人に聞かれてもわからない。

本人と直接もう少し親しい間柄だったら、青山さんの面倒くさそうな側面も見えていたのかもしれないけど、一ファンの距離からはただただ尊敬の対象でした。惹かれる理由は、シンプルにいえば、勤勉なところですかね。すごく勉強している。僕はそういう人に単純に憧れるので。新作映画を見続けて、小説も音楽もつねにふれている。しかも日記にそれを綿密に記録して残しているというのは、チャーミングにすら思うし。

青山さんは僕のちょうど二十歳上で、兄というよりは、親戚のおじさんくらいの感じです。先輩とも違うし、先生でもない。『ケイコ』を持っていったベルリンで、青山さんの友人であるポルトガルのフランシスコ・フェレイラさんとお話していたときに、最後に「青山真治を家族だと思うか?」というようなことを尋ねられたんです。「イエス!」って一言で答えたい気持ちもあったけど、同じスタッフと働いていたりするし共通の友人も多いから親戚のような感じだと青山さんも思ってくれていたらうれしいですね、なんてかなり曖昧に答えてしまった。青山さんが描いた血縁の家族だとか孤児だとかを考えるとうっかりイエスっていわなくてよかったとも思うし、そういうのは関係なしにイエスっていっちゃうのも青山映画的にはアリだったよなとか思うけれど、うーん……。やっぱり、照れずにもっとこちらから青山さんに突っ込んでいけていたら、もっと違う関係になれたかもしれないな、という後悔があります。こわいとかは思っていなかったんですが、青山さんも照れ屋っぽい気がして、躊躇しちゃっていました。

シナリオが触発するもの、それを巡る現実とイメージの世界

三宅には事前に本書掲載分以外の作品も、あわせて数作分のシナリオを渡していた。すべてに目をとおしたという三宅にとくに気になる作品について述べてもらった。

脚本、しかも初稿なんて、ここからどうにでもなるものです。なにもまだ書かれていないともいえるくらい、ただ可能性だけが書かれている。脚本は準備のためのもので、現場と編集を経てやっとたったひとつのイメージに収まるわけですけど、その手前の無数のイメージというか、可能性の広がりにあらためて動揺しました。未完のものはそれがもう撮られないということをふと思うと、そのつど手が止まっちゃいます し。ト書をじっと見つめながら、かつての青山さんの映画のショットを思い出して「こんなカット割にするつもりだったのかな?」なんてひとつの像を結びそうになるけど、でもきっと違う。AかもしれないしBかもしれないしCかもしれない。広がりすぎて、容易には読めない。読まなきゃ良かったと思いました(笑)。

もともと『死の谷'95』(二〇〇五年)の小説がすごく好きでして、これ映画にしてほしいなと思いながら何度か再読していました。もし青山さんにその予定がないなら僕に監督させてほしい!とお願いしにいきたいくらい、好きな小説です。今回『死の谷'95』の脚本を読んで、やっぱり映画の準備をされていたんだなとはじめて知りました。

当然ながら小説と同じところと、まったく違うところがある。順番としてはシナリオが先で、映画化を断念して小説にしたようですが、シナリオでは主人公が最初から探偵であるのに対し、小説だと兄弟の話で、弟が兄の妻の不倫を追いか

けるうちにやがて探偵家業に足を突っ込むという流れでした。素人探偵という設定が僕は好きだったので、小説の方がいいなあ、なんてことも思ったり。

すでに死んでいるとも生きているともどちらともいえないような人物がいまたしかに目の前にいる感じ、いま自分が見ているものはいったいなんなのだろうという驚きだけがある感じ——そういう物語の終わりと、撮られなかった、撮られたかもしれない『死の谷'95』のシナリオを読むという経験がすごく似ているというか、重なりました。

それからシナリオの終盤、探偵の「我々は皆、存在しないものについて自分で作った物語に振り回されて生きている」というナレーションがありますよね。この一節はもしかしたら青山さんが映画について考えていたことかもしれないし、映画と現実の間に立って闘っていた青山さんの思いのような気もするし、僕が青山さんや青山さんの映画について勝手に思っていたイメージかもしれないし、と横滑りしながら噛み締めていました。

探偵の物語には、果たされなかった幸福のイメージたちと、しかしそうではないたったひとつの現実を受け入れるという、その苦々しさみたいなものがあると思うんですが、その気分が濃厚にあって。最期の「私は檻を抜け出たのだろうか。それとも相変わらずの鏡の中にいるのだろうか」——この一文ですよね。劇中の話から離れて、言い方はわるいですが、僕は青山さんを直截的にはあまり知らなかったぶん、僕にとっての青山さんは鏡の中のイメージのようなものだったのかもしれないとも思いました。

自分はまだ、「人が死ぬ」ということをあまりよくわかっていないと思っているので、こうして話すのはやっぱり難しいですね。僕は幸か不幸か、毎日会うような親しい人を亡くすという経験をいままでしておらず、自分はなにもわかっていない人間なんです。誰の訃報であれインターネット上なんかで反応するのも苦手なので、いつもあまり考えないように、向き合わないようにもしているし。もちろん、青山さんの新作がもう見られないとか、話すチャンスがないということは本当に寂しくてたまらないですが、生きているときに青山さんの本を読んでいた経験と、残されたシナリオを今回読む経験のあいだには、ほとんど違いを感じられなかったというのも、いまの正直な気持ちです。青山さん本人を直截的にはあまり知らなかったというだけに過ぎませんが、だからこそ、僕の青山経験は、ぜんぜん終わってないじゃん、というか、ぜんぜんつづいている。さすがに、亡くなった気がしないだとか、生きてようが死んでようが変わらないなんていう気はまったくしないんですけど……死ぬって、なんなんですかね。

『波、あがりて』は、読めてよかったと率直に思いました。「大津波がくる」といっていた話の続編なわけですから、タイトルを目にした瞬間に、「波、あがったんだ！」とまず思いました（笑）。「世の中は相変わらずひどい状態だが、それでも生きて行く」の一文でもう決まっていると思うんですよ。

『波、あがりて』を読むのはファンとしてしあわせな経験でした。

『Helpless』の第一稿は、完成した映画とはまったく違う話でびっくりしました。健次でも秋彦でもない！って。第一稿の冒頭にはごくごく普通に教室の場面なんかが書いてあって、どこでなにがあってそういう場面のアイデアを捨てて、あの映画になったんだろう、と。たとえば映画作りは彫刻みたいなものだと考えて、少しずつ削っていきながらも答えはずっとそこにあったんだ、という考え方で捉えることもできるかもしれません。でもそれはちょっと比喩表現に騙されている感じもあって、実際の映画作りは違うような気もする。なにかをひとつ引いたり加えたりする瞬間に、まったく別の世界としてすべてがゼロから生まれ変わる感じがある。ワンシーン抜くだけで「ぜんぜん違う映画になっちゃった！」と思うこともありますし、編集でカット尻を少し変えるだけで映画が丸ごと変わるようなこともあって。

だからきっと、『Helpless』の第一稿と撮影稿のあいだに起きたことは、それはもう彫刻のような過程ではない。まったく別物でした。でも、パラレルワールドかというとまたちょっと違うんですが、ともかく、最後に残ったものだけが、完成した映画だけがすべてではない、あくまでそのうちのひとつ——といいだすと爆音上映の音調整みたいな話ですね（笑）。

映画製作の大部分は、お金だとか時間だとか、自分自身とは関係ないものと折り合いをつけるものですが、でもやっぱりどこか個人的な、その人の体によってでしか起きえないような、ひと筆書きのようなところもあると思うんです。ナマモノという感じで。いくら時間をかけて判断しても、編集中にどれだけ冷静に確認したとしても、たとえば半年後にもういちどゼロから組み上げて同じものができるかといえば、きっとそうはならない。つくった人の人生のその時期が、どうしても滲み出てしまうものだと思う。そういうのがない監督だとか隠す監督もいるかもしれないけれど、青山さんはそういうのを隠していない、丸出しな気がする。だから、こうして青山さんのホンを読むことは、最初にいったような形で映画と小説と脚本に分散する無数のイメージのあいだを漂うという感じもあるし、それだけではなく、青山さんという人の人生のいろんな時期、いろんな時間が重なって蘇ってくるかのような経験でもあるなといまは感じています。あくまで妄想ですから正確ではないけれど、ナマモノというか、霊性というやつなのか、『死の谷'95』のような意味で「生きている」人間を感じるのはたしかです。

折り合いということでいえば、一般に青山真治にとって二〇一〇年代以降は劇場用長編が撮れなくなった不遇の時代ということになっている。単純に個人的要因や構造的要因だけに集約できない映画製作のあり方について現役の監督として三宅唱はどのように考えるのか。そもそも製作における問題

に直面したことはあるのか。

　僕はさいわいなことに、ある程度体重を乗せたのにダメになった企画はありません。その手前でうやむやになったことだとか、改稿の途中で企画が立ち消えになったことはありますが、理由自体はたいしたことがなくて。僕自身が飽きてしまったりだとかもあるし、理不尽なダメージは少ない。スタッフが合流してから解散になったとか、編集を終えたけど上映がないというような経験はしていません。唯一、『きみの鳥はうたえる』は撮影が延期になったときにホンを全部書き換えたので、それが実質一度なくなったに等しいのかもしれません。延期になったときは精神的に厳しかったので、自分はお酒が飲めなくてよかったと思います。

　サーフィンをやったこともない人間がこういうことをいうのもおこがましいですが、爆音サーフを体験した人間として勝手に比喩として借りると、青山さんは、自分自身ではコントロールできない波の間にずっと立っていたようなものだと思うんです。「大津波がやってくる」と「波、あがりて」のあいだに立っていた、つまり、波はもうとっくにきていて、ずっと波のなかにいたのかもしれない。世の中とはそういうものであり、そのなかでなんとかやっていくのには徹底的な勉強だとか快楽を味わうことが必要である——そういう世界の捉え方とか生き方みたいなものを、僕は青山さんや樋口さんの話を通して二〇代のときに勝手に学んでいた気がします。

　折り合いということでいえば、図面通りにつくって完成する工事もありますけど、川の治水工事みたいに、手を入れつづけなければならない工事もあると思うんですね。青山さんのシナリオも、川の治水のように大きな物事の一部であるというように受け止めたい。

　とはいえ、どれもラストがいいんですよね。ちゃんと終わっている。初稿やプロットのような途中段階のものであったとしても、そのつどちゃんとケジメがついている。言葉を選ばずにいうと、今回読んだシナリオはどれも、よい画《え》で終わっている作品が多いと思いました。画という言い方がまぎらわしいかもしれないですが、川の工事のようにその後も執筆作業は続くかもしれないけど、とはいえそのつど、いつも大きな決断によってちゃんと書き終え、筆を置かれているんじゃないか。手を止めるのも再開するのも難しい決断だと僕は思うんですが、それができるから、こんなにたくさんのものを残してくれたんだと思います。どれも力強いラスト、かっこいいラストでした。

（二〇二三年二月二日、河出書房新社にて）

SHINJI AOYAMA BY FILMMAKERS

Part 3

MASANORI TOMINAGA INTERVIEW

冨永昌敬「もうおまえの映画は見ないよ」の心意気

冨永昌敬（とみなが・まさのり）
映画監督。1975年、愛媛県生まれ。日本大学藝術学部映画学科卒業後、2002年の水戸短編映像祭で「VICUNAS」でグランプリを獲得。2006年に『パビリオン山椒魚』にて長編商業映画デビュー。おもな長編に、太宰治原作による『パンドラの匣』(09)、本谷有希子の戯曲を映画化した『乱暴と待機』(10)、水戸を舞台にした『ローリング』(15)、魚喃キリコのマンガが原作の『南瓜とマヨネーズ』(17)、末井昭の自伝に基づく『素敵なダイナマイトスキャンダル』(18)など。ドキュメンタリー作品に『庭にお願い』(10)、『アトムの足音が聞こえる』(10)、『マンガをはみだした男 赤塚不二夫』(16)など。

冨永昌敬と青山真治の出会いは二十年前に遡る。爾来節度を保って接してきた、と冨永はいう。そこには映画の世界に入るにあたって最初の恩人ともいうべき青山への畏敬の念以上に、冨永が感じた青山真治との資質の違いのようなものが働いていた。冨永にとって青山真治とはどのような存在だったのか。

――冨永さんが最初に青山さんに会われたのはいつですか。

冨永　僕は二〇〇二年。水戸短編映像祭で青山さんが審査員で、僕は入選監督ということで知り合いました。そのときの審査員が阿部和重さん、宮台真司さん、箭内道彦さんというすごいメンツで、きっとボロクソいわれるだろうなと思ってヒヤヒヤしていたんですが、青山さんと阿部さんはすごく応援してくれたんです。僕の作品がグランプリになるように、賞を決める会議で結構プッシュしてくれたというのを後で知りました。青山さんは劇場で自分の作品をかけるのにあたっての最初の恩人です。その受賞があって自主制作で作った作品も映画館でかけてもらえるようになりましたし、賞をもらったことでこっちもやる気が出て、いい意味で調子に乗って自主映画を継続してつくるようになりましたから。

――そのときの受賞作は。

冨永　「VICUNAS」という三十分くらいの短編です。その後「亀虫」という短いのをくっつけて一時間くらいにしたのかな。シネマロサでレイトショーをさせてもらったんですけど、そのときも青山さんにトークイベントに出てもらいました。お願いすると「ああ、いいよ」と、来てくれるんですけどしゃべることはないんです。つまりがんばってしゃべって、正体を探るタイプの映画じゃないというふうに思ってくれているのがわかりました。僕自身も、いろんな偶然をくっつけるような作り方をして、なにか変なものができちゃって、それがおもしろい。それ以上はないということですよね。そう思ってもらえたのがありがたかったですし、つくっている僕らにも自分たちがつくっているものを紹介する言葉がまだなかった。真面目に適当にやっていた感じです。でもこのようなやり方、音楽の人たちはふだんからやっていると思うんですよ。映画でそれをやるのはありなのかということですよね。即興でつくったりしたので、人間は映っているけど、完成してもなんの意味も結ばずに、これなんていえばいいのかなという映像が六〇分つづく（笑）。そういうのをつくってもいいと青山さんは（トークショーの場で）話してくれたんです。でもそれ以上青山さんと話す言葉はなかったです。それは圧倒的に自分の不勉強でもあり、青山さん、あのころこわかったですからね（笑）。僕はそのころだけですよ、よく連絡をとらせてもらっていたのは。

ただ『こおろぎ』の現場に一日だけ見学にうかがったことがあります。たしか二〇〇五年ですよね。『パビリオン山椒魚』の撮影がその年の秋だったので憶えているんですよ。その時点で水戸での受賞から三年しか経っていない。自分でも不思議なくらい、ある意味トントン拍子に行ったのは青山さんがいろんな方を紹介してくれたおかげだと思うんです。

樋口　『こおろぎ』の現場はどんな感じだった？

冨永　用賀の、砧公園のレストランの二階みたいなところでした。大人数で、パーティのシーンだったかもしれない。山崎努さんが座って待っているのを目撃しました。僕にとってはじめて商業映画の現場で、もうすぐ自分もはじまるからと思って見に行ったんです。

――『こおろぎ』の現場で学んだことは『パビリオン山椒魚』の現場に活きましたか。

冨永　現場でなにをすれば、どう説明すればいいのかもよくわかってなかったです。助監督がなぜいるのかということも、その現場を通じて知ったぐらいですから。全部自分で走っていてものを言って、それで現場が混乱するっていうのにやっと気づいたりしました。演出部が伝えてくれるのもよくわかっていなかった。スタッフは大変だったと思いますよ。新人の監督にそういうことを教えてくれる人って、いまはもういないですよね。

樋口　青山のころが、現場の助監督を経た上で監督になるという道筋があった最後のころで、冨永がデビューしたころはもうその道はほぼなくなっていたからねえ。

冨永　そういう人は僕らのころから増えてきましたね。

樋口　ビデオ編集がパソコンでできるようになってから、そのやり方でつくった作品が評価されて、そのまま現場に入るパターンが増えきたということだよね。いまもそういう人たちが大勢いるけど、冨永のころはちょうどその変わり目の時期で、本人も周りも大変だった。

冨永　自分がやりたい表現のことは自分でわかっているけれども、大勢の人にそれを伝える「作法」を知らないので、誤解も生まれますしね。でもそれをいったら、三宅唱くんも、富田克也さんも、大九明子さんも、助監督は経験されていないですよね。まわりにそんなふうにして出てくる人たちがいると自分たちもできるかなと思いますし、まわりがそういうふうなことを言い出すっていうのもありましたよ。この世界に学閥なんてないですけど、僕は日芸の映画学科ですが、同年代には大阪芸大の人たちもいるし、日本映画大学、早稲田の映画サークルの人たちが、たがいに相手がなにをつくっているか気にしていました。同世代だけでなく、青山さんがなにを撮っているかも気にしていましたよ。僕が大学生の頃に『Helpless』（一九九六年）でしたからね。『EUREKA』（二〇〇〇年）は劇場で見た記憶がありますよ。

――最初にご覧になったのは『Helpless』？

冨永　『EUREKA』が先で、後追いで『Helpless』ですね。僕は青山さんの作品ではもうちょっとジャンルよりのもの、『冷たい血』（一九九七年）とか『チンピラ』（一九九六年）とかをふつうに楽しんで見るほうなんですが、『EUREKA』はすごかった。とはいえ直接ご本人と面識ができて、仲良くさせてもらっても、あまり近づかない、そういう距離感でした、僕は。節度を保つというか、やっぱりぜんぜん違うなって思っていましたから。それは青山さんも僕に対して思っていたはず。それをわかったうえでよくしてくれていたからうれしかったんです。

樋口　知り合いの誰だったかが、「青山さんが冨永さんの映画を喜んでいること自体が面白い」といっていて、つまり青山は冨永の映画を喜ぶようには思えないのに、ということなんだけど、そういった違いを意識したうえでの関係というか。

冨永　僕があまり近づかなかったのは、話をする自信があまりなかったからなんですよ。青山さんもよくないですよ。必要があって質問したのに「それはあれを見たうえでいっているのか」というような言い方をするじゃないですか。知らないです、ぜんぜん。というか、知らないと話はできないのか、とも思いますよね。僕がもし青山さんと共通している部分をもっていれば、いや、少しはもってはいたとは思うんですけど、食らいついこうとするほどにはその関係性を楽しめなかった。それ以降の青山さんの映画を見ると、毎回変えようとしているじゃないですか。こんなに変わろうとしなきゃいけないのかなと思ったのも、理由のひとつにあるかもしれない。

樋口　変わることは意識していたと思う。抽出がありすぎるというか、この前、この形でやったから次はこっちといいながら、中心は同じところにあったりするんだけど、どんどん変えていく。勉強家だから。ここを撮ったときとここを撮ったときでは、なにかが自分のなかで変わっていて、その変化を生かすためにはまた違うこと、違うやり方でないとだめだと考えていたと思う。

冨永　全部独り占めするんだもん。それだけ勉強しているということでもあるんですが。僕は自分のことを不勉強というか怠惰だと自覚しています。二十代のころ、もっと青山さんに食らいついていっていたら、もっと勉強するようになったのかもしれないですが、いい距離感でいようとしたがために、つくることに完全に集中しちゃって、つくりながら勉強することに気づかなかった。青山さんが書いているものを読んでそのことに気づいて、十年近く勉強しなかったんだと自分のことをふりかえったこともあります。そういうふうにいろいろ気づかせてくれる人ではあるんですけど。でも真似はできないですね。

——勉強しなかったは映画をつくるさいのことですか。

冨永　作品のためのリサーチはもちろんやりますが、ふだんから研鑽するという意味での勉強が乏しかったということです。青山さんは研鑽というより好きでやってこられたと思いますが、好きなものに対する熱意の面でも、僕は青山さんに比べるとあきらかに劣るので、そういう人間に対して厳しい。そのことに早くに気づいたんです（笑）。青山さんをふつうにお手本にしている人もいると思うんですけど。お手本にして実行できたらすごいと思う。やっぱり、小説も書いて演劇もやって、音楽もやって、そのうえ酒も飲み、家庭ももって、病気にもなる。欲張りですよ。

映画を超える大きな時間

——青山さんにかけられた言葉で印象に残っているものはありますか。

冨永　『パビリオン山椒魚』完成したときかな。青山さんが「今後もうおまえの映画は見ないよ」といったんですよね。それがどういうことか、僕はわかりました。見たらぼろくそにいうに決まっているから見ない。もう自分で勝手にがんばれよ、という意味に僕はうけとったの。それまで自主制作でつくっているものにかんしては、なにもいわず応援してくれていたのが、いざ長編の商業映画を撮ったとなると、そういうわけにはいかなくなる。つまらないもの見たら絶対つまんないといわなきゃならない、だからもう見ないと。ふつうなら「見てくださいよ」となるかもしれないけど、僕はそれが逆にありがたかったんです。やさしさにも感じました。ところがそこから十年ぐらいしたら、青山さん、そのことをすっかり忘れていて、何本か見てるよ、というから、それはおかしくないですか、前にこんなことをいってくれたじゃないですかって反論したんですよ。見ないといったのに見ている。なんだかんだいって見てくれていたんだ、といううれしいのか悔しいのかわからない感情になりました。でも無関係だけどがんばれよという応援の仕方があると気づいたのは、自分より若い人へ接するさいのお手本になりました。

——最後に会ったとか、言葉を交わしたのは？

冨永　二〇一七年くらいに、僕がある編集スタジオで、自分の映画の編集をしていたら、青山さんがフラっと現れて打ち合わせをはじめたせいで、その日は自分の作業を諦めて帰った憶えがあります。

樋口　劇場用の長編が企画はされるもののなかなか実現できなかったころだよね。

冨永　青山さんはやろうとして実現したものとしなかったものの割合はどのぐらいあるんですか。

樋口　『東京公園』（二〇一一年）以降はかなりかなりの数あると思う。実現したのは一割とか二割とか、それくらいではないか。

冨永　青山さんがなんかやる、という噂を聞いたのに、撮っているという話を聞かない。そう思ったことがあるのは僕だけじゃないと思うんです。理由はいろいろだと思うんですが、そういう話こそ、生きる知恵じゃないですけど、勉強になると思うんです。だって青山さん、実現するために相当リサーチをしていたはずなのに。

樋口　資金集めの問題はじめ、いろんな理由があると思うんだよね。

冨永　大きくはそういう一般的な理由だと思うんですけど、どうしても妥協できない部分があって動かなくなったのだとしたら、その理由は同業の後輩からするとすごく知りたい。

樋口　青山自身はプロデューサーと一緒に企画を詰めているわけだから、青山に問題があってプロデューサーがよりつかないということとも違うところでなにかが起こっているのだと思う。でもそれも青山が招いていることでもあるっていうふうに思えるのが、青山の変なところで（笑）。『東京公園』以降、あんまり映画が撮れなくなったっていうのは、さっきの冨永のいっていた「一作一作変えていく」という話ともつながると思う。それと、低い予算に合わせて撮っていくというやり方を変えようとしていたのかもしれないね。

冨永　どういうことですか？

樋口　大きな予算で堂々としたものを撮る、そういうステップに自分をもっていこうとしていたのかもしれない。自分のなかにそういう大きな時間の流れがあって、それを映画の大きさとしても出したい、そういう段階に来たのだという自覚があったのかもしれない。それと、日本映画がどんどん貧しくなっていくこととの折り合いがつかなくなっていく。スタッフもわりと固定しているから、スタッフ全体がキャリアアップして、彼らとならこんなこともできるあんなこともできるという欲望というか、青山にとっては当たり前に見えている道と現実とのギャップがどんどん広がってくる。

冨永　青山さんはスタッフに対してもみんなのためにやっているみたいな感じが強いですよね。もちろんうまくいかなかった人もいるでしょうけど。

樋口　おそらく青山だけのことではなくて、キャリアを積んできたスタッフ全体の力自体が、自分たちの今後の道を示しはじめたのではないかとも思えるしね。とにかく冨永がいったようなやり方は若い人たちに任せて、もう誰もやれなくなったことにチャレンジしようと。

冨永　大きな時間の流れね。その発想は映画監督というより小説家のそれですよね。それこそ阿部和重さんははっきりと目的をもって大きな小説を書いていますよね。青山さんは阿部さんとは違うけど、自分が撮ってノベライズのようなかたちで書いたとしても、つなげていくと大きな話になるんですよ。北九州の話に終わりはなくて、現在の自分が語れるのはここまで、つづきはまた何年後——みたいな。結果的に『サッド ヴァケイション』（二〇〇七年）で、北九州の物語は終わっていますが、まだ語り終えていないという考え方はすごく小説家っぽい。映画も似たようなことがあるかもしれないけど、基本的に続編はつくりたくてつくるものじゃなくて、ヒットしたからつくるというなりたちがほとんどだと思うんですね。青山さんみたいに作家自身が続編をつくろうとしてしまうのはすごいことだと思う。

樋口　青山も『Helpless』から二〇〇〇年代前半まではばたばたといろいろつくれたじゃない？　そういうなかで、冨永がいったような方法論が確立していたのだと思う。それ以降は作品が散発的になったから一本のなかにいろいろな要素を詰め込もうという気持ちになっていった。どちらが先かは微妙なんだけど。

冨永　ちなみに『死の谷'95』は最初から映画化を考えていたんですか？

樋口　先に映画化しようとしていた。

冨永　それでできなくて小説にしたんですか。

樋口　そう。

冨永　じつは『死の谷'95』を読んで青山さんに感想を送った記憶があるんです。映画にしないんですか、というようなことを書いた憶えがあります。すごくおもしろくて、あの人がこんな小説出すんだ、とも思ったんですね。これ映画化したのを見たいですって。ふだんはそんな連絡しないんですが。

樋口 小説は二〇〇五年でシナリオは一九九八年あたり。

冨永 そんなに古いんだ。

樋口 企画していた会社の都合で実現できなかったけど、ホンのかたちになっているから相当なところまで行っていたと思うんだよね。

冨永 実現してれば『EUREKA』の前にこれだったんだ。

樋口 コロナ以降も、これを書き直すと話があったらしいんだけど。

冨永 もとのままじゃダメだったんですか？

樋口 さすがに自分が二十年以上前に書いた脚本だからね。

冨永 二十年前の自分から変わっていたら、おかしなことになりますもんね。

――冨永さんも脚本に手を入れたくなる気持ちはわかります？

冨永 僕はもうひどいです。自分で書いた台本を現場で気に入らなくて切るとか編集するときに恥ずかしくて落とすとか。立場が変わると自分のものとも思えない。自意識過剰なのかもしれないですけど、せっかくおもしろいシーンを書いたなと思い、現場でもおもしろがってやっているんですけど、編集する段階で冷めてしまって、これを出したら恥ずかしいんじゃないかと。自分に対する裏切りみたいになるんですが。

樋口 普通に商業映画を撮るようになって完成した自分の映画を見るのは平気？

冨永 見られるのと見られないのとありますね。

樋口 青山はいやだったみたい。

冨永 すごく若いころにつくった自主制作のものとかは平気で見られるんですけど、仕事になると違うモチベーションがあるじゃないですか。僕はそんなに万人受けするものをつくられるとは思っていないけれど、映画好きな人にはおもしろがってもらいたい。そうじゃなかったとき、なにがまずかったんだろうと確認するために見直します。

かぎられたなかで楽しむ知恵と経験

冨永 それにしても『死の谷'95』が青山さんにとって宿願の企画だったっていうはほんとうに意外。九〇年代後半の青山さんの映画はジャンル映画的だと思うんですね。『チンピラ』みたいなバディものや『冷たい血』みたいなノワールもの。『Helpless』も、たまたま青山さんの故郷が舞台で作家性が出ているかもしれないけど、枠組みは犯罪映画ですよね。三十代のころの青山さんがイメージしていた監督としての自己像はむしろ職人監督だったのではないかと思うんですね。

樋口 『Helpless』も今回掲載する第一稿と映画になったほうでは秋彦の立場が全然違う。『Helpless』がそういうふうに変化したことで『EUREKA』への道が開けたのかもしれないよね。第一稿では職業監督のジャンル映画としてもつくれちゃうんだけど、秋彦の立場が変わったことによって、ほかの視線が入ってきて、外側の世界につづく通路が開いて、そことどうかかわっていくかという大きい話の扉が開いたのだと思う。

冨永　そうだと思う。気がついたらそこに自分みたいな人がいて、違う回路が開いた。

樋口　『死の谷'95』も、『Helpless』の変化もありつつ書いたシナリオだけど、また書き直したいっていうことはたぶん、扉がより開いたものにしたかったんだと思う。基本的に貪欲だから作家性と職業監督を両輪でやっていくんだという構えがあった。

冨永　それでいうと青山さんはこの作品はこっちと決められなかったのもしれないですね。決めるっていうことはそれ以外のことを切り捨てることだと思うんです。楽になる一方、閉じていく方向にむかうおそろしさがある。

僕にとって作家性と職人性を両輪でやっていくのは無理だと思いました。できるできない以前に、目的のために我慢するのが無理。たとえば撮影でどうしても吹雪のシーンが必要だとしても、そんなところに大人数で行くよりも、そんなシーンはあらかじめ書かない。快適に楽しく、過酷な現場にならないようにもっていく。撮影日数が少ないなか、作品のためだといってみんなをこきつかうのはのちのち自分に効いてくるんです。その現場に予算がないというのがわかったら無理せずかぎられたなかで楽しむ。そこにはたぶん、経験や知恵も必要なんです。スケールダウンはするけど、どうしたらそれを感じさせないか。自分も少しわかってきた気がします。青山さんが欲望が深いというのは半分冗談ですけど、あの人自分でもわかっていますよね。

樋口　たぶんわかってる。ある映画のプロジェクトでは「安くできるよ」とわりと平然と答えていたけどね。誰も信じてなかったけど(笑)。

冨永　今回読んだ脚本では『東京酒場』が二〇一四年で、青山さんは五〇歳前後ですよね。この作品は一読した感じだとかなり軽い話に読めますが、他方では大きい映画を撮ろうとしていた。それを欲張りといってもいいんですけど、もしかしたらわけて考えていた部分があるかもしれませんね。

樋口　このころはウェブドラマを何本か撮っていて、そこでは軽い話をあっさりやっているのね。その流れから来ているのかもしれない。

冨永　青山さんは何年かにいちど、長編映画じゃないジャンルで軽いものをつくるじゃないですか。日産のウェブドラマで「Trunk」(二〇〇三年)という短編や、比較的最近だとテレビドラマ『スパイダーズなう』(二〇一二年)というバンドの話のも軽い感じでしたが、おもしろかったですよ。

樋口　いろんなタイプの映画を撮りたいとはみんな思っているはずなんだよね。青山の場合、いま考えると、撮れない撮れないといいながら、小説やテレビやウェブドラマや学生たちとの作品として、思わぬ形でそれを実現していたんじゃないか。

冨永　別な顔はちゃんとコントロールして出していたという感じですか。そう考えると、あれもこれもっていうのは、そもそもなかったのかもしれないですね。僕もときおり誘われてドキュメンタリーをつくることがあるんですが、そのたびに「やっぱり劇映画のほうが好きだな」と思うんですよね。ドキュメンタリーは人の話を聞けるから好きだけど、劇映画で自分がどういうことやりたいかとか、最近やっとわかってきました。

――そういえば冨永さんが監督された『アトムの足音が聞こえる』(二〇一〇年)に出演されていた音響デザイナーの大野松雄さんも亡くなられました。

冨永 このあいだ大野さんのお別れ会で京都に行ってきたんです。そのとき樋口さんから青山さんについて話してほしいと電話がかかってきた。お世話になった人のお別れ会で、別のお世話になった人の追悼の話がきた。そしてこうやって青山さんのプロットやシナリオを見せてもらうと、こういうのを書いていたときの青山さん、二〇一〇年ごろの青山さんに話しかける勇気があったら、もっといろんなことが訊けたかもしれないと思いました。なにを考えているんですかとか、なにを準備しているんですかって。訊いたら少しは教えてくれるはずだったのに……ね。

(二〇二三年二月一日、都内にて)

SCENARIOS

死の谷’95
DEATH VALLEY

第一稿

脚本＝青山真治

「群像」2005年7月号に掲載後、単行本となり世に出た小説作品だが、もとは映画化を前提に1990年代後半に完成した物語だった。企画していた会社の都合で映画化にはいたらなかったが、作者は後年まで映画化に意欲をみせていたという。小説版と較べると設定や細部に変遷があるのは『Helpless』や『月の砂漠』と変わらない。一方で、映画化をみすえた本稿は映像喚起力に富んでいる。

写真＝田村尚子（p81, p88-89）

登場人物

探偵（35）
人妻（29）

〈第一部〉
女（26）人妻によく似ている。
人妻の夫（45）
人妻をナンパする男（35）
人妻の不倫相手（35）
ホテルの支配人（78）
刑事（45）

〈第二部〉
元自衛官（39）
死んだ女（33）
若い男（22）
男の仲間たち1（35）
　　　　　　2（34）
　　　　　　3（31）
　　　　　　4（28）
　　　　　　5（24）
女の元夫（38）

1　とある邸宅・キッチン

空になったワインの瓶が倒れているテーブル上にグラスを摘んだまま顔を伏せた人妻（26）。
電話が鳴り、ゆっくりと受話器を取る。

人妻「はい……、ええ、ずっといたわよ。……これから。都心には出ないわよ……、……車、だって荷物が重いし、……ええ、美恵子と。……あなたはまた遅いでしょ、だから……、だったら美恵子に聞けば？　……いい加減にして、疑うなら早く帰って来てよ、……だったら仕方ないでしょ……、待ってるわよ、……じゃあ先に寝てます、……どっちがいいの？　……どうしたって気に入らないのね、……ええ、好きにしてください、……わかりました」

電話が切れる。そのコードレスの受話器を持って立ち、グラスを飲み干すと廊下に出る。と、また電話が鳴る。
じっと立ちすくみ、やがて取る。

人妻「はい……、……いいの、わかってるから、……うん、わかった、……ごめんね、……うん、私もよ、……ええ愛してる、……それじゃあね」

また電話は切れる。しばしそのまま動かずにじっと発信音を聞いているが、やがて廊下から明るい部屋に入り、その窓際で外を見つめる。いつしか啜り泣いている。
（ブーレーズ風のピアノ曲が聞こえる）

2　同・前

買い物袋を提げて歩いて来る人妻。
家に入って行く。（ピアノ曲、終わる）
旧型の車が前に来て停まり、やがて走り去るが、少し行ってまた停まる。再び出て来る人妻、玄関の鉢植えの位置を少し変え、満足げに微笑んで車に乗り込み、出て行く。人妻の車を追う先刻の車。

字幕「第一部　霧」

3　ファミリーレストラン・店内

窓際で外を眺めながらアイスティーを飲む人妻。
客が入るたびに入口に目を遣り、そしてまた窓外に視線を戻す。

4　路上

ダッシュボードのラジカセから、壊れたギターバンドが演奏するロックが聞こえる。
三角の「とまれ」の標識の下にある公衆電話から受話器のコードを停めた例の旧型の車の中に引き入れて電話している探偵（33）。

探偵「……依頼者は夫T・K四十五歳。やや神経症気味。五月頃から妻Y子二十六歳の浮気に過度の疑念を抱く。Y子は夫の予想通り、（腕時計を見る）平成九年十月三日の現在十五時二十六分でおよそ五分前、かねてより交際中のカメラマンS・N三十歳と、常宿である西新宿のホテルJに入った。写真あり。Y子がNと会うのは調査開始より（指折り数えて）四回目。但し不定期。確認できた相手は現在までのところNだけ。以上、今夜の報告事項に追加すること。なお、二人の会話、愛情問題についての報告の義務はなし。（切ろうとして）結婚は人生の墓場である」

電話を切り、出てきたテレホンカードを取ろうとして取り落とし、ドアを開けて取ろうとすると、今度は風が吹いてカードを飛ばし、仕方なく車を下りてカードを拾いに行く。
ホテルの入口が見える。
と、探偵の車の後ろに別の車がぶつかる。
唖然として後ろを見る探偵。運転手が下りて来る。

探偵「……保険、入ってますよねえ」

5　ホテル・客室内

汗にまみれた男の胸を人妻の指が這う。

人妻「（オフ）もう待てない」
男「（オフ）わかってる」
人妻「（オフ）逃げないで」

人妻の体が男の上に被さり、唇が重なる。髪の毛が人妻の背中に揺れる。

男「（オフ）逃げたりしないよ」
　男、人妻の胸に唇を這わせる。
人妻「（オフ）きっとあの人探偵雇ってるわ。今もホテルの外で見張ってる、たぶん」
　人妻、あえぎ、腰を揺らし始める。
　部屋の窓から微かに外光が洩れている。
人妻「（オフ）……明日も、いつものところで」
男「（オフ）必ず行く」
　起き上がる男の背中。人妻、男の肩を噛む。
　人妻を抱きしめる男の太い腕に人妻の髪がかかる。

6　探偵事務所・前（夜）

　後ろのバンパーが潰れている車。

7　同・室内

　デスクと応接セット以外は、部屋の端にコーヒーメーカーがあるくらいの簡素な室内。
　奥の部屋が暗室になっている。
　ソファに落ち着きなく座っている夫（45）。
　やがて暗室のカーテンを開け、赤い光の中から出て来る探偵。黒い腕カバーを着け、手にはまだ濡れた写真を持っている。
探偵「お待たせしました。どうも現像苦手で……」
夫「……写真というのは残酷です。人をいかようにも動かすことができる」
探偵「……見たくないなら見ない方がいいんじゃないですか。どうせはっきりしてるわけだし。経費はいただきますけど。あ、それと車の修理代ね（窓に寄り、車を見る）。請求書まわさせてもらいますけどいいですよね」
夫「そうです。私は離婚したいわけじゃない。むしろ彼女と一生を共にしたいと考えてる。法廷に持ち込むつもりなどさらさらない。……写真など必要ないんだ」
探偵「じゃあ見ませんね」
夫「……いや、見なけりゃならない」
　探偵、デスクに腰掛けて、写真を置く。
探偵「どうして浮気を止めろって言わないんですか」
夫「それが言えたら苦しみはしませんよ」
　探偵、腕カバーをはずしてまるで勃起した巨大なペニスのような形に立てる。腕カバーはすぐに萎れるように倒れる。
探偵「……ひとつお聞きしたいんですがね」
夫「……何です」
探偵「あなた、その……、夜の方はうまくいってるんですか」
夫「……男としての機能のことですか」
探偵「……ええ」
夫「あんなに美しい妻が相手でも？」
探偵「……ええ」
夫「……そう思われますか」

探偵「……ええ」
　夫、立ち上がって歩き回る。
探偵「すみません、訊いちゃいけませんでしたね」
夫「残念ながら私は相対的に言って絶倫の部類に入る筈です。（探偵の前で立ち止まり）一般的な基準からすると」
探偵「あはは、一般的な基準ってのがあるんですか、あれに」
　沈黙。
探偵「どうぞ（写真を差し出す）」
　受け取る夫。

8　住宅地（翌日・昼）
　車の中で昨日と同じ曲を聞きながら、合わせてくちずさむ探偵。
　　×　　×　　×
　人妻が運転する車が探偵の車の横を通過する。
　後を追う探偵の車。

9　路上
　人妻の車を追う探偵の車。

　探偵の車で鳴るロックが聞こえる。

10　高速道路・インターチェンジ
　東へ向かう料金所に入る人妻の車。追う探偵。

11　同・路上
　延々と走って行く人妻の車を追う探偵の車。

　　×　　×　　×

　インターチェンジを通過する人妻の車。

探偵「……ロングドライブですか、奥さん」

　　×　　×　　×

　渋滞の中で遅々として進まない二台。

　車内で大声で歌っている探偵。

　　×　　×　　×

　再び快調に走って行く二台。

　田園風景が道路の外に拡がっている。

探偵「まずいなあ、駆け落ちか、……何考えてんだろうなあ、あの旦那、……言えなかったんだ結局、……浮気するな、それを言えたら苦労はしないって、……言わないともっと苦労するんじゃない」

12　普通の路上
　道の先に海が見えてくる。
探偵「……あーあ、海だ、……いやなんだ、俺嫌いなんだ海。車おかしくなるしよお、……ベタベタするしよお」

13　海沿いの路上
　停まってしまった人妻の車。

離れた所で車を停め、双眼鏡で人妻を見張る探偵。

14 車内

ハンドルに腕を置いて顔を伏せる人妻。

人妻（N）「私は怯えていたのだろうか。夫の束縛に耐えきれなくなってあの人とやり直そうと決めたのに、急に怖くなって、あのインターチェンジを通過してここまで来たわ。あるいはそうではなくて、何かが起こる直前の予感に怯えていたのかもしれない。でも起こったその何かとは他ならないこの私の逃走……。そしてこれからもきっと思いもよらないことがきっとある。でもそれもまた私によって起こるに違いないわ」

顔を上げ、再びエンジンをかけて走り出す人妻。

人妻（N）「そして私の頭にはなぜか今朝置き換えた鉢植えの位置が浮かんでいる。あれはあの位置でよかったのだろうか、それとも……」

15 レストランの駐車場〜中

車を下りる探偵。

人妻の車の側を通り、中を確認して、店内へ。

客席を見回し人妻を確認すると、離れた席に座り、何かを注文すると、公衆電話に向かい、電話する。

探偵「（腕時計を見て）平成九年十月四日、現在十五時三十二分。夫T・Kの依頼による妻Y子の浮気調査報告その五。Y子はNと会わず、千葉県犬吠崎に来た。目的は不明。こちらでNもしくは別の男と会う計画か。現在いつもと同じようにファミリーレストランに入っている。ただしひとり。相手はいない、または未だ到着せず。（ウエイトレスが人妻にアイスティーを運んでいく）オーダーもいつもと同じアイスティー。車内に荷物はなかった。トランクに入っているのかもしれない。以上、報告終わり。（切りかけて）女は、予測不可能な動物である」

× × ×

探偵がスパゲッティを食べ終わる。

顔を上げると、まだ同じ席に人妻がいる。

ため息をついて、水を飲み干すと注文書を取って立ち上がり、レジへ。

探偵「（レジのウエイターへ）領収書」

その背後、店に男性客が入って、席を見回す。

入れ違いに金を払って出て行く探偵。

男性客は人妻の方に歩いて行き、人妻の隣のテーブルに座る。

ウエイトレスが男性客に水を運んでいく。

コーヒーを注文すると、ウエイトレスの去るのを見計らって、人妻を見る男性客（35）。

男性客「……おひとりですか」

人妻「（ふと顔を上げて頷き、微笑む）……ナンパですか」

男性客「そういうこともしたな、昔は」
人妻「残念だけど、今はひとりでいたいの。ごめんなさいね」
男性客「(頷いて)この先に峠があってそれを越えると断崖に囲まれたシーサイドホテルがありましてね、けっこうな穴場なんです。僕は今そこであなたと一緒にいることを想像したんです。素敵でしたよ」
人妻「よく行かれるの?」
男性客「ええ、ごそんじですか?」
人妻「これも残念ながらだけど、私はそこを知らないからそれがどんなに素敵でも想像できないわ。ごめんなさいね」
男性客「(笑って)あなたのように美しい人があやまったりしちゃあいけませんね。僕のような人間のことは無視してくださった方があなたにはふさわしい」
人妻「でも無視されればされるほど口説いてみたくなるものなんでしょう」
男性客「(さらに笑って)あなたを口説くなんて十年早かったのかもしれないな」
人妻「(微笑んで)いいえ、今日は偶然虫の居どころが悪いだけよ。いつもならあなたのような方に口説かれたらどこへでも行くわ、きっと」
男性客「じゃあ運が悪いだけですね」
人妻「そういうこと」
男性客「ありがとう」
人妻「こちらこそ、いいホテルを教えてくれてありがとう。行ってみるわ、ひとりで(立ち上がる)」
男性客「(腕時計を見て)行くなら早めの方がいい。夕方になると霧が出て、峠を越えるのは危険だ」
微笑んで会釈をし、人妻はレジへ。
人妻を見送る男性客の側にウエイターが来て、何か話す。
金を払って出て行く人妻。
男性客、顔色を変える。その瞬間、ウエイターが銃を出して男性客を撃つ。
人形のようにテーブルに突っ伏す男性客。
ウエイター、もう一発撃ち、銃を捨てて出て行く。
飛び出て来たウエイトレス、死んだ男を見て愕然とするが、やがて銃を拾いウエイターの後を追う。
テーブルの上に男性客の血が拡がる。
窓外を歩いて行くウエイター。
追い越して行く人妻の車。
さらにそれを追いかける探偵の車。
ウエイトレス、ウエイターを後ろから撃つ。
よろけて倒れるウエイター。

16　峠のトンネル

越えてくる人妻の車。
やや遅れて探偵の車。

（壊れたようなギターバンドの曲）

17 海沿いの路上を行く二台の車

18 シーサイドホテル・外

地味だが上品な佇まいの白い小さなホテル。
人妻が車を下り立ち、トランクからボストンバッグを出して、ホテルに入って行く。
探偵も車を駐車場に入れ、写真を撮る。

19 同・フロント

老人のフロントが人妻に応対する。

老人「お泊まりは？」
人妻「……とりあえず今夜だけ」
老人「海側の部屋でよろしゅうございますか」
人妻「ええ」
老人「ご夕食は六時から一階食堂でお願いいたします」
人妻「はい」
老人「それでは……（鍵を出して）３３３号室……、一番奥の部屋でございます。当ホテルで最も眺めのよい部屋でございまして、……本日、お客様以外にはどなたもいらっしゃいませんので、どうぞごゆっくりお休みくださいませ」
人妻「それはどうも。……あの」

老人「はあ?」

人妻「あの峠は霧が出るんですか」

老人「はい、この季節は毎日でございます。霧が出ると峠は越えられません。お出かけのご予定がおありですか」

人妻「いいえ」

老人「慣れない方はおよしになった方がよろしいかとぞんじます。霧はこのあたりまで押し寄せて来まして、ここから玄関のドアの向こうに人が立っていたってわからないほどですんでねえ。それでこの季節はお客様が少のうございまして、……お荷物、お運びいたしましょう」

人妻「いえ、大丈夫です」

老人「では、どうぞごゆっくり」

人妻、階段に向かう。

20　路上

電話ボックスで電話をする探偵。

探偵「(腕時計を見て)平成九年十月四日、現在十六時十六分。調査報告その六。Y子は××ホテルに入った。ここでNもしくは別の男と会う計画か。いかにも不倫カップルの密会にうってつけのホテル。写真あり」

霧が流れて来る。

探偵「(あたりを見回し)周囲に霧が発生。この季節この地方に特有の霧である。この分だと今夜は帰れそうもないので、事後報告であのホテルに宿泊することになるだろう。Y子も今夜は動くこともない筈だ。以上、報告終わり。(少し考えて)夜霧よ、今夜もありがとう」

電話を切って、外に出る。灯台のサイレンが鳴る。

思わず立ちすくんでしばし周囲を見回す。

21　ホテル・室内

荷物が無造作に投げ出されている。

窓際で外を見ている人妻。しかし窓外はすでに霧に覆われている。サイレンが鳴り響く。

人妻「この霧、何もかもを覆って見えなくしているのに、すごく静かで冷静で、まるで私の頭の中そのもののようだ。怖くてたまらないのになぜか目が離せない。ものすごい力で私を圧し潰す霧の壁。いいえ、力ではなくて、ただあるだけでそれは私の呼吸を止めようとする。……何だろう。何かに似ているけどそれが何かわからない。……音楽が聞きたい。音楽だけが私を私自身の内側に解放してくれる気がする。……私は夫を愛していた。他の男はそのことを認めることからの逃避に過ぎなかった。そしてその逃避が完全になった今、私はこの取り返しのつかなさに絶望している。というよりそのようにしか生きられない私自身への絶望。(再びブーレーズ風のピアノ曲。やがてダブミックスがかかった不明瞭な音に変化していく)……夫の元に帰りたい。しかしもはやそれは不可能だ。この霧の中で私は私自身を消滅させて、全てをやり直せるものなら悪魔に魂を売ったっていい」

立ち上がって服を脱ぎ、別の服をボストンバッグから取り出す。

裸体を鏡に映し、見ながら撫でまわす。

22　同・ロビー

ソファーに座って新聞を読んでいる探偵。

テーブルには車に乗せていたラジカセ。

老人が来て、クロークに入る。

サイレンが鳴り響く。

探偵「いやな音だな」
老人「あれが無いと沖の船は岸にぶつかっちまうんだ」
探偵「霧は朝には晴れるのかな」
老人「晴れなきゃここは陸の孤島だ」
探偵「晴れててもそんなようなもんじゃない」
老人「一時的なもんだからいいんだ。そういう場所を必要としてる人のためにここはあるのさ。あのサイレンみたいなもんだな」
探偵「人生の岸にぶつかっちゃうみたいな……、いずれにせよ一晩の隠れ家を必要とする不倫カップル目当てのホテルってことだね」
老人「こっちが目当てにしてるわけじゃない。向こうがやって来るだけだ。うちは客を差別しない。それだけだ」
探偵「金が入りゃ何だっていいわけだろ」
老人「……何とでも言やいいさ」
探偵「おじさん、江戸の人？」
老人「……だったらどうした」
探偵「江戸を追われてこんな僻地に逃げ込んで来たんだ」
老人「……追われたわけじゃない。やんなっておん出てきたってだけだ。……あそこはもう俺なんかの住むとこじゃない。田舎者に乗っ取られてすっかりダメんなっちまった。それもこれも戦争なんかやりやがるからだ」
探偵「……俺、戦争知らないし田舎者だし」
老人「……早いとこ生まれ在所に帰んな」
探偵「そんな根っこなんかもうないよ。あんたと一緒だよ」
老人「……一緒にすんな」
探偵、笑って新聞に戻る。
老人「そろそろ夕食の時間だ」

23　同・人妻の部屋

着替え終わった人妻、鏡の前で髪を直している。と、稲妻が走り、はっと窓の方を見る。

24　同・ロビー

雷鳴が轟く。
探偵「雷だ、……よく鳴るの？」

老人「(行きかけて) いや、珍しいね」

25 同・外

霧の中からホテルに向かって来る女の影。
長い髪が霧に濡れて、まるで幽霊のようだ。
再び稲妻が走る。

26 同・人妻の部屋

窓外を見ている人妻。雷鳴に耳を塞ぐ。

27 同・ロビー

新聞を閉じようとした探偵、ふと入口に目をやり愕然とする。
女が入口から入って来て、フロントに立つ。
老人が戻って来る。

老人「いらっしゃいませ。お泊まりですか」
女「はい、海側の部屋……、331号室をお願いします」
老人「畏まりました」
老人、鍵と宿泊カードを出して女の前に置く。
老人「では、恐れ入りますがこちらに御署名下さい」
女、ペンを取り、書き込み始める。
老人「まもなく御夕食の用意が整いますんで、一階食堂でお願いいたします」
女、書き終えて、鍵を取る。

老人「お荷物、お運び致しましょうか」
女「いえ、大丈夫です」
女、階段を昇って行く。
探偵「ねえねえ、あの女もうひとりの客にそっくりじゃない?」
老人「さあ、そういやそうかもしれないな。しかしだからどうしたってこともないだろ」
探偵「……おじさん、冷たいね」
無視して去って行く老人。

28 同・三階廊下

女が331号室の鍵穴に鍵を差し込む。
333号室のドアが開いて、人妻が出て来る。
顔を見合わせるふたり。

29 同・外

暗い霧に包まれたポーチで、海の音を聞きながらラジカセを鳴らす探偵。イヤホンをつけている。
老人が玄関から顔を出す。

老人「おい、晩飯だぞ」
探偵「いやだね、お化けと一緒に飯喰う趣味はないよ」
老人「何がお化けだ。ドッペルゲンガーってのは体はひとつだ。ふたつは他人の空似ってだけだ (と、中に入る)」
探偵「……ああ、怖いなあ。俺、怖いのダメなんだよ」

震えて俯く探偵。手を伸ばし、ラジカセのヴォリュームを上げる。
意を決したようにラジカセを持って立ち上がり、霧の中に入って行き、見えなくなるが、再び急ぎ足で戻ると、元の場所に膝を抱えて座る。

30 同・食堂

人妻と女が同じテーブルで食事を始めている。
微笑みを交わすふたり。

女「驚いちゃった。あんまり似てるから」
（しかし一人二役ではなく、あくまでも別人）
人妻「私もよ。……ここへはよく来るの？」
女「……亭主と初めてデートで来た場所よ」
人妻「そう、ロマンチックね」
女「……亭主が死んだの、先週、車にはねられて。だから思い出の場所に来たくて、……初七日を終わらせてまっすぐここへ来たの」
（ゆるやかなピアノ曲が始まる）
人妻「それは……、お気の毒に」
女「気にしないで。もう何もかも終わったの。悲しみも何も残ってないわ」
人妻「……ダメよ、弱気になっちゃ」
女「（かぶりを振って）私、死ぬつもりでここに来たの。これが最後の晩餐」
人妻「死ぬなんて言っちゃダメ」
女「……何故かなあ」
人妻「何？」
女「あなたには何でも話しちゃう」
人妻「……それは私があなただからじゃない？」
女「（笑って）そうなのね、きっと」
人妻「私は夫と愛人の間でいやになって逃避行。それは逆ね」
女「言い換えれば表と裏ね」
人妻「そうね……、私はあなたであなたは私なのね」
女「ねえ、おかしい（笑）」
人妻「なあに」
女「献立があの日と同じ」
人妻「あの日って？」
女「亭主と来た日」
人妻「……いつも同じなのかしら」
女「ううん、二度目に来たときは全然違ってた」
人妻「運命なのね、何もかも」
女「そう思うべきよね。じゃなきゃ死ぬ勇気が沸かない」

テーブルの下に盗聴器がガムテープで貼ってある。

31 同・外

相変わらず座っている探偵。

探偵「運命だの、勇気だの……、いい気なもんだよ、まったく」

イヤホンで二人の会話を聞いていたのだった。

32 同・食堂

女「ねえ、お食事が終わったら、どっちかの部屋で少しお酒でもどう?」

人妻「いいわね、私の部屋に来て。……お酒、あるかしら」

女「後であの小父さんに聞いてみましょ」

33 同・外

探偵「いいねえ、酒飲める人らは。下戸はどうすりゃいいのさ」

ラジカセを持って立ち上がり、中へ入って行く。

探偵「よかった、二個持って来といて」

34 同・探偵の部屋

探偵、鞄を開け、中から盗聴器を取り出す。

35 同・333号室

忍び込む探偵。

窓際のテーブルの下に盗聴器を取り付ける。

36 同・三階廊下

ドアから出て来る探偵。

すぐにトイレに入る。

階段から人妻と女が上がってきて、333号室に入る。

探偵、トイレから出て来る。

37 同・食堂

飯をほおばる探偵。

傍らに剝がした盗聴器。

探偵「正体が……、見えてきた……、全部自分なんだ……」

38 同・333号室

テーブルにワインとグラスが出ている。

窓際で外を見ている女とベッドに座る人妻。

女「亭主が死ぬときにね、鳥籠を持ってたの。中にダルマインコのつがいが入ってて、……私にはそれがお前も一緒に来てくれっていうあの人の合図に思えたの」

人妻「私はね、出てくるとき私の鉢植えの花がみんな私のことを嫌ってるような気がしたわ。ずいぶん大事に育てたのに、ひとつとして私のことを見てる花がなかった。そういうものなのよね」

女「籠のインコは二羽とも生きてる。代わりなの、あの人と私の……。だからここに来た……」

人妻「そういうふうに思うのって何かしら、意味のないことに意味を見つけることって。その人にとってはやっぱり最初から意味のあったことなんじゃないのかしら。そういうものに出会うのって、つまり、運命なのよ」

女　「あなたもそう思う？」
人妻「その霧を見て。人が死ぬのを待ってるように見える？」
女　「……ええ、見えるわ。私が行くのを待ってる」
人妻「そう思わないとその先に行けないでしょ」
女　「……死んでいいわよね」
人妻「それしかないなら……」
　女、微笑んでふたつのグラスにワインを注ぐ。

39　同・探偵の部屋
　イヤフォンをはずして呆れ顔の探偵。
探偵「どうだろ、まあ……、いい気な奴らだよ」
　グラスの水を一気に飲む。

40　同・333号室
　人妻、それを受け取り、グラスを合わせる。
　飲み干す女。
人妻「……服を、変えない？」
女　「(ワインを注ぎながら)……あなたも死ぬの？」
人妻「そう。別の形で……別の所に行くために」

41　同・探偵の部屋
　気を取り直してイヤフォンを嵌める探偵。

42　同・333号室
　服を脱ぎ捨てる女。
人妻「……きれいね」
　人妻、手を伸ばし、女の胸に触れる。
　女、その手を取って、人妻を立たせ、キスする。
女　「あなたも見せて」
　女、ベッドに横たわり、人妻を見つめる。
　人妻、背を向けて服を脱ぐ。

43　同・探偵の部屋
　探偵、身を乗り出して、イヤフォンを押さえる。
探偵「……何だろ」

44　同・333号室
　裸になった人妻と女、ベッド上で強く抱き合って何度も唇を重ねる。
　女が上になって人妻の身体を愛撫し、徐々に下へ唇を這わせていく。
　人妻の手が女の髪をかきむしる。
　女は人妻の乳首に歯を立てる。
　のけぞる人妻、両手を女の乳房にすべらせ、握る。
　再びキスするふたり、互いの乳房を揉み合う。
　激しく身体をこすりつけ始める女。
　女の耳たぶに舌を差し入れる人妻。
　その舌を再び女の唇が吸い、舌がからみ合う。

重なり合った腰が波うつ。

45 同・探偵の部屋

いつしか眠り込んでしまっている探偵。

46 同・333号室

裸のふたりが疲れてベッドに横たわっている。

ほつれた髪が汗が頬に付いているのをかきあげる人妻の指。

女、起き上がると、人妻の下着を身に着け始める。


女「見て、ぴったり」

人妻「……あなたは私で私はあなたなのよ」

女、微笑んで、窓際へ行き、窓を開けて外を見る。

カーテンが風に翻る。

やがて戻って来た女、人妻の服を拾い上げ、匂いをかぐ。


女「……あなたの匂い」

女、手を差し出す。

人妻の手が女の手に伸びて、重なり合う。

カーテンが翻り、窓外の闇が黒々と広がっている。

47 同・探偵の部屋

カセットがガチャッと音を立てて止まる。

ハッとして身を起こす探偵。


探偵「……寝てた」

はずれてしまったイヤフォンを拾い上げ、耳に嵌める。

風の音、波の音が聞こえる。


探偵「……まさか、まさか」

窓を開け、バルコニーに出る。

上を見る。斜め上の部屋に明かりが見える。

ふと下を見ると、少し明かりのもれた場所を人妻と女が通るのが一瞬見えるが、すぐに霧の中に消える。


探偵「……あ、ヤべえ……」

バッグに手を突っ込み、懐中電灯を摑み、取り出す。

部屋を飛び出して行く探偵。

48 同・ロビー

階段を駆け降りて来る探偵。

出口で外を見ている老人。

探偵「どいて、ちょっと」
老人「やめとけ」
と、探偵の襟首を摑む。

探偵「離してよ、あの人たち死ぬかもしれないんだから」
老人「だとしたらもう遅い。それにお前まで死ぬぞ」
探偵「冗談きついよ」
老人「冗談じゃない。行くな」
探偵「……わかったよ、じゃあどうするの？」
手を離す老人。すかさず飛び出して行く探偵。

老人「バカ！　人の言うことを聞け！」
探偵「警察、電話した方がいい」
　霧の中に消える探偵。

49　霧の中

　女と人妻が歩いて行く。
　すぐに霧の中に見えなくなる。
　奥から懐中電灯を点けた探偵が来て、行き過ぎる。
　右から左へ、人妻と女。
　左から右へ、探偵。
　駆け込んで来る探偵。
探偵「おーい、やめろー！」
　奥でバシャン！　と強い水音がする。
　振り返り、走って行く探偵。
　霧が全てを覆い隠している。

50　海上・朝

　捜索隊の乗った船が走って行く。

51　砂浜・朝

　毛布を被ってひとり座り込んだ探偵。
　老人がコーヒーカップを持って来る。
探偵「……ありがとう」
　受け取り、コーヒーをすする探偵。

老人「……見つかりゃしねえだろ」
探偵「見つかるよ、きっと。ひとりだけね」
老人「ああ、警察が呼んでる。お前、何か仕掛けたな」
探偵「あ、……クッソォ、忘れてた」

52　ホテル・ロビー

　電話を切る探偵。
　中年の刑事（45）が待っている。
探偵「すぐに来るってさ」
刑事「（頷いて）で、あんたは聞いたのね、その、死ぬって話を。そうなのね」
探偵「あんたちょっと刑事っぽすぎるよ、その格好」
刑事「ありがとう。で、どうなの」
探偵「黙秘権」
　眉根を寄せる刑事。

53　船着場

　担架に乗せられた屍体が船から下ろされる。
　見ている探偵と刑事。
　車が来て、人妻の夫と老人が下りて来る。
　探偵、軽く頭を下げる。
　夫、無視して、屍体の方へ行く。
　刑事、夫に警察手帳を見せて、会釈する。
刑事「確認していただけますか」

夫、頷き、屍体に近づく。

捜索員が屍体に被せられた毛布を剝ぐ。

服は確かに人妻のものだが、顔はぐしゃぐしゃになっていてわからない。

夫、屍体の指を見る。

指輪がある。

夫「……間違いありません。……妻です」
刑事、捜索員に頷き、屍体は運び去られる。

刑事「恐縮ですが、署まで御足労願えますか」
夫、俯いたまま黙って頷き、歩いて車に向かう。

刑事「ああ、すまんがあんたもな」

じっと運び去られる屍体を見ていた探偵、刑事を見て、軽く頷き、また屍体の方を見る。

救急車に乗せられる屍体。

探偵、自分の車に向かう。


探偵「(老人に)送るよ」

老人と探偵、車に乗る。救急車が去って行く。

刑事の車と夫の車、そして探偵の車が後に続く。


探偵(N)「まるでさっさと済ませた葬列のようだった。私にはわかっていた。死んだのはあんたの奥さんじゃなくて、どこの誰ともしれない死にたがりの女だと、依頼人に言ってやることもできた。でもできなかった。彼女が自分であることをやめて、檻を出て行くのを邪魔することはできなかった。それよりその先が見たかった。しかし本当は私が彼女の出た檻に入れられてしまったのかもしれない。そんな思いに囚われたまま生き続けた。依頼人は報酬は払い、それきり会っていない。私は車を買い換えた」

54 夕暮れの海

探偵(N)「それから一年が過ぎた」

55 ビアホール(二年前のある夕方)

重いロックがかかる薄暗い店内。

六人組のボウリングシャツの男たちが、静かに飲んでいる。他に客は老人がひとり。

一番若い男(22)がビールの中にピーナッツを落とす。

胸元にピースマークのバッジ。

女(29)が入ってきて、テーブルに着く。

男たちが女を見る。

男たちのひとり(30)が立って、ジュークボックスへ行くのを、女が目で追う。

男たちは無表情にふたりを傍観している。

ウエイトレスが女にビールを運んで来る。

女は煙草を出して、唇に挟み、ライターを捜す。

いつの間にか側に来ていた男(男3)が、マッチを擦って差し出す。黙って男に火を点けさせる女。

その様子を見つめる若い男。

56 路上〜高速道路（朝）

雨が降っている。
探偵が車に乗り込み、エンジンをかけ、走りだす。

×　×　×

豪雨の高速道路を走る探偵の車。テープの音に合わせて歌う探偵。

探偵（N）「一仕事終えたところだった。悪い事件にからんで追われていた不幸で気の強い女を護送した。事務所に戻ってコーヒーを煎れたところで電話が鳴った。遠い街からの依頼だった。田舎の揉め事で地元の人間に知られないように余所者を雇うことは珍しくはない。断る理由はなかったし都会を逃げたかったが、また眠り損ねた。自分が自分でないような気がするほど、疲れていた」

雨音に逆らうように歌声を高める探偵。

字幕「第二部　死の谷」

57 谷間（二年前のある夜明け）

朝霧の中に二台の車が停まっている。
下りてきた六人の男たちが、スコップを肩にかけて谷を下りて行く。
車の後ろに女が横たわっている。
毛布にくるまった女。顔をタオルが隠している。
微動だにしない。死んでいるのだ。
霧の中に消えていく六人組。

58 ビアホール・外（昼）

雨がほとんど小降りになっている。
停まった車から下りてくる探偵。
腕時計を気にして耳に当てたり、振ったりしつつビアホールの中へ。

59 同・内

静かな店内。客も三人だけ。
カウンターに座った軍服姿の元自衛官（39）。
隣に座る探偵。

探偵「どうも」
元自衛官「……東京の？」
探偵「そうです。電話いただきましたよね」
元自衛官「ええ、どうも、遠いところわざわざ……」
探偵「（バーテンに）ペリエを……、私は日給二万円と必要経費、成功報酬五万円、業界内では良心的な値段だと思いますよ。……自衛官なんですか」
元自衛官「先月除隊しました」
探偵「私、ちゃんと税金払ってますがね、自衛隊ってのはどうも納得いかないんですよね」

元自衛官「……すみません」
探偵「いやあ、あなたが謝る必要はないけど……。で、ご依頼はどういった……」
元自衛官「女です。昔つきあってた女で居所がわからないんです」
探偵「……どのくらい前の話ですか」
元自衛官「最後に会ったのは四年前です」
探偵「近所の方には訊いてみたんでしょ」
元自衛官「いえ……、四年も経つとアパートの住人なんてみんな変わっちまってて……、何もわからんです」
探偵「なるほど」
探偵、頷いて立ち上がると、カウンターの隅に置いてあるナッツの瓶に手を入れ、いくつか取ってひとつづつ口に放り込みながら席に戻る。
探偵「警察には訊いてみましたか」
元自衛官「いえそんな、警察に訊くことでもないでしょう」
探偵「まあね。しかしどのみち私は警察で調べますが……」
元自衛官「……彼女に何かあったんでしょうか」
探偵「そりゃ調べてみないと何とも、ね」
少し離れたテーブルで喧嘩が始まる。
殴られた男が探偵のところに飛んでくる。探偵、目の前にあったビール瓶を摑んでそいつの頭に振り下ろす。気絶する男。一瞬、沈黙。やがてもうひとりが倒れた男を担いで店を出て行く。入れ違いに五人のボウリングシャツの男たちが入る。
元自衛官「……外、まだ降ってましたか」
探偵「……ええ、少しですけど」
元自衛官「いえね、昼からここにいたんで。そのときは降ってなくて傘持ってこなかったんで……」
探偵「……失礼ですけど、奥さんはこのことを……」
元自衛官「……恥ずかしながら、まだひとりでして……」
探偵「もしかしてその女性のために?」
元自衛官「……まあ、ええ、はい」
探偵、元自衛官をじっと見つめる。
探偵（N）「まずい気がした。こいつはド演歌だ。さもなければ泣きのブルースメンか。いずれにせよ私の趣味ではない。断った方がよさそうだ」
元自衛官、見られていることを意識して咳払いする。
探偵「わかりました。お引受けしましょう」
元自衛官「……そうですか。よろしくお願いします」
探偵、ジュークボックスを見つけて側に行くと、コインを入れて選曲する。
戻って来るときに濃いブルースがかかる。
探偵「……ロック、どうですか」
元自衛官「いえ、私自衛官ですから、ロックはあんまり……」
探偵「そう、……残念です」
グラスの酒を飲み干す探偵。

ボウリングシャツの男たちは黙って座っている。

60 同・外（夕暮れ）～ボウリング場・外

出て来る探偵と元自衛官。

探偵（N）「雨は上がっていた。また悪い事件になりそうな予感がした。しかも、四年前の話だ。……四年前、私は何をしていただろうか。先週のことさえ朧気な私がかろうじてやっていけるのは実のところ人間に忘却という機能があるおかげなのかもしれない。それでも私は他人の記憶に頼って生きている。因果な商売には違いない」

車に乗り込む探偵と元自衛官。

走り去る車。

五人のボウリングシャツの男たちが、傘を持って出て来ると二台の車に分乗して走り出す。

しばらく走ってボウリング場の駐車場に入る。

下りてきたときは二年前になっている。

それは女が殺される前日である。

女がはしゃぎながら車を出て来る。若い男が加わって、男は六人になっている。

ボウリング場に入っていく七人。

61 ボウリング場・内

男3が女にボウリングを教えている。

他の男たちがそれを見ている。

楽しそうにボウリングに興じる女。

男たちもボウリングを続ける。

62 谷の路上

探偵の車が走る。

探偵（N）「警察ですぐに調べはついた。二年前、女は偶然会った男に殺された。殺した男の父親は地元の権力者だった。金をばらまき、全ては口止めされたのだった。取材に来たワイドショーもすぐに追い返された。この哀れな元自衛官だけが知らされなかったのだ。世の中はそんなもんだ」

×　　×　　×

探偵の車が停まっている。

やがて車から下りて谷の下を見る探偵。

トランクから出した登山用の靴に履き替える。

元自衛官も車を下りる。

探偵（N）「事実を知った元自衛官はしばらく黙っていた。その後で女の埋められていた場所に行ってみたいと言った。私には止める理由もつきあう理由もなかった」

谷へ下りていく元自衛官。探偵も後に続く。

63 斜面

足を滑らせながら、慎重に下りて行くふたり。

64　女の家・前（二年前・夜）

車が来て停まり、下りてきた女と男たちが玄関に入っていく。

65　同・内

酒を飲んで陽気に騒ぐ女と男たち。

×　×　×

酔い潰れて眠る男たち。
若い男が目を覚まし、見回すと女と男3がいない。
立って、二階へ。
ドアを少し開けて覗き込むと、男3と女がベッドで激しくもつれあっている。
その様子をじっと見つめる若い男。
女がそれに気づき、目を合わせるが、ただじっと見つめるだけで止めようとはしない。

×　×　×

階段に座る若い男。
女が衣服を着て、寝室から出て来て、若い男の隣に腰を下ろす。

男「……やってたね」
女「……（笑って）うん」
男「あの人、好きだから」
女「そうらしいね」
男「聞いた？」
女「……何か、言ってた」
男「……あんたも好きなんだね」
女「……普通」
男「……普通って」
女「……やりたい？」
男「（首を振る）……まだできるの？」
女「……できるよ、まだ」
男「……じゃ、今度」
女「（笑って）うん、今度」
男「（笑う）」
女「……眠れないの？」
男「（頷いて）いつもだから」
女「……私もよ、……誰かと一緒じゃないと眠れないの」
男「彼氏、いないの？」
女「（笑って）いたけど……、別れた。ややこしい家の人でさあ、……姑とか、……嫌ンなっちゃって」
男「結婚してたんだ」
女「うん」
男「……俺さあ、結婚しろって親に言われるんだけどさあ、何か……、嫌なんだよね」
女「……ホモ？」
男「じゃないんだけど、女の人よくわからないし、……あんまり、……生きてても俺、何かめんどくさくて、早く死にたいってばっかり思ってて」
男「死にたいんだ」
女「いや、その、度胸ないから死んでないんだけど」
男「……童貞？」
女「……うん。言わないでよ、みんなに」
男「(笑って)言わないよ」
女「……セックスしたら死にたくなくなるかなあ」
男「……変わんないよ、きっと」
女「あんた死にたくならないだろ」
男「なるよ、いつも」
女「……嘘だろ、ならないだろ」
男「なるの」
女「……わかんないな」
男「なるよ、同じよ」
女「どうしてなるの」
男「……私ね、親が離婚して、母親と暮らして、父親をほとんど知らないで大きくなってね、結局男に免疫がなかったんだよね、それで男が欲しくて、いろんな男とつきあってたんだけど、……結局私の欲しいのは父親なのね、頭の中の父親より私を愛してくれる男はいないのね、でも現実にそれは手に入らないじゃない？……そう思ったら生きてても虚しいなって思うのよね。夜、お酒飲んでひとりでいるとたまらなくなって、ほら(切り傷のある手首を見せる)やっちゃったこともあるのよ、うまくいかなかったけど」
女「今は？」
男「(笑って)今夜は眠れそうだね、男が六人もいて」
女「俺は勘定に入らないよ」
男「ばかねえ(笑)」
女「さっき、俺のこと見てたじゃない。あれ、どうして？」
男「……どうしてだろ？」
女「見られていると興奮するっていう人いるけど、それ？」
男「(首を振り)別に、興奮しなかった。あ、見られてるって思っただけ……、そろそろ寝ない？ 私シャワー浴びてくるけど(立って階段を下り始める)」
女「……本当は感じてなかったんじゃないの？」
男「(階段下で)……やめてよ、死にたくさせる気？」
女、浴室に消える。
階段の男、しばらく座っているが、やがて立ち上がると、ゆっくり階段を下りて行く。

66 谷間の崖

下りてくる探偵と元自衛官。

探偵(N)「そして男はシャワーを浴びる女の首を、後ろから絞めて殺した。男は女も死にたがっていると思い込んだがそうじゃなかった。単に自分を投影したに過ぎなかった。それは誰でもやることだ。死にたがる男も女も、いまどき珍しくはない。ただ彼のミスは他人もそうだと思い込んだところだ。それと死にたがるのとは根っこは同じだろう。しかしそっちの方が少し質が悪い。女は幾分か抵抗したがすぐにこと切れた」

探偵、振り返って立ち止まった元自衛官を見る。

探偵「どうしました。止めて帰りますか」

元自衛官「いや、ただ……悲しいだけです」

探偵、また歩き出す。元自衛官も歩き出す。

× × ×

立ち止まる探偵。元自衛官も追いついて、止まる。

ふたりの足元に穴が開いている。中に萎れて土砂に埋もれた花束がある。

無表情に穴の中を見つめるふたり。

やがて周りを見回し、地面に何か探す。

探偵（N）「われわれは何かを探した。この谷に下りた記念になるもの、警察の見落とした新たな証拠、別に何でもよかった。だが何も見つからなかった。そんなもの、いつだって見つかったためしはない。カメラを持って行けばよかった。生憎カメラはダッシュボードに置き忘れた」

67　女の家・内（二年前の夜明け）
男4（28）が目を覚まして、上体を起こす。

体じゅうずぶ濡れになった若い男が、部屋の真ん中で膝まづいて震えている。

他の男たちも目を覚ます。

68　同・寝室
女のベッドに寝ている男3。

ドアに男2（34）が来る。目を覚ます男3。

男2「おい、ボンが女を殺した」

69　同・浴室
死んでいる裸の女を毛布でくるむ男たち。

70　同・外
車に女の屍体を乗せる男たち。

若い男が中から出て、玄関に立つ。

男2が若い男に近づいて何かを言う。

若い男は反応せず、虚空を見つめている。

男5（24）が女の顔をタオルで隠す。

71　明け方の道を走る二台の車

72　同・車内
黙って前を見つめる男たち。

無表情に窓外を見つめる若い男。

73　谷間の道

二台の車が停まっている。
崖を下りていく男たち。
毛布にくるまれた女の屍体。

74 崖（二年前、そして現在）

下りてくる男たちと探偵と元自衛官がすれ違う。

75 谷間の道

探偵と元自衛官が上がって来て、車に乗り込む。
寒そうに体をこするふたり。
探偵、エンジンをかけ、ヒーターを入れる。

探偵「……どうします、街に戻って一杯やりますか」
元自衛官「……ほんの数日だったんですよ、一緒にいたのは」
探偵「ごめんなさい。そういう話聞かないことにしてるんです」
元自衛官「……すみません」

探偵、キャリングケースの中のカセットを選ぶ。

元自衛官「……でもずっと忘れられなかったんです。生き甲斐みたいなもんだったんです。彼女の記憶に支えられて生きてきたようなもんだったんです。宿舎の自分の部屋に戻ると、彼女の写真が待っててくれた。それを見るのがたったひとつの喜びだったんです」
探偵「一九九五年、ひどい年でしたね」
元自衛官「自衛隊をやめようと思い始めた年です」
探偵「私は一本立ちして個人事務所を始めた」
元自衛官「生き甲斐も何も見失ってしまった」

探偵、テープを取り出す。

探偵「僕の生き甲斐はこれ（と、カセットを見せる）」
元自衛官「……茶化さんでください」
探偵「別に茶化しちゃいませんよ」

探偵、カセットをカーステに突っ込む。
陽気なロックが鳴り始める。

探偵「これが、ロックです」
元自衛官「……ロックって、音楽じゃないって思ってるんですよね。ただの音の塊だって、……いや、すみません」
探偵「いえ、そのとおりです。ロックは音楽にあらず、ただの音の塊ですよ。そしてそこがロックのいいところです。そうじゃなければロックじゃありません」
元自衛官「しかしそんなものに意味がありますか」
探偵「意味なんてありゃあしませんよ。ロックは意味を持たず、ただ響いているだけです」
元自衛官「……どういうことかな」
探偵「例えば、女はどうです。あなたにとって女がいることに最初から意味がありましたか」
元自衛官「……私が女の中に私のための意味を見つけて、初めて女という存在が意味を持つと、そう仰りたいんですか」
探偵「……違いますか」

元自衛官「……つまりロックは聞く者がそのように受け取りたいと望むように聞こえると……」
探偵「そう、要するにロックは存在しない」

76 高台の高級レストラン

窓際のテーブルに若い男の父親が座って、窓外を哀しげに見つめている。

テーブルの上には、手垢に汚れて皺だらけの手紙が置かれている。

77 同・外

出て来る父親。

停めてあるメルセデスの運転席に乗り込む。

探偵（N）「女を殺した男は、一週間後に首をくくった。遺書の宛て名は県警本部長。遂に父親の手の届かないところへ彼の意志は届いたというわけだ。父親は来る日も来る日もそのレストランに来てはただじっと風景を見つめ、息子の遺書を読み返していた。そしてある日を境に来なくなった。引退して外国へ行ってしまったのだ」

やがて車は動き出し、去って行く。

走りながら窓を開けて、何か捨てる。

それを拾う探偵の手。

車の側に立って去って行く車を見つめる元自衛官と探偵。探偵の手の中には若い男が付けていたピースマークのバッジがある。

それを元自衛官に渡す探偵。

78 ボウリング場

男たちがあるレーンのベンチに座って、並んだピンを見つめている。

他に客はいない。

五人は静かにコーラを飲んでいる。

探偵（N）「二十二年間、自分が自分であるという実感を一度も持てずに暮らしてきた。遺書にはそう書いてあった。死の際で彼は自分を感じることができただろうか。そうであったのならいいがと思うが、しかし、他人事ではない」

79 路上

路肩に停まった車内でひとり酒を飲む元自衛官。

探偵（N）「殺された女のかつての夫と会ってみた」

80 街を見晴らすあるビルの屋上

探偵と女の元夫がいる。
夫「今はもう私も再婚して、幸せにやっていますが、彼女のことは私にも責任があると思っています。悔やんでも悔やみ切れない……、もっとかまってやっていればと……、でも私はその頃仕事に熱中していて、家庭どころじゃなかったんですよ」

探偵「今は、どうです」

夫「さあ、どうですか。妻は幸せだと言ってくれてますが。私としてはその妻の言葉を信じるしかないですね」

探偵、頷いて元夫の顔を見つめる。

元夫ははにかんだ笑いを浮かべて顔を伏せる。

夫「私には愛というものがわかってなかった。いや、今でもわかっちゃいませんが、……それどころか他人というものを理解しようなんて気がまるでなかったと言ってもいい。今の妻に会うまではね」

探偵「友達はいないんですか」

夫「いませんねえ、いや、これから作るつもりです。しかし何か見返りを求めてると思われるような気がして引いちゃいますよね、この歳になると」

探偵「……見返り？」

夫「ええ、……それこそ愛とか友情とか」

探偵、頷く。

夫「しかしそんなこと考えるってことは自分が他人に対してそう思ってるってことだし、何にしてもよくないですよね。胃がおかしくなるわけだ」

探偵「お悪いんですか」

夫「……穴開いちゃって、彼女が死んですぐ入院しました」

探偵「……あなたは何も変わる必要はないと思いますよ」

夫「……ありがとう」

探偵、微笑む。

探偵（N）「私はこの男が気に入った」

81　路上

探偵の車が来て、停まる。

すっかり酔っぱらった元自衛官が車から転がり出て、植え込みの中に顔を突っ込んで、吐く。

車を下り、煙草を吸う探偵。

元自衛官、車に背を凭れて座り込む。

元自衛官「私は……、これからどうしたらいいんでしょうか」

探偵「……ロック、聞いたらどうですか」

元自衛官「……いやあ、もうたくさんですよ、女は」

元自衛官、立ち上がり、内ポケットから封筒を出す。

元自衛官「受け取って下さい」

と、分厚い封筒を差し出す。

探偵「どうも」

受け取る探偵。

元自衛官、ペコリと頭を下げ、歩き去る。

それを見送る探偵、やがて煙草を捨て、車内へ。

走り出した車、とぼとぼ歩いて行く元自衛官を追い越して行く。擦れ違いざま、クラクションを一発鳴らす。

82　ボウリング場

閑散とした場内。
男たちがやる気なさそうな風情でボウリングをしている。
バーボンのボトルを手にぶら提げた元自衛官が入って来る。
よろよろと男たちに近づいていく元自衛官。
男1（35）、元自衛官に気づいて、見る。
彼らの元にやって来て、後ろで見ている元自衛官。
五人が元自衛官を見つめる。
男3がボウルを取り、投げる。ピンが倒れる。
元自衛官、レーンに入り、男3を殴りつける。
倒れる男3。他の男たち、一斉に立ち上がると、元自衛官に飛びかかって行く。
だが次々に男たちを殴り倒していく元自衛官。
反撃にも遭うがいささかも怯む様子はなく、ただ男たちを殴りつけていく。
係員が現れ、数人がかりで元自衛官を押さえつける。
それをさらに振り払おうともがく元自衛官。
係員のひとりがデッキブラシを投げると、男5がキャッチ、元自衛官の頭を打つ。
気を失って倒れる元自衛官。

83 交差点

赤信号を待っている探偵の車。
ふとポケットを探り、名刺を取り出す。
信号は青になるが、後続車はいない。
また名刺をポケットにしまうと、車を出し、Uターンする。

84 とある家の前

探偵の車が来て、停まる。
下りてきた探偵は、その家をじっと見る。
玄関ポーチにたくさんの鉢植えが並んでいる。
それらはどれも一年前失踪した人妻の家に飾られたものと同じである。
深くため息をつき、玄関のベルを鳴らす探偵。
だが返事はない。

×　×　×

車でシートを倒して、住人の帰りを待つ探偵。
買い物袋を提げた女が歩いて来る。
あの人妻である。
玄関に入ろうとした人妻を見て、車を下りる探偵。

探偵「あの、すみません」
人妻「（振り返って）はい」
（ブーレーズ風のピアノ曲が流れ出す）
探偵「突然お邪魔して申し訳ありません、私、ナツイシと申しましてご主人の旧友なのですが、ご主人は今日はまだお仕事でいらっしゃいますね」

人妻「まあ、それは……、生憎主人は今夜は残業で遅くなると申しておりましたが」

探偵「そうですか、いえ、ちょっと仕事で近所に来たもんで、お会いできればと思って寄らせてもらったんですが、そうですか、それではまあ、御主人によろしくお伝えください」

人妻「もし何でしたら狭い所ですが、中でお待ち下さっていただいたら、連絡を取ってみますが……。もしかして早々に切り上げて来ることもできるかもしれませんし……」

探偵「いえ、私も今日中に東京に戻らなければならないんで」

人妻「そうですか、それは……、主人も残念がります」

探偵「まあ、また御連絡致します。それでは……」

探偵、軽く会釈する。

人妻「すみません、ごめんください」

探偵「(行きかけて) ああ、奥さん、……お幸せに」

人妻「……あの、以前どちらかでお会いしませんでしたでしょうか」

探偵「……いえ、こちらへ来るのはこれが初めてです」

探偵、微笑んで、一礼し、車へ向かう。

車に乗った探偵、また深くため息をついて、エンジンをかける。

車が去り、人妻が見送る。

85　夜の高速道路

車を走らせる探偵。

カーステからはロックがガンガンかかっている。

探偵(N)「我々は皆、存在しないものについて自分で作った物語に振り回されて生きている。ロックについて、男について、女について、愛について……。物語は自然から生まれるように見えるが、全ては自分の欲望の投影に過ぎず、しかしだからこそ、生きている限り誰もそれを諦めることなどできない。ただ、それを自覚することだけが、死神との出会いを遅らせる唯一の道なのかもしれない」

バックミラーに映った探偵の目。

闇を走る車の車窓越しの風景。

探偵(N)「私は檻を抜け出たのだろうか。それとも相変わらずの鏡の中にいるのだろうか」

車は走り続ける。

エンドロール。

(終)

９５（３１）教科書にない（ＯＶ・80分）《コメディ》
９６（３２）Helpless（80分）《サーガ・暴力》
我が胸に狂気あり（ＯＶ・95分）《アクション》
チンピラ（98分）《リメイク・暴力》
Wild Life（101分）《サスペンス・コメディ》
９７（３３）冷たい血（109分）《ノワール》
９９（３５）Shady Grove（98分）《ラヴストーリー》
エンバーミング（95分）《スリラー》
００（３６）ＥＵＲＥＫＡ（217分）《サーガ・ロードムーヴィー》
路地へ（64分）《ドキュメンタリー》
June 12, 1998/at the edge of chaos（Ｖ・65分）《ドキュメンタリー》
０１（３７）月の砂漠（134分）《人間ドラマ》
焼跡のイエス（ＴＶ・60分）《朗読》
すでに老いた彼女のすべてについては語らぬために（Ｖ・40分）《朗読》
０２（３８）私立探偵濱マイク・名前のない森（70分）《ノワール》
夢見の芭蕉（ＴＶ・50分）《ドキュメンタリー》
０３（３９）ＴＲＵＮＫ（Ｖ・40分）《サスペンス・コメディ》
軒下のならず者みたいに（Ｖ・40分）《サーガ・人間ドラマ》
秋声旅日記（Ｖ・40分）《人間ドラマ》
海流から遠く離れて（Ｖ・20分）《人間ドラマ》
レイクサイドマーダーケース（119分）《ノワール》
０４（４０）地球の想い出（ＴＶ・50分）《スリラー》
０５（４１）エリ・エリ・レマ・サバクタニ（109分）《ＳＦ》
０６（４２）こおろぎ（102分）《人間ドラマ》
ＡＡ～音楽批評家間章（Ｖ・６時間23分）《ドキュメンタリー》
０７（４３）Sad Vacation（136分）《サーガ・人間ドラマ》

Fragments 3

構造、分析、構想

青山真治が残した膨大なデータには自作を分類、分析したのち、五年後、十年後のプランとともにリストアップしたファイルが複数存在する。メモないしはアイデアスケッチともいえるそれらの断片を完成することは不可能だが、青山真治の構想の巨大さを示す資料として、改変を加えず掲載する。（編者）

「企画案２」と題した五ページからなるファイルの冒頭三ページ分

《ＳＦ》

土星マンション ……『サイレント・ランニング』

ライカマン ……『スターマン』『クリエイター』『天才マックスの世界』

収容所惑星 ……『ボディスナッチャー』『ゼイリヴ』『エスケープフロムＬＡ』

異星人に憑依された政治犯を虐殺、殺しても殺しても減らない、味方が減る

《人間ドラマ》

雪国 ……神代三部作①『フラワーズ・オブ・シャンハイ』

真鶴 ……神代三部作②『陽炎座』

花腐し ……神代三部作③『アブラハム渓谷』

ＮＯＷＨＥＲＥＶＩＬＬＥ ……『グロリア』『奇跡』『成功は最大の復讐』

メイクルーム ……『オープニングナイト』

狼煙 ……『日々はしづかに発酵し』『カウガールブルース』『婚約者』

ファミリーロマンス ……『細雪』『虚栄のかがり火』『フルフロンタル』

吹雪物語 ……『山の音』『ゲアトルーズ』『暖流』

ガルシア最後の戦い ……『ホワイトハンターブラックハート』

葬列 ……『リバティバランスを撃った男』『ファットシティ』

『カリフォルニア・ドールズ』『ボディアンドソウル』

スポーツ、田舎町の師弟関係、弟子が上に行く、師匠の孤独な死

沈める都 ……『エヴァの匂い』『秘密の子供』『風とともに散る』

ファーストレディ ……『恋多き女』『裸足の伯爵夫人』『肉体の冠』

《サーガ》

お前らが核やら云よる間に

《コメディ》

自由 ……『ゲームの規則』『カッターズウェイ』

（わが谷は緑なりき）

《歴史》

日本誕生 ……『傷だらけの挽歌』

７３１ ……『ラストエンペラー』

私たちの戦争 ……『荒野の女たち』『白い婚礼』『怒りの日』『乱れ雲』

……女生徒と教師、ファシズム、リンチ、運命的出会いと別れ

《ホラー》

（いけにえ＝親密な猛々しさ）

《アクション》

ドライヴ・オールナイト ……『ミスターアーカディン』『パリの灯は遠く』

『シューティング』『殺しのダンディー』『ロストハイウェイ』

謎の人物、ドッペルゲンガー、アイデンティティ喪失、東京〜ソウル〜バンコク

天国を待ちながら ……『テルマ&ルイーズ』『コンタクト』『ヨーロッパ1951』

女二人の活劇、預言者とボディガード、超能力と狂気

極楽島 ……『ブラックアウト』『浮雲』『ファム・ファタール』

王国 ……『ペイルライダー』『イヤーオブザドラゴン』『逃亡地帯』

『ミリオンダラーホテル』『救命士』『ライトシップ』

『Ｕターン』『愛欲の切り札』『生き残るヤツ』『自由、夜』

絶望的正義、狭い共同体の利権、裏切り、一日の出来事

無法松 ……『チャイニーズブッキー』『サベージ・イノセンス』

『クワイヤボーイズ』『黒い罠』『ニクソン』『カジノ』

北九州を舞台とした犯罪活劇、陰謀とかけひき

獣のようにしなやかに ……『ブラックエース』『暗殺者のメロディ』『ポイントブランク』

不条理系、逡巡する者、超能力、念の強さ、構成複雑

ホーチミン・エキスプレス ……『ドッグソルジャー』『時の翼に乗って』

『最前線』『にがい勝利』『戦争のはらわた』『要塞警察』

復活 ……『キラーエリート』『カンバセーション』『馬上の二人』

『現金に手を出すな』『カリートへの道』

男二人、引退もしくは転向の痛苦

《時代劇》

雨月物語

群盗 ……『ビリー・ザ・キッド２１歳の生涯』『騎兵隊』『シシリアン』

カムイ伝 ……『天国の門』『シャイアン』『木靴の樹』

斬神剣 ……『許されざる者』『北国の帝王』『危険な場所で』

『ラルジャン』『ベルリン天使の詩』

聖性、盲目あるいは聾唖と凶暴性、神を試す犯罪、世界的救済の恋

《スリラー》

Strange Face ……『ラストタンゴインパリ』『レベッカ』『反撥』

楽園の狩りの光景 ……『ラ・ピラート』『マルホランド・ドライヴ』『三人の女』

『ブルー・ベルベット』『殺しのドレス』『ワイルド・アット・ハート』

脱獄 ……『抵抗』『穴』（シンプルに徹する脱獄もの）

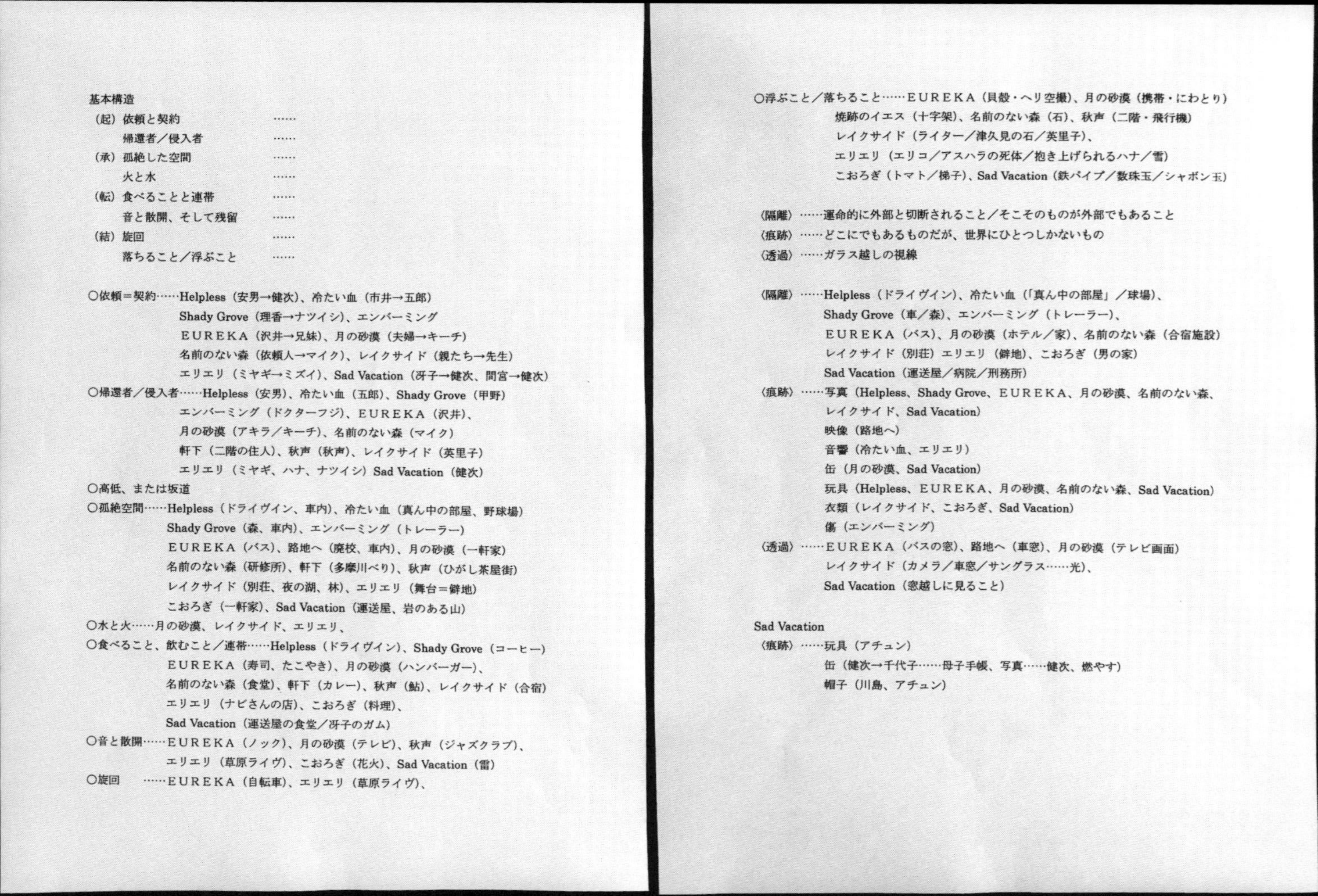

基本構造

（起）依頼と契約 ……

帰還者／侵入者 ……

（承）孤絶した空間 ……

火と水 ……

（転）食べることと連帯 ……

音と散開、そして残留 ……

（結）旋回 ……

落ちること／浮ぶこと ……

○依頼＝契約……Helpless（安男→健次）、冷たい血（市井→五郎）
Shady Grove（理香→ナツイシ）、エンバーミング
ＥＵＲＥＫＡ（沢井→兄妹）、月の砂漠（夫婦→キーチ）
名前のない森（依頼人→マイク）、レイクサイド（親たち→先生）
エリエリ（ミヤギ→ミズイ）、Sad Vacation（冴子→健次、間宮→健次）

○帰還者／侵入者……Helpless（安男）、冷たい血（五郎）、Shady Grove（甲野）
エンバーミング（ドクターフジ）、ＥＵＲＥＫＡ（沢井）、
月の砂漠（アキラ／キーチ）、名前のない森（マイク）
軒下（二階の住人）、秋声（秋声）、レイクサイド（英里子）
エリエリ（ミヤギ、ハナ、ナツイシ）Sad Vacation（健次）

○高低、または坂道

○孤絶空間……Helpless（ドライヴイン、車内）、冷たい血（真ん中の部屋、野球場）
Shady Grove（森、車内）、エンバーミング（トレーラー）
ＥＵＲＥＫＡ（バス）、路地へ（廃校、車内）、月の砂漠（一軒家）
名前のない森（研修所）、軒下（多摩川べり）、秋声（ひがし茶屋街）
レイクサイド（別荘、夜の湖、林）、エリエリ（舞台＝僻地）
こおろぎ（一軒家）、Sad Vacation（運送屋、岩のある山）

○水と火……月の砂漠、レイクサイド、エリエリ、

○食べること、飲むこと／連帯……Helpless（ドライヴイン）、Shady Grove（コーヒー）
ＥＵＲＥＫＡ（寿司、たこやき）、月の砂漠（ハンバーガー）、
名前のない森（食堂）、軒下（カレー）、秋声（鮎）、レイクサイド（合宿）
エリエリ（ナビさんの店）、こおろぎ（料理）、
Sad Vacation（運送屋の食堂／冴子のガム）

○音と散開……ＥＵＲＥＫＡ（ノック）、月の砂漠（テレビ）、秋声（ジャズクラブ）、
エリエリ（草原ライヴ）、こおろぎ（花火）、Sad Vacation（雷）

○旋回 ……ＥＵＲＥＫＡ（自転車）、エリエリ（草原ライヴ）、

○浮ぶこと／落ちること……ＥＵＲＥＫＡ（貝殻・ヘリ空撮）、月の砂漠（携帯・にわとり）
焼跡のイエス（十字架）、名前のない森（石）、秋声（二階・飛行機）
レイクサイド（ライター／津久見の石／英里子）、
エリエリ（エリコ／アスハラの死体／抱き上げられるハナ／雪）
こおろぎ（トマト／梯子）、Sad Vacation（鉄パイプ／数珠玉／シャボン玉）

〈隔離〉……運命的に外部と切断されること／そこそのものが外部でもあること

〈痕跡〉……どこにでもあるものだが、世界にひとつしかないもの

〈透過〉……ガラス越しの視線

〈隔離〉……Helpless（ドライヴイン）、冷たい血（「真ん中の部屋」／球場）、
Shady Grove（車／森）、エンバーミング（トレーラー）、
ＥＵＲＥＫＡ（バス）、月の砂漠（ホテル／家）、名前のない森（合宿施設）
レイクサイド（別荘）エリエリ（僻地）、こおろぎ（男の家）
Sad Vacation（運送屋／病院／刑務所）

〈痕跡〉……写真（Helpless、Shady Grove、ＥＵＲＥＫＡ、月の砂漠、名前のない森、
レイクサイド、Sad Vacation）
映像（路地へ）
音響（冷たい血、エリエリ）
缶（月の砂漠、Sad Vacation）
玩具（Helpless、ＥＵＲＥＫＡ、月の砂漠、名前のない森、Sad Vacation）
衣類（レイクサイド、こおろぎ、Sad Vacation）
傷（エンバーミング）

〈透過〉……ＥＵＲＥＫＡ（バスの窓）、路地へ（車窓）、月の砂漠（テレビ画面）
レイクサイド（カメラ／車窓／サングラス……光）、
Sad Vacation（窓越しに見ること）

Sad Vacation

〈痕跡〉……玩具（アチュン）
缶（健次→千代子……母子手帳、写真……健次、燃やす）
帽子（川島、アチュン）

「基本構造」と題した2枚からなるファイル

SHINJI AOYAMA BY FILMMAKERS

Part 4

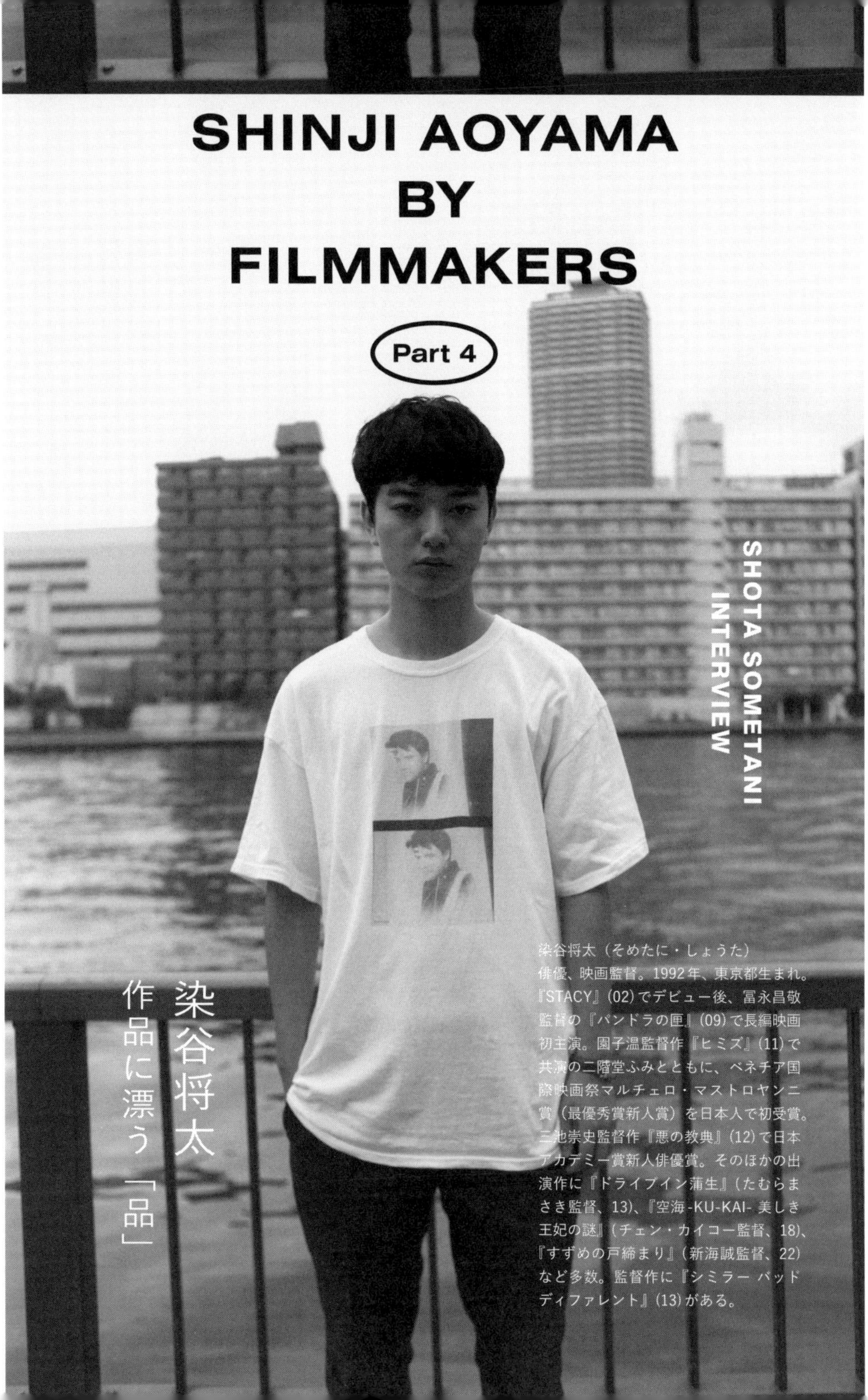

SHOTA SOMETANI INTERVIEW

染谷将太
作品に漂う「品」

染谷将太（そめたに・しょうた）
俳優、映画監督。1992年、東京都生まれ。『STACY』(02)でデビュー後、冨永昌敬監督の『パンドラの匣』(09)で長編映画初主演。園子温監督作『ヒミズ』(11)で共演の二階堂ふみとともに、ベネチア国際映画祭マルチェロ・マストロヤンニ賞（最優秀賞新人賞）を日本人で初受賞。三池崇史監督作『悪の教典』(12)で日本アカデミー賞新人俳優賞。そのほかの出演作に『ドライブイン蒲生』（たむらまさき監督、13)、『空海-KU-KAI-美しき王妃の謎』（チェン・カイコー監督、18)、『すずめの戸締まり』（新海誠監督、22）など多数。監督作に『シミラー バット ディファレント』(13)がある。

染谷将太と青山真治の最初の共同作業は二〇一一年の『東京公園』。本作で、すでに死亡している主人公の女友だちの恋人（幽霊）役をつとめた染谷は、役柄そのままの淡く、境界線上に位置するような存在感で、後期青山作品の可能性を押し広げた。つづく二〇一五年の連続ドラマ『贖罪の奏鳴曲《ソナタ》』での電動車椅子の殺人犯しかり、印象的な役柄での起用が多かった染谷将太に、青山真治作品との出会いからふりかえってもらった。

——染谷さんが青山さんの映画をはじめて見たときのことを教えてください。

一六～七のころだったと思うんですけど、ＤＶＤではじめて見たのが『Helpless』。『サッドヴァケイション』は劇場で見ました。俳優の仲野太賀さんに教えてもらって、ちょうどそのころに上映していたのが『サッドヴァケイション』でした。

——『Helpless』を見たときはどんな印象でした？

そのころの自分からすると、そのとき流れている時代（二〇〇〇年代）の空気感とはちょっと違うものでしたけど、すごく荒っぽくて、でもものすごく品のある作品を撮られる方だなというが第一印象です。ある種の暴力を描いていて決して清々しい空気が流れている映画ではないけれど、品が漂っている。それはその後、『EUREKA』を見たときにも感じたことです。一貫して品がある方だなって、お会いするまでいち青山さんファンとして思っていました。

——具体的にどういうところからそれを感じました？

『Helpless』で強く思ったのは「間合い」です。人と人との間合い、人と人とが対峙するときの間合いであったり、物理的な距離の間合いであったり、精神的な間合いであったり、編集の間合いであったり、カメラと役者の距離の取り方もそうだと思うんですが、すべてにおける「間合い」の概念に自分は品を感じました。その印象は『サッド ヴァケイション』をスクリーンで見たときも基本的に変わらなかったです。

——他方で『Helpless』と『サッドヴァケイション』を比較して変化を感じた部分はありましたか。

簡単に言ってしまうと、品が洗練されていっているのはものすごく感じました（笑）。自分はどっちも好きなんですけど、青山さんの映画に対する捉え方は変わってはいないと思うんです。ただ映画を撮影する、人とかかわりながら撮影していくということの捉え方が少しずつ変化していったのかなと勝手に思っていたりしました。実際に自分が青山さんと一緒にお仕事させてもらうのも後期のほうでした。昔の現場の話を聞くと、なんとなく後期は後期でスタンスが違うのかなという印象を受けていたのですが、根本的な「品」は変わらず、青山さん自身はどんどん変化していったんだなと思っていました。

――『東京公園』（二〇一一年）の現場で、間の取り方や俳優と映画監督という関係、カメラとの物理的な距離とか、実際に体験してみてどう感じました？

青山さんはシーンを通して段取りやリハーサルをあまりされなくて。とりあえず、そのシーンの最初のカットに出る人だけ呼ばれ、そのカットだけの芝居をつけられて始まっていくっていうやり方だったんですね。それもあって、役者からするとそのシーンの着地点があまり見えない。カメラの裏側にいるはずの人が呼ばれなかったりして、ピースごとに撮っていくっていう印象が強く、そのシーンで自分がどうなっていくかわからないまま進んでいったんです。自分としては、だからこそ青山さんにひきずりこまれるしかないというか、乗っかるしかないという状況になっていくんですよね。監督が指揮棒をもって指揮をしているのであれば、そのリズムに乗っていくしかない。このリズムは青山さんのリズムだという感覚に陥って、自分はそれが心地よかったです。あの独特の間合いの取り方もこういうところからきているんだなと思いました。

――そのやり方は、他の作品では基本的にはない？

他にもう一方しか知らないです。三池崇史さん。Vシネが長い方はフィルムもそんなに回せないし、断片的に撮るのかなとか思ったんですが、黒沢清さんは段取りやりますしね。たとえやり方はそうであっても、お二方ともスタイルは全然違いますけどね。あと憶えているのは、青山さんは役者とは共通の知り合いの話をポロポロとするんだけど、演者の目を見て世間話をするようなタイプでもなかったと思います。近づきすぎず遠すぎずな距離感で役者とも接していた印象がありましたね。

——それは『贖罪の奏鳴曲《ソナタ》』(二〇一五年)でも変わらなかったですか。

印象は『東京公園』で出会ってから変わらないです。撮影では、確実に青山さんのなかではカット割りやプランがある状態だとしても、あきらかに「あ、いま即興だな」という瞬間は何回もありました。プランを、撮りながら変えていっているんだなっていう瞬間。「思いついた!」みたいな瞬間を何回も目撃したことがあって、それがすごく楽しかった。

たとえば青山さんが急に黙って、台本を睨み出して「うん、こっちにしよう!」ということも多かったし、確実に「あ!」って閃いた感じの言い方で、次のカットの説明をしはじめたこともあります。あとは、一回説明してセッティングがはじまってから急にバーっと戻ってきて「やっぱりこっち!」みたいなことも。

——染谷さんはご自身も監督をされますが、そういう瞬間は訪れることがありますか。

考えていたことが実現できなくて変更することはあるんですが、基本的に短編しかやってないというのもあるので、自然に想定しているものでやっています。物理的にできないから変えるというよりも、こっちのほうがいいかも、と柔軟に、(アイデアが)降ってくるんだなって思いました。

青山さんを見ていると、俳優との距離感もそうですが、いろんな状況に柔軟に対応していく方という印象は強いですね。なにが起きても、動じず対応していく。本当は怒ってるんだろうなとか、酒があったらそれが表に出るんだろうなって瞬間もありますけど(笑)。現場ではすごく紳士的に、ちゃんと撮影を終わらせてみんなで帰るということを的確にされる方だなと思います。

——酒にかんしては、暴れるためという側面もありつつ、ふだんの考えを捨てて自分が自分じゃないものになるギリギリのところまでもっていくための手段のひとつだったのではないかと思われるようなときもあります。

自分は青山さんとは現場で会うか、お酒の席で会うかしかなかったんですけど、お酒が入ってなくて現場でもない青山さん、その真ん中には自分はお会いしたことがないんですよ。現場だと意外にシャイな方だなって印象がすごく強かったですが。

――真ん中はおしゃべりです。いろんな過程を経てそうなっていったんだろうと思いますが、本人のいう酩酊感、人間と人間でないものの間にある、自分じゃないものになっていく、人間としていまここにある状態では聞けないものを聞いているような、そういうところに興味があったような気はします。映画というのがそういうものを捉えるための最適の手段というか。『Helpless』や『EUREKA』では斉藤陽一郎が演じる秋彦がひとつポイントですが、それとはまた違う、もっと微かななにかを体現する、光が通らないとかたちが見えないフィルムのような役割~存在が『東京公園』染谷さんだったのではないか。そこから新しい映画に向かっていくひとつのシンボルのような。

たとえば、読んでもらった、映画化できなかった作品やオリジナルの第一稿など、映画では〝見えなかった〟ものを感じたりしました?

今回送っていただいたシナリオは初期の頃と比べると、ちゃんといいたい、ちゃんといっちゃう、というのをやろうとしていると感じました。構成で見せていくのはもちろんベースとしてあるんだけど、決定稿まで仕上げたら、わりかしセリフで伝えるようになるんだろうなと思ったんですね。物事をある程度ちゃんと説明するということを意識されているのかなというのは勝手に思いました。白洲次郎（p180）とかも意外だったんですけど、起きたことをちゃんと説明していく話なんですね。なにかを説明せざるを得ない題材。コミカルであったりとか、説明していくっていうことの難しさに向かっていっているんじゃないかと想像しました。

以前『メタロー~キオクころころ~』（二〇一二年）という短編のミステリーをやったときも、謎のものが現れて主人公はその謎のものを追っていくのを明確に説明していくんですよ。ブログやTwitterにメタローという物体について投稿しながら主人公は追いかけ出すんですが、こっちとしては「説明するんだ！」って。勝手な想像だと、自分が出会う前の青山さんならしないんじゃないかなということをしっかりひとつずつ、明確に自然なかたちで説明するということを意識されていました。『贖罪の奏鳴曲』でも同じことを感じたので、説明するということに挑戦されているのかなと。

そのことについて、それこそ説明を受けたわけではないんですが、当時、舞台や演劇のことをすごくやられていたじゃないですか。そのときの姿を見て思ったのかもしれません。お客さんに具体的に提示するということを自然にやる。やっぱりこう、はっきり立たせる説明やセリフみたいなものが本にはあったりして、それがすごく面白かった。さらっとやっちゃうのが面白い、そんな瞬間を見せてもらいました。

——説明セリフを演じるときはふだんと心構えが違いますか?

青山さんの映画で説明する役割を担ったことないんですよ。自分はそういう要員じゃないんだなって(笑)。でも誰かがそういう役割を確実に与えられていた気がしました。

——幽霊的な役をやるとき、気持ちはどういうところに軸足を置いていましたか。

『東京公園』は幽霊でしたけど『贖罪の奏鳴曲』も犯人役だったんです。どこかこう、生きているんだか死んでいるんだか、本当にその人なの?——というような感じは演出や本から受けとっていました。『贖罪の奏鳴曲』は足を怪我して、電動車椅子に乗っている役でしたが、電動車椅子でぬるーっと現れるわけです。電動車椅子で移動する殺人犯を印象深く捉えようとしているショットだとか、自分には結構設定が与えられていて、飄々と現場をこなしていく青山さんと同じように、自分も飄々とやっていったらハマるのかな、と思いながらやっていました。真犯人だから、最後にある程度説明もするんですけど、基本は車椅子の動きで見せていくという演出でした。明確に車椅子の動線が決まっていて、真犯人の心の闇をそれだけで表現していくという印象が強かったです。

電動車椅子はスピードも調整できるんですが、そのスピード感の演出もすごかったです。『東京公園』のときはあの役をどこに置くかっていう。このセットのどこにおばけを置いて、どのタイミングに写すかって効果的なことをやっていたので、そういう作業は楽しかったですね。

――今回読んでもらったシナリオやプロットで自分だったらこの役やりたいというのはありました？

そんな視点で読んでなかったですね（笑）。逆に合いそうな役はありました？

――『EUREKA』の続編として構想された『波、あがりて』は、映画全体が幽霊的な領域に入っている気もして、やりようによってはどの役もできる気もします。

自分がやるかどうかはさておき、それはシンプルに見てみたいですよね。

青山さんは自分くらいの年齢の役があるとことあるごとに名前を挙げてくださったみたいですが、なぜそんなに自分の名前を挙げてくれているのかというのは謎のままです。別に「お前のこういうところがいい」といわれたこともないですから。『東京公園』で最初に声かけてくださったときは、いくつかあるキャスティングの候補の写真から、打ち合わせのとき「俺、こいつ知ってる」と自分の写真を指したらしいんです。「富永の映画に出てるやつじゃん」といって決まったと聞きました（笑）。ですから『パンドラの匣』（二〇〇九年）のおかげですよ（笑）。それでご一緒して、その後も声かけてくださったので、めちゃくちゃうれしかったんですけど、一方でなんでだろうって。でも青山組の現場はものすごく心地よかったです。そのテンポや空気感のなかにいるのが本当に心地よかった。役割としては役者だから役をやるけど、芝居しなくてもそこにいるだけで心地いい場所。そのことは忘れられないです。

（二〇二三年二月一六日、オンラインで）

CRITIQUE

青山映画の女たち
オムライスはもう作らない

田村千穂

青山真治の七年ぶりの新作『空に住む』（二〇二〇年）は、私たちにとって大きな贈り物だった。前年には、黒沢清『旅のおわり世界のはじまり』（二〇一九年）があり、この二人の現代作家が、一人の若い女性を大きく主人公に据えた作品を続けて世に送りだしたことは、ひそかなセンセーションだったのだ。それは、二一世紀の日本映画史のひとつの画期となるだろう。その意義は、これから明らかになるにちがいない。

透明で、ふしぎな明るさと陰をもつ『空に住む』という映画を、一篇の宿題のようにさらりと残して、青山真治自身はさっさとその澄みわたった空へとのぼっていってしまったのだが、スクリーンでは、多部未華子演じる若きヒロインが、すんなりときれいな腕をまっすぐに伸ばして、「のび」をし、澄みきった光をいっぱいに浴びて、一人で生きていこうとしている。彼女はもうオムライスを作ることはないし、高級だが趣味のわるいこのタワーマンションの部屋からも出ていくかもしれないけれど、ともあれ、この明るい悲しみと再生の喜びにみちたラストシーンでは、映画は、まるで「東京上空いらっしゃいませ」と——もちろん、相米慎二のあの素晴らしい映画のタイトルだ——そう言っているかのようだ。

デビュー作の『Helpless』（一九九六年）以来、おもに男たちを中心に据えた作品で高い評価を得てきた青山真治が、きわめて率直に、だがすぐれて独特の仕方で〈女の子〉を応援する映画を撮った——『空に住む』は、一人の傑出した男性作家のキャリアにおいても驚くべき新鮮な出来事であり、女性をエンパワーメントする映画が目新しくなくなりつつある現在に先駆けて送りだされた繊細な女性映画だった。それは控えめで、慎み深く、一見ささやかな贈り物として私たちを触発する。相米の『風花』（二〇〇一年）がそうだったように、すぐれた作家が最後においていく作品は、いつもこんなふうにさりげなく、軽やかで透明な再生の物語なのかもしれない。だから私たちも澄みわたった心で、スクリーンという明るい空へと瞳を凝らしたい。

1　男たち、フライパン

青山真治のフィルモグラフィーで、フライパンはさりげなく重要な役割を果たしてきた。いうまでもなく、最初の登場は忘れがたい『Helpless』のフライパン、恐るべき武器としての黒い鉄のフライパンである。武器としてのフライパンは、チャーリー・チャップリンの『独裁者』（一九四〇年）から、クエンティン・タランティーノの『キル・ビル』（二〇〇三年）まで、ここぞというときに生き生きと活躍する古典的小道具だから、青山がそれを現代最高の映画俳優である浅野忠信に、いわば特権的に与えたのはふしぎではない。ただし、そのチャーミングな形態が、もっぱらユーモアを付加するために使われてきたフライパンが、そこでは真に恐ろしい狂気＝凶器のイメージとして用いられたことが重要なのだ（このイメージは、はるか後年の『サッドヴァケイション』で、より凶々しい悪夢の記憶としてほんの一瞬だけ呼び起こされる）。

『EUREKA ユリイカ』（二〇〇〇年）では、フライパンはまず、見捨てられた兄妹の家の荒廃したキッチンの残骸の一部として画面に登場する。フライパンを救いだし、再生の小道具として甦らせるのは役所広司だ。彼が初めて兄妹の家を訪れ、ゴミ屋敷と化した空間に足を踏み入れて呆然としたのち、よごれたまま放置されたフライパンを取り上げて、残った食べものが固くこびりついて逆さに振っても落ちないさまを宮崎あおいに示してみせるシーンは、役所の唖然とした顔と微妙にユーモラスなしぐさ、つんとしながらも決まりわるげに背を向けてうつむく宮崎のリアクションによって見る者を微笑ませる。武器としてであれ、調理器具としてであれ、丸い大きなフライパンが似合うのはよい男性俳優の条件だ。翌朝、きれいに片づいたキッチンのフライパンの上ではジュージューとよい音を立ててウインナーか何かが焼かれている。優しい日の光の中、温かな朝食を用意する役所の入念な演技が、距離をおいたショットで丹念にとらえられる。

このシークエンスは、三時間半を超えるこの映画の中盤の始まりに置かれており、以降、映画は少しずつ明るいユーモアを取り入れ始める。序盤の緊迫と重苦しさから逃れて、観客はようやく少しほっとすることになるが、この直前のシークエンス、つまり役所の生家での一連のシーンはとりわけ重く、耐えがたいものだった。そこには家父長的な家があり、高圧的な兄（塩見三省）と、寡黙で穏やかとはいえ家長にほかならない和装の老父（江角英明）とがいて、兄はひたすら険悪な顔つきで抑圧的説教をするので役所はそこにいられなくなる。短パン姿で、ブスッとした顔の男を画面に長々と見るのは耐えがたいものだ。ここでは甲斐甲斐しく男たちの世話をする従順な主婦の母親がいるため、フライパンは固有の輝きを帯びてなんらかの役を果たすこともなく、わざわざ画面に登場するまでもない。

フライパンが女性キャラクターのもとで輝くのは、『共喰い』（二〇一三年）においてである。『Helpless』でも、『EUREKA ユリイカ』でも、フライパンはそれ自体がモノとして画面で際立つわけではなく、あくまでそれを手にする俳優のアクションに魅力を与える小道具だった。『共喰い』では、フライパンは、その全篇にわたるみごとなショット群の中でも、ひときわ美しく静謐な室内のショットの冒頭に位置づけられ、はっきりとそのモノとしての佇まいを印象づける。それは、主人公の少年（菅田将暉）の母親の田中裕子が、彼女の魚屋の脇で釣りをする息子に食事を手渡し、義手を外して一服するために店の奥の居室に入る場面だ。引き戸に手を掛ける後ろ姿のショットに続いて、室内のショットになるが、田中がその空間に入る前にカメラがとらえているのは、質素な台所の一角に掛かる黒々とした鉄のフライパンである。

小窓から差し込む淡い光を受けて鈍い輝きを放つフライパンは相当年季が入っていて、ゴツゴツと分厚い底には焦げやヒビが浮き立ち、その充実したフォルムと物質感で見る者を引きつける。カメラはこのフライパンを起点にゆっくりと右下方へ動き、古びた流しのヤカンやコンロを画面に収めつつ、右からフレームに入ってくる田中が腰を下ろすちゃぶ台の盤面と、そこに田中が無造作に置く煙草の箱をクロースアップでとらえ、次いで器用に片手で煙草を取りだして火をつける田中の顔を間近にとらえるのだが、火がつく瞬間に画面は固定のミディアム・ショットに切り替わり（シュポッという ライターの音と閃光を介した鮮烈なアクション繋ぎだ）、仄暗い部屋でひとり煙草を燻らす田中の姿が――その疲労と老いの翳りを滲ませた姿が――この上ない静寂の中で描写される。ほんのつかのまくつろいだだけで田中はすぐにフレームの右から出ていき、ふたたび無人となった仄暗い空間には残された紫煙がふわりと美しく広がる。

このわずか三〇秒ほどの室内シーンはあまりに深々と時間の流れを感じさせるため、彼女がふたたび河岸へ戻ると息子がまだ先ほどの海鮮丼をほおばっているのが奇妙に感じられるほどだ（まだ食べているのか？と）。老いつつある女の疲労とつかのまの休息をこのように柔らかな明暗のもとで美しく描きだした作品が他にあろうか。ここでのフライパンは武器でもなければ調理器具でもなく、ただそこにあるものとして一人の中年の女と並置されている。女がのちに獣のような夫（光石研）にとどめを刺す凶器は、戦禍で失った左腕に装着していた金属製の義手の鋭利な尖端である。

2　女たち

『共喰い』で田中が夫を殺したのは、同じ男の犠牲となった他の女たちのためでもあった。青山映画の中で、女たちが重要な位置を占めるようになるのは、本作から『東京公園』（二〇一一年）、そして『サッド ヴァケイション』（二〇〇七年）と遡る近年の作品群である。

『サッド ヴァケイション』では、石田えりはほぼモンスターのように描かれていた。ドラマの終わり近くにいたるまで、その不可解な女性性は得体のしれないニヤニヤ笑いによって表出され、浅野演じる主人公のみならず私たちをもむしょうに苛立たせる。刑務所での浅野との面会シーンで彼ら家族にまつわる陰惨な過去の事実が明かされると、ようやくそのふてぶてしい笑みの後ろの彼女の苦しみが感知されるが、なお怪物的な母性のカリカチュアめいた印象は残り、他者としての女性なるものが陳腐に形象化されているとみなせなくはない。もっとも、それは他の人物たちにもいえる。ここでは誰しも紋切り型で、芝居くさく、神話的であり、そもそもそういうお伽噺なのだからとでもいうかのように、映画はラストで途轍もなく大きなシャボン玉を空中に飛ばしてみせる。巨大なシャボン玉がパチンとはじけて見上げる人物たちに水滴を降り注ぐとき、散り散りになったシャボンの膜はフィルムのカットとなってふたたび冒頭の空に戻り（タイトル・シークエンスの空撮ショットのことだ）、あのパチパチとはじける奇妙なリズムで私たちの心を浮き立たせながら、さて新しくもう一度、と映画を始めるのである。

『東京公園』では、主人公（三浦春馬）をとりまく女たちが、その題材にふさわしく軽やかなみずみずしさで丁寧に描出される。とくに爽やかで軽妙な魅力を発しているのが、キュートなショートカットでまんまるい顔の榮倉奈々である。そのまんまるい顔を正面からとらえた切り返しショットが続く三浦との最初のこたつのシーンでは、榮倉は巨大な肉まんにかぶりついている。次いで、同様に三浦と向き合うおでんのシーンでは、彼女はまず丸い大きな鍋を抱えた姿で画面に登場し、おたまで掬って最初に口にするタネは丸いハンペンで、次に椀によそうのも輪切りの大根である。食後に寝ころがって手を伸ばすこたつの上の林檎はつやつやと画面の中央で輝き、中盤の少々シリアスな三浦への説教場面では、彼女はまたもや丸い大きな豆大福にかぶりついている。榮倉の丸さはすべて食べものと結びついており、いずれも三浦との対等で親密な関係を示す場面で効果を発し、やがて来る明るい再生を予期させるだろう。

いっぽう、この映画の小西真奈美は「黒い女」である。じっさい、作中でも、彼女は三浦に「黒い」と指摘される。義弟の三浦への恋情が、ついに抑えきれなくなり、二人が接近し、唇を重ねるまでの終盤の場面で、最初はいつものようにキツイ皮肉で彼をからかう姉の表情を、三浦は「黒い」と評しながら、戯れを装ってカメラを向ける。そこから、きわめて緊迫した一連のショットが続くことになるが、もともと、背中の真ん中あたりまである長い黒髪に暗いアイメイク、このシーン以外はすべて黒い衣装の小西はホラーめいた陰を帯びていて、表情は暗く刺々しい。この刺々しさは、つねに彼女自身に突き刺さっている。一見俳優のオーバーアクションと取られかねないこの映画での小西の道化めいた毒舌、辛辣な態度のぎこちなさが、義弟への感情を隠すための痛ましい「演技」であることが分かったとき、私たちはその痛みに胸を突かれると同時に、演出のさりげない大胆さに驚嘆する。抱擁の時間が過ぎ去ったのち、彼女の「黒さ」は透明な悲しみを湛えた明るさへと転じる。初めて見せる本当の笑顔と、その心からの素直な言葉に——そして最良のタイミングで流れる音楽と、続く短い回想場面の二人に——それらすべての美しさに胸を打たれる。

続く『共喰い』では、主人公の菅田をとりまく三人の女たちのうちでも、篠原友希子演じる「バカに見える女」(じっさいそうした言葉で菅田は彼女を評する)が、思わぬ繊細さで描かれる。彼女は父の愛人で、出て行った母の代わりに同居し、水商売をしながら菅田の食事の面倒もみている。彼女は、性交の際に男の振るう暴力を受け入れ、顔に痛々しい殴打の跡を見せつつ、なぜそんな男に耐えるのかと苛立つ菅田に対しても、諦念を滲ませた愚かな曖昧さで応じるのみである。篠原の演技は秀逸で、とりわけその台詞の発声は、あざとさにいたらないよう細心の注意をはらったうえで、バカに見える女とはこのように喋るだろうと見る者を納得させる絶妙なトーンとアーティキュレーションでなされている。彼女はけっきょく男を捨てて逃げだすことを決め、愚かな優しさは保持したまま、『サッド ヴァケイション』の石田えりより現代に近い次元で、女性性のフィクションを引きつづき生きていくことになる。

3 An Independent Life——ひとりで生きる

二〇一三年、『共喰い』公開に際してのあるインタビューで、青山真治はヴィターリー・カネフスキー『ひとりで生きる』(一九九二年)のタイトルを引きながら、次作の構想をすでにこう語っている。

何か、人がひとりで生きる映画をつくりたいなと思っていて。母親の圏域からも父親の圏域からも逃れて、ひとりで生きはじめる人間の姿をこのあとに見ることができるんじゃないかな、と。[1]

『空に住む』の主人公は両親を事故でなくし、『EUREKA』の「梢」とちがって兄弟もいない。彼女は愛猫のハルをつれてタワマンにやってきた。先のインタビューと同年に刊行された原作を読むと、病気になった猫の介護の描写が多くページを占め、病状やケアの様子が細部にわたって叙述されており、猫との死別が作品の重要なモチーフであることがわかる。[2]映画では、終盤のハルの看取りのシーンが、夕刻から日中、さらに数日経過しているであろう別れの朝まで、タワマン上階の窓から差し込む光の微細な推移のもとでゆっくりと描かれ、さらに、永瀬正敏演じるペット葬儀屋の移動火葬車での見送りのシーンが、星空のもと、この映画でもっとも美しい場面として描かれるだろう。

タワマンの部屋はすべて叔父夫婦が用意したもので、そのことごとくが、多部演じる出版社勤務の地味な女性には似合っていない。ワンルーム風の広い部屋なのだが、まず、ベッドスペースをリビングから仕切る低い壁が、陰気な石を積み上げたようなゾッとさせるものだ。さらに、それと同じくらい違和感のあるのが、システムキッチンとリビングスペースのあいだに置かれた巨大なガラステーブルだ。そんなものがまだこの世にあったのかと驚かざるをえない。その非人間的なガラス天板の上で、食事どころか、仕事までせねばならない。鋭利なその角が目に入るたびに、しょっちゅうここでワインを飲むことになるヒロインが転んで頭をぶつけるのではないかと気を揉まずにはいられない。もちろん高価なのだろうこのガラステーブルの上には、鉄製の果物かごが載っているのである。ガラスと鉄。だが、多部は部屋のすべてに無関心のようで、ひたすらその環境から浮いたまま暮らし続ける。

多部の叔父夫婦は上階に住んでいて、序盤での歓迎のホームパーティはくだんのガラステーブルでおこなわれる。天板いっぱいに並べられたご馳走は、一見してデパ地下惣菜風で、どれも少なくとも七人前はありそうな過剰な分量で、びっしりと盛りつけられている。美味しそうにはとうてい見えず、その冷えて固そうな惣菜が大量に並ぶさまは、それを用意したであろう叔母の狂気を早くも感じとらせる。美村里江演じるこの叔母は、『東京公園』で小西真奈美が演じた女性にひじょうによく似ていないだろうか。妙に不自然なおどけぶり、間を恐れるかのように繰りだす軽口、空虚な作り笑い。その見るに堪えない痛々しさが、どこから来るのかを知ったとき、私たちはそれまでの不快さを忘れて、彼女らの痛みに心を向ける。欲しくとも子供ができない美村を前に、多部が何も考えずに会話の流れで口にする言葉、「(子供を)授かるって、それだけですごいことだよね」という言葉を、何げなく席を立ちながら、気にもせず、聞こえてもいないかのように猫を抱いてあやしながらキッチンでワイングラスを傾ける美村の姿を、カメラは離れた位置から追い続ける。何も気づかず、他愛ない会話を続ける叔父と姪をふたたび同じフレームに収めながらも、カメラは美村の横顔とかすかにぎこちない身振りを画面の奥に明瞭にとらえ続け、隠れた孤独を明確に物語に組み込んでいる。

青山映画において、「痛い」女や愚かな女、あるいは「黒い女」といったネガティヴな要素をもつ女たちが、きわめて繊細にとらえられている点に留意したい。彼女らはそのネガティヴィティを容赦のない仕方で描かれながらも、否定されているわけではなく、かといって擁護されるわけでもない。ただそのような女たちは「いる」ということ、愚かであろうが、痛ましかろうが、醜かろうが、まずはそのようにあるしかない女たちがたしかにいるという事実(現実)を、透徹した細やかなまなざしでみつめる一人の男性作家がいるということ、その事実に驚かざるをえない。くわえて、現代の私たちにとってはいっそう恐ろしい女、すなわち『サッド ヴァケイション』のラストのシャボン玉が解消したかにも思えた怪物的母性すら、『空に住む』では岸井ゆきの演じる妊婦によって——その終始浮かべた冷ややかな笑みはまぎれもなく石田えりの継承だ——ふたたび回帰する。

『空に住む』の多部もじゅうぶんに痛い女だろう。彼女はどう見ても暗くて、もぐもぐと口の中で文学オタクっぽく喋り、料理をするしお弁当を作って職場に行っているようだが、美味しそうに食べることはないし、タワマンの部屋で頻繁に飲むワインも一度たりとも美味しそうに見えない。愚かなことに、彼女は実りない関係を結ぶ男（岩田剛典）にオムライスを作ってやるわけだが、オムライスなどという手の込んだわりに子供がよろこぶだけのような料理を、何の変哲もないテフロン加工のフライパンで丁寧に作り、ひどい姿勢でテーブルに斜めに向かって不味そうに食べる失礼な男を追い出しもせず、恋に落ちるのである。彼女が勤める出版社は郊外の古民家で、従業員らは畳敷きの一室に額をつき合わせて座り、ワイワイと子供のように騒ぎながら仕事をする。上司の男（高橋洋）は泊まり込んだ部屋着姿のままで生活臭を持ち込むし、岸井とその不倫相手の作家（大森南朋）がうどんをすする場面はいかにも「キモい」（これは作中の別の場面で多部が職場恋愛にかんして間接的に口にする言葉だ）。もっともキモいのは、和装でぬっと顔をだす社長、ものの分かった家父長のように社員の不倫関係にも温かく介入してくる、そんな社長の存在であり、岩田が多部に語った言葉を借りれば、ここもやはり地獄なのだ。

『空に住む』のヒロインは、遠く離れた『SHADY GROVE』（一九九九年）のヒロイン（粟田麗）を思い起こさせる。失恋し、ワインをガブ飲みしていたあのとても痛いヒロインは、青山映画が女性をとらえる繊細なまなざしを、すでにあざやかに体現していたのだった。彼女は素敵な恋人を見つけたけれど、『空に住む』の多部未華子のほうは、オムライスの恋を清算し、猫のハルとも別れ、一人で生きていこうとしている。青山真治が作ったいちばん新しい彼女を応援しよう。素敵な彼女は、私たちに作家が残していってくれた贈り物なのだから。

（たむら・ちほ／映画批評家）

1 「『共喰い』青山真治監督インタビュー」（2013年8月22日・大阪市内にて）取材・文／ラジオ関西『シネマキネマ』吉野大地）：https://kobe-eiga.net/webspecial/cinemakinema/2013/09/30/（2023年2月19日最終閲覧）
2 小竹正人『空に住む』講談社文庫、2020年。

SHINJI AOYAMA BY FILMMAKERS

Part 5

AKIKO OHKU INTERVIEW

大九明子
まずは自分がおもしろいと思うものをつくりつづける

大九明子（おおく・あきこ）
映画監督。1968年、横浜市生まれ。プロダクション人力舎スクールJCAの第1期生となり芸人を志したのち、1997年映画美学校の第1期生となる。新垣結衣主演の『恋するマドリ』で2007年に商業映画デビュー。監督作品に『東京無印女子物語』（12）、『でーれーガールズ』（15）、『勝手にふるえてろ』（松岡茉優、17）、『甘いお酒でうがい』（松雪泰子、20）、『私をくいとめて』（のん、20）、『ウェディング・ハイ』（篠原涼子、22）、『シジュウカラ』（テレビ東京系、22）など。

一九九七年、大九明子は青山真治が講師をつとめる映画美学校の第一期生として映画とのかかわりの最初の一歩を踏み出した。お笑い芸人をめざしながら燻っていたと自嘲する大九にとって青山真治の存在はどのように映っていたのか。

当時、私は二〇代後半でした。大学を出てすぐに、スクールJCAという人力舎が運営しているお笑いの学校に入りまして、お笑いをどうにかこう、やりたいと思っていたんですけど、ネタをつくりつづけることもできず、燻った気分でいたなかで、今晩カサヴェテスのオールナイトがあるからがんばろうとか、映画館に通うことぐらいしかよろこびがなかったんですね。ちょうど『Fantastic Planet』がリバイバルしていた時期で、シネヴィヴァン六本木とか渋谷のユーロスペースとかを見て回っていたときに、行く先々で「映画技術美学講座、開講」というチラシを見かけたんです。まだ映画美学校という名前でもなかった。そこに講師陣の名前もあって、青山さんや黒沢清さん、好きな監督の名前が並んでいて、そのうえ一年後には四人の生徒に映画を撮らせますということが、もう決まっているという——。私は自分が撮るという欲望は一切なく、傍で映画監督になる人を見ていられるのがおもしろそうだなというくらいの生半可な気持ちで応募したんです。選考は書類だけだったから全員合格だろうってくらいに思っていたので合格通知をいただいたときも「はいはい」と放っておいたら、事務局の安井豊さん、いまは安井豊作さんと名前変えられましたけど、安井さんから電話があって、君は合格したけど、まだ申請されてないですが、どうしますかと。君が来ないなら補欠を入れる、といわれて。えっ、補欠を入れるほど応募者がいたんだと急になんかもったいない気持ちになってきて「あ、じゃ、じゃあ行きます」と答えたんです。

講師は青山さん黒沢さんのほかにも塩田明彦さん、高橋洋さん、篠崎誠さんと、筒井武文さんというメンバーが第一期のときだったと思います。万田邦敏さんもゲスト講師でいらしていた気がしますが、万田さんは二期生中心なんですよね。私は一年間でだいたい体験した気持ちで「はい、これでおしまい」と思っていたんです、翌年また安井さんにご連絡いただいて「君は初等科で最後の四本には選ばれなかったけど、シナリオがせっかく評価されたのに、高等科に行かないのはもったいない」といわれて、じゃあ行きます、と。それで行った高等科はゼミ形式で、私は青山ゼミ。一対一で脚本などの指導を受けるんですが、高等科時代のシナリオコンペで選ばれて、撮らせてもらったのが『意外と死なない』という私の最初の作品です。

シナリオが選ばれたときは、一生に一度だろうから、もうやり残すことがないぐらい徹底的にやりたいと思っていました。十六ミリでお金もかかるから本当は上映時間は二〇分といわれていたんですが、四〇分になってしまい、もうこれで全部やり尽くした。映画づくりというこの夢のような経験、楽しかったな。もうこういうことは、私みたいなものじゃなく、もっとちゃんとした人がつづけていく仕事なんだろうな、と思っていました。一本撮ってもまだ、夢みたいに思っていたんですね。
『意外と死なない』をご覧になった青山さんの感想は、ちょっと手前で終わってくれたらよかったのに、というものでした。いろいろあって最後に男女がしっとりと結ばれるシーンがあるんですが、そこで終わったらよかったということでした。実際は主人公の同僚の女性、この女性は妊娠しているんですが、その人が大きなおなかのまま、登場人物総出で結婚式を挙げているシーンをお尻につけたんです。それがいらない、ということだったんですが、なるほどとは思いつつも、私はやりたいので、大丈夫です――みたいな気持ちでした。反対に、妊婦のおなかを殴るシーンがあって、実は妄想でしたというオチなのですが、それに対して青山さんは「現実で殴らなきゃ」といわれて、『放課後ロスト』（二〇一四年）というオムニバスの短編「倍音」で、女子高生が女子高生の腹を殴るというのをやったことがあります。報告しなかったので、青山さんはおそらく見ていないと思いますが。

いまでも誰かに言われて、それはおもしろい、思いつかなかった、やってみますっていうのはわりと素直にスッとやるんですけど、のれないときは、絶対やりません。試しにやってみましょうかという程度だと元に戻ることが多いかもしれません。やっぱり自分がおもしろいと思ってないと、できないんでしょうね。それは予算や時間などの制約とは関係なく、たとえば仕上げの段階でプロデューサーが作品を愛してくれて、私ならこうだ、俺ならこうだ、となることがよくありますが、そういうときはたいがいどっちでもいいんですよ。どっちでもいいんだったら、私がやりたい方に乗っかってもらえる？　ということかもしれません。

シナリオコンペに勝ち抜いて撮った『意外と死なない』（一九九九年）から商業映画のデビュー作である『恋するマドリ』（二〇〇七年）の間には八年の空白がある。その間大九は映画美学校時代の有志数名で自主映画を撮ったり、アイドル声優のための作詞やラジオドラマの脚本、朗読のための台本を執筆したり、フリーランスのクリエーターとして創作欲を満たしていた。

お笑いをやっていたときからつくりたい思いがずっとあって、『意外と死なない』を撮ったことで、私がピン芸人やっていたのはピン芸人である私にホンを書いて演出をするのが楽しかったんだと気がついたんです。とはいえ次に結びつくなにかがすぐコンスタントにあったわけではなく、細々いただけるお仕事をこれもつくるっていう仕事のひとつだというふうに自分を納得させていた部分もあったかもしれません。そういいながら、『恋するマドリ』で右も左もわからないまま、はじめて商業映画を撮ることになっていろんな洗礼を浴びまして、つくっている最中はイヤだ、二年ぐらい休みたいと思ってたんですけど、完成するや否や中毒のように、ああ、次なにかつくんなきゃと思っていました。

　そういえば、『恋するマドリ』の頃、アテネフランセで青山さんとすれ違ったことがありますよ。青山さんはアテネに入っていくときで、私は出てきたとき。青山さんは、短髪になっていて、おひさしぶりです、と私から声をかけたら、ふりかえって、俺まだ見てないんだ、見る見るとおっしゃったんですが、以来どうだったのか、わからずじまい。見ましたかと聞くのもこわいし、余計なことをいわれるのもめんどうだと思ったので、そうっとしたままいまにいたります。たしか『勝手にふるえてろ』（二〇一七年）か『私をくいとめて』（二〇二〇年）かどちらかだと思いますが、青山組の助監督をされていた杉田協士監督、彼は美学校の後輩でもあるんですが、期は全然違う、その杉田さんに会ったとき、「青山さんが、大九さんのことつぶやいてたよ」というもので探したら、「へー大九の映画、評判いいんだ、見てみようかな」みたいなツイートだったんです。「かな」って、それわざわざいいます？私はすぐさま「見てくださいよー」とリプライしましたけど、そんなこともありました。

　青山真治はあるときから自分より下の世代の映画を見なくなった。意識的にそうしたのか、ほかに理由があるのか定かではないが、映画を撮る機会が減るなかで、誰かの映画を見てもろくなことはいわないかもしれないし、いわれたほうも、それが下の世代だとなおさら精神衛生上なおさらよくないと、どこかでわかっていて、あえて避けていたのではないか。

その洞察はちょっと胸にくるものがありますね。わざわざ見ようかなって呟いてくださったの、なんか泣きそうになっちゃいました。生意気ですけど、監督の端くれとして、それが正解だった気がします。

　私が二年ぐらい前から、企画をくださったり、やりましょうといってくださるみなさんにいうのは、あと十年だよ、ということなんです。私あと十年経ったらもう死ぬから、企画を早く着地させてくださいっていうんです。私も青山さんをはじめとした先輩方の姿を見てないようで見ているというか。それもあって、いまそういうふうに明確に言語化されてショックを受けたところがあります。そういうところの不安はすごく理解できます。私『恋するマドリ』から『東京無印女子物語』（二〇一二年）を撮るまでに五年間くらいあるんですけどこの間の記憶があまりないんですよね。つらすぎたというか、企画いっぱい立てて、シナリオもいっぱい書きました。いろんな方がもってくるどんなに的外れな企画でもどうにかかたちにしようとあがいたりしたんですが、『無印』のときから作品を自分の側に引き込んで、自分がやりたいと思うものに変形させて着地させようということに意識的になりました。待っていても着地しないんだから、来たものを手繰り寄せて、つくっていって積み重ねようと思うようになったんです。

　年齢的にはとっくに大人ですけど、ちょっと大人になったというか、いただいた仕事の依頼主も納得してるし、こっちも達成感あるっていうものにするというのは、決して間をとるっていうことではなくて、ちょっとずつ口説いていくみたいな感じですかね。こっちの方がおもしろいですって、引き受けてから、完全にこっちにさせちゃうっていうか。そういうやり方をしつづけているという感じです。

　もしそこに技術的な裏づけや私自身の語法や作風のようなものを感じていただけるのだとしたら、それは本数を重ねていくことの経験がすごく力になっているということだと思います。自分のやりたいことを表現し尽くすテクニックだけじゃなく、人を口説いていくっていうやり方みたいなことも、なんとなくわかってきたということはあります。私は作品がヒットしたとか、そういう手応えはまったくありませんが、積み重ねている人だから、この人のいうことに乗ってみようと思ってくれる人も増えてきたのかもしれない。

環境の変化を感じはじめたのは二〇一七年の『勝手にふるえてろ』だったという。

　手応えや達成感というのも違うんですが、自分がおもしろいと思う作品をつくりつづけていると、批評家のみなさんを含め、映画界からもやっと見てあげてもいいよっていうことになった、という感触をおぼえたのが『勝手にふるえてろ』でした。この作品はその前の『でーれーガールズ』（二〇一五年）と同じプロデューサーで、その人は高校生のときに『恋するマドリ』を見て、映画撮るなら大九さんとやりたいといってくれた方なんです。それで『勝手にふるえてろ』のお話をいただきたいとき、あなたともう一本やれるならよろこんで、やろうといって決まった作品です。

　そのプロデューサーは日本のコメディに不満を感じていて、海外映画のラブコメみたいにしっかりと、大人が笑えるものをやりたいとおっしゃったんです。それとモノローグの原作を会話劇にしたいというふたつのオーダーがあって、でもその主人公が変な人なので、友だちがいたら普通の人になってしまう。友だちをつくらないためにはどうしようかなと考えて、前半は全部妄想でしたっていう展開になりました。

　私はキャスティング、俳優への欲望は正直にいいますとあまりないんですが、『勝手にふるえてろ』は最初から松岡茉優さんで脚本を書いていました。彼女とはその前から三年間ぐらいコンスタントに短編を撮っていて、私はあの人のおそろしさを割と早めに知っていたんですけど、プロデューサーが『勝手にふるえてろ』でやっと乗っかってくれたんです。彼女はそれまで主演はなくて、短編も長編も私がはじめてです。

　その女性プロデューサー、白石裕菜さんというんですが、彼女が今度は大九さんとオリジナルをやりたいといってくれたんです。じゃすぐに見せられるのが何本かあるよ、と見せたなかに映画美学校の青山ゼミの頃のがあって、彼女がそれにいたく反応して、実はそれを着地させようと何年かがかりで動かしている最中なんです。

時代は曖昧にしつつも近未来で母娘の物語みたいなのをやりたくて、多少はリライトしたんですが、自分でもなんかもう恥ずかしいなと思う反面、この持ち味は消さないほうがいいんだろうと我慢してもいます。プロデューサーと私は、二十違うので、彼女が読んでビビッときたのは、当時の私みたいな気持ちだったんだろうと思って残しているんですけどね。

映画の成否は死ぬまでわからない

企画の実現までは時間がかかるうえに実現にこぎつけないこともある。企画のあり方についてはどう考えているのだろう。

青山さんの授業で、企画書を書けっていう授業があって、そのときの教え方が、企画書はツカミだから短くていい、まずは人の心をつかむものを書けということでした。そこで、私は「女性」「暴力」と二語だけ書いたら青山さん大喜びで、ほめられてうれしかったんですけど、自分で撮るようになってみて、いやダメだよ、そんな企画書と思いました（笑）。その一方で、青山さんの教えてくださった意味もすごくわかる。「つかむ」というのをいまの言葉に置き換えると「盛る」ということなのか、「削ぎ落として、わかりやすく端的にストイックにする」ということなのか、どちらの意味合いでもあると思いますが、魅力を増したものとして人に提示するということのやり方、それはプロデューサーを口説いていく、意見が割れても、自分がおもしろいと思うものの方をとらせるように口説いていくということにも通じるような気もします。

他方で、企画の実現まではもう、ただ待つことしかできなくて、正直いってときの運みたいなところもあるんですよね。諸先輩方もそこは苦労なさっていると思います。どの企画もそうですけど、ワーッと熱を入れてやっていたのがまわるところをまわりきってしまうと、もうこれは難しいとなることもあります。それでプロデューサーは諦めるかもしれないけど、私には書いたシナリオがここにあるから、別のプロデューサーで、興味を持つ人がいれば、その人とやろうっていうことですよね。塩漬けではあるけど、お蔵入りではないと自分を誤魔化して、どうにかいる感じなのかもしれません。

ギャンブル好きで有名な岡野陽一さんという芸人さんがいて、私の映画にもちょこちょこ出てもらっているんですけど、彼は人生トータルで三千万円くらいいまのところ負けているかもしれないけど、ギャンブルはつづけている限り負けないんだ、というんです。答えは死ぬときだから僕まだ負けてないんです、とおっしゃっている。映画はそれに近い。いったんペンディングになってるけど、いま撮らないっていうだけで、死ぬときまでわかりません。そうでないとやってられない。

その点では、企画やシナリオに、賞味期限のようなものをなるべく設けないようにしたいと思っています。私は時代に即したものをつくろうとは思っていないんですね。二〇年前に書いたというさっきの脚本も、もしかしたら、いまのほうがかえって合っているかもしれない。そのときにおもしろいと思っているものを書き残しておけば、時代性は関係ないと思っています。もちろん出てくるツール（小道具）が違ってきたりしてするところはいざ着地したらリライトしていかなければ、とも思いますよ。

コロナについても、毎度撮るときどうしますという話になりますけど、『私をくいとめて』（二〇二〇年）ではコロナがひたひたと迫りくる時代みたいな設定で妊婦役の橋本愛さんだけがセンシティブになっていて家から出られないというようなシーンがありますが、それ以外のそれ以降の、映画からもドラマからも、コロナということはすべて排除しています。それはこの十年後に見たときに、あのときのだねっていうことになってしまわないように、あえてそうしている感じです。

ただそれは普遍的な作品をつくりたいというのとも違うかもしれないですね。私は自分がおもしろいと思う作品を一所懸命つくったときに、おそるおそる、これおもしろいですか、ってまわりに毎回問いかける気持ちなんです。私はこういうの泣いちゃうんです、こういうの笑っちゃうんですっていうことの確認といいますか。私はなにかに寄せていかなきゃとか一度も考えたことがなくて、共感ということもよくわからないんです。自分がおもしろいというだけで、人が笑ってくれたりおもしろがってくれたり好きだと思ってくれることはとてもうれしいですが、かといってその人をよろこばせる方法というのはたぶん一生わからない。だから自分をおもしろがらせることに専心していこうと思っています。

そんな大九明子にとって青山作品でこの一本といえばなんだろう。

『EUREKA』（二〇〇〇年）です。映画美学校の青山ゼミで、青山さんと一対一でお話ししているときに私がくさくさしていたら、新作の試写あるけど来るかい、と声かけてくれて、それが『EUREKA』でした。いまはもうないですけど、イマジカの第一試写室にはじめて行ったのもそのとき。うわーっと思いました。先に見させてもらったという特別感がありましたね。なんで私だけ呼んでくれたのか、そのときよっぽど荒んでいたんだと思うんです、私が。なぜ荒んでたか？ 理由は憶えていませんが、二十代後半なんて自分がどうなっていくか、まだなにもつかめてないときですし、みんな荒んでいるんじゃないんですか（笑）。

その後は『レイクサイドマーダーケース』（二〇〇五年）あ

たりで止まっているかもしれません。じつは岩田剛典さんが出ている『空に住む』(二〇二〇年)もまだ拝見していないんですよ。私が岩田さんとご一緒した『ウェディング・ハイ』(二〇二二年)はめちゃくちゃコメディなので、青山さんがご覧になったら怒られちゃうかも。

そういえば『エンバーミング』(一九九九年)を見ました、と青山さんに会ったときにいったことがあるんですよ。そうしたら青山さんが「えっ、なんですか!? 僕は職業監督として目の前の仕事を粛々とこなすだけです」みたいなことを、なにもいってないのに。そうおっしゃった青山さんのお気持ちも、いまはわかります。ただ見透かされるとイヤだから私は自分の作品の自己満足度みたいなのは墓まで持っていこうと思っています(笑)。

いかにして映画を成立させるか——自分のやりたいことと現実に映画として、動員も含めて、次につながるかたちにしていくのかという制約のなかで、撮れなくなる監督も少なくない。大九明子はそこのバランス感覚をどのように考え、保っているのか。

映画もドラマも、全部自分なりに、自分がおもしろいと思うものにつくりかえちゃう、ということはやっているんですけれど、去年深夜に『シジュウカラ』というドラマをやったときに、最初に原作を読んだ印象に合わせてサスペンスっぽく撮ったんですね。これがめちゃくちゃ楽しくて、ヒリヒリする感じのものをホラーっぽく撮る、サスペンスっぽく撮るのが好きなんだ、ということに発見というと大袈裟ですけど、気づかされました。

『シジュウカラ』は深夜だし自由度も高いと思って、やりたい放題やっていたんですよ。その最終回に階段でしゃべる親子を長回しで撮っているシーンがあるんですが、蓮實重彦さんがそのシーンをご覧になって気に入ってくださったそうなんです。最終回の放送が青山さんのお通夜の日で、泣きはらしている顔を見せたくなかったから部屋にいて、テレビをつけたらビジネスニュースの流れで急にドラマがはじまって、青山っぽい画を撮る人だなと思いながら三十分間見たあと、メモをとったら大九明子と、今朝見たばかりの名前だなと思って、その日届いた『レオス・カラックス 映画を彷徨うひと』という本、その本に私も寄稿したんですが、蓮實さんも書かれていて、出版社経由でご連絡をいただいたんです。一生縁のない方だと思っていたのでびっくりしました。

そういうこともありながら日本の映画界のことを考えると、一年や二年、もっといえば十年でも、ガラッと変わるのは無理だと思うんです。問題はいっぱいあって、それこそいろんなおもしろいものを撮れる可能性がある人たちにちゃんとチャンスが巡ってくるわけでもないし、だからチャンスを得たら、なんとかしがみついていかなきゃなと思っています。なかには商業映画界に見切りをつけちゃう方もいるじゃないですか。そういう先輩とかには「いや、一緒にがんばってください よ。あなたたちがそっちに行ってしまうことでまたこっちがやせほそるんです」と思うこともあります。

いまはテレビ局主導どころか動画配信サービスとか、世の中の求めるものが、すごい風圧で押し寄せてきます。そのなかで「映画です」といいきりながらエンターテインメントの世界にいつづけるのはすごくしんどいですし、そこにいるより芸術として評価してくれる方がのびのびと好きな映画も撮れるし正しい評価も得られるかもしれないですけれど……。生意気なことというつもりはないと思って、なにいってるのかちょっとわからなくなっちゃいましたけど(笑)、でもすごくそういう気持ちにずっと前からなっていました。

とはいえ私は一本も自分の映画の興行収入を知らないんです。誰でも調べられる数字なんですけど、そこにあんまり興味なくて、まずは自分がおもしろいと思うものをつくりつづける。そこにお金になるって思うプロデューサーとか、お金になるかのように見せかけながらプロデューサーが売ってくれるということをしてくれていればそれでいいと思うんです。これがウケるというのは、きっと一生わからないので、自分がおもしろいと感じることだけを素直につくりつづける。偉大な映画監督で素敵な枯れ方していっている方たちもたくさんいらっしゃるのでそこをめざしたいんですが、ビビッドに切れまくっている時期ってそんなに長いわけじゃない。いま自分がビビッドとはいいませんけれど、いずれにしても、時間はそんなにないと思うので、チャンスがあるときにはかたちにしていかなきゃと。

(二〇二三年一月二五日、都内にて)

SHINJI AOYAMA BY FILMMAKERS

Part 6

SORA HOKIMOTO INTERVIEW

甫木元空

いきなり変拍子になったり転調したりするけど一筆書きのように

甫木元空（ほきもと・そら）
映画監督、音楽家、小説家。1992年、埼玉県生まれ。多摩美術大学映像演劇学科在学中に青山真治の指導を受け、卒業後青山真治、仙頭武則共同プロデュースにより、自身が監督、脚本、音楽をつとめた『はるねこ』で長編映画デビュー。2019年にBialystocksを結成、22年にメジャーデビュー作『Quicksand』を発表。本作が収録する「はだかのゆめ」を主題歌とする長編第2作『はだかのゆめ』が同年に公開。2023年には同名の小説で小説家としてもデビューした。

二〇一〇年代前半に多摩美術大学映像演劇学に在籍していた甫木元空は、同じころ同学科で教鞭をとっていた青山真治に直接指導を受けた。薫陶を受けた映画作家のなかではおそらく最年少の部類に入るであろう甫木元と青山の交流は卒業後もつづいていた。

『はだかのゆめ』（二〇二二年）の制作に入っているときは青山さんはまだお元気でした。最後に会った日の一週間前に、僕は名古屋でプロデューサーの仙頭武則さんと、最終編集に近い感じで尺を決めていたんですが、青山さんからSNSで「おまえらなんか楽しそうだな。おれには見せないのか?」みたいなことをいわれて、DVDと入退院を繰り返していた時期だったので動画共有サイトのリンクをおくった憶えがあります。見たかどうかはわかりません。でも『はだかのゆめ』は脚本の段階から何回かおくっていました。なにかできたらおくるのは学生時代から習慣なんですよね。

のち（二〇一六年）に教授職に就いた京都造形芸術大学（現・京都芸術大学）は違ったようなんですけど、僕が通っていた多摩美術大学の映像演劇学科に青山さんが先生で来ていたときは、映画史的な座学はたまにやるくらいで、実際に映画を撮影する、脚本や組織をつくるというか、制作部や助監督の役割を学んだり、実際にスケジュールを切ってみるというような実践的な授業だったんです。青山組の助監督や美術の方の授業に招いたりする、すごく具体的な進め方でした。授業は映画評論家である大久保賢一さんと二人で受けもたれて、青山さんがどこまでカリキュラムに口を挟でいたかはちょっとわからないですが、『共喰い』（二〇一三年）の撮影監督の今井孝博さんですとか制作の中村哲也さんや助監督の野本史生さんにも来ていただいたと思います。いわゆるゼミですが、年度はじめの五、六月に企画書を提出して、脚本を揉んでいるあいだに、さっきいったみなさんを招いて、予算を含め、やれることとやれないことがあるなかでなにができるかというのが映画だと、そういうことを教えてもらいました。

ゼミは全部二〇〜三〇人、作品の長さには四十分という縛りがありました。いま考えると青山さんらしい考えだと思うんですけど、レコードのA面B面みたいな考え方で四十分を二回やると長編一本になる。とはいえゼミでは青山さんのことを先生といっている生徒は一人も居なくて（笑）、青山さんに直接メールして感想をもらうというやり方でした。

多摩美の映像演劇学科はもともと詩人の鈴木志郎康さんが立ち上げた学科で、萩原朔実さんやほしのあきらさんが先生の、いわゆる八ミリ個人映画、実験映画系の土壌だったんですね。僕が二年のときに、塚本晋也さんが一年だけ教えていたんですが、青山さんが来るまで、制作集団として映画をつくるという考えはあまりなかった。まわりの学生も、演劇をやりたい人や踊りしかやったことない人、詩人になりたい人もいて、いわゆる映画史をふまえている生徒はむしろ少数派です。正直青山さんのことを知らない人のほうが多いくらい。

青山さんとしてはそれがおもしろかったみたいですね。僕は二〇一〇年入学で一四年卒業です。青山さんが来たのは僕が三年のとき。学んだのは二年間ですが、その後もだらだらと大学に通いつづけ、お話をうかがうのも教室から気づけば、居酒屋へ、さらに青山さんに事務所へと移っていきました。青山さんの仕事場は映画のDVDもいっぱいあって、ちょっとした図書館みたいでした。青山さんと僕ら学生はたむろしているあいだ、二時間に一回ぐらいは真剣な話をするんですけど、それ以外はギターをもってチャカチャカやって即興で曲をつくったりして警察に呼ばれたりしたこともあります。そこから青山さんも、じゃあおれも撮るか、とスタッフも役者も生徒がつとめた『FUGAKU』という短編シリーズにとりかかることになります。はじまったのは僕が四年生の二〇一四年でしたが、卒業後の二年間も、シリーズが終わるまでの三本に助監督としてかかわりました。

　青山さんよく、映画制作を学ぶには四年間は短すぎる、六年は必要だというんですね。ようするに五年目で劇場で掛けられる長編デビューを完成させて六年目に公開させる。四年だと、ここからやっと作家としてやっていけるかもっていうところでとまってしまうと。青山さんは映画をつくり人に見せるっていうまでをやってほしいというのがあって、とにかく学内じゃなくて映画館で上映しろと。それで「たまふぃるむ」という組織をたちあげて、ユーロスペースなどに上映をお願いすることになったんです。青山さんが僕らと短編を撮ったのも、自分の映画が一本あったら映画館でかけやすいかもしれないと考えたからだと思うんですね。そうやって、映画を教えるというより、現実的なことから学んで、おれも一緒に考えるから、みんなでつくってみようということだったと思います。

　僕は四年で卒業したあと、五年目に『はるねこ』を一本青山さんに機会をもらって撮らせてもらって、六年目に劇場を回って映画館の方に顔をおぼえてもらいつつ、自分たちで配給していったんです。

甫木元空監督による『はるねこ』（二〇一六年）は安井豊作の『Rocks Off』（二〇一四年）とともに青山真治がプロデューサーに名を連ねる二作のうちの一作。制作のきっかけのひとつは甫木元がつくった楽曲を青山におくるようになっていたからだという。

『はるねこ』以前に、脚本や音楽ができたら青山さんにおくる習慣ができていたんですよ。おくると青山さんからも脚本の原稿がおくられてくることもありました。「ちなみに」とだけ書いたメールに、『東京酒場』だったと思います。『東京酒場』はたぶん、青山さん演出でとよた真帆さんが主演の舞台『私のなかの悪魔』（二〇一三年）で、青山さんと山田勳生さんが舞台上でギターを弾いて、そのギターに合わせてとよたさんが歌うという演出の延長線上で、とよたさんになにか歌わせたいというのがあったと思うんですよ。

『はるねこ』で最初に青山さんからいわれたのは、主役は同級生の山本圭祐という無名の新人、僕の埼玉の地元が舞台で音楽は僕がやって、上映時間は八〇分。とくに時間にかんしては絶対守れ、と厳しくいわれました。内容については、この語りのスピードや全体を通して一筆書きに見えないといけないというような、削っていく作業が中心で、語り方を探るなかで書き直していって、田中泯、川瀬陽太、高橋洋さんといったキャスティングが決まっていった感じです。そこから（もうひとり）プロデューサーとして仙頭武則という人も入れたい、だけどおまえのことといいというかわからないから名古屋に会いに行こう、といわれて、会ってみないとわからん、とおっしゃるので、会いに行ったんです。

『はるねこ』は甫木元が大学卒業後、二年目の二〇一六年に公開にこぎつける。それにより映画監督への第一歩をふみだすが、そもそも甫木元がはじめて見た青山真治作品はなんだったのだろう。

大学にはいるまでは金曜ロードショーで流れている映画くらいの知識しかなかったのですが、大久保賢一さんが授業で配布した爆音映画祭のチラシを見ていたら、浅野忠信さんが草原で白いジャージでギターをもっている『エリ・エリ・レマ・サバクタニ』（二〇〇五年）の写真があったんです。なんだろうね、と同級生と話して、見にいったのがはじめてだったと思います。当時は吉祥寺のバウスシアターですよね。ちょうど塚本さんの後に青山さんが教えに来るというのは耳にしていて、「武闘派の人が来るらしい」とウワサが流れてきて（笑）。

僕はじめて見たアート系の映画はダニエル・シュミットの『書かれた顔』（一九九五年）なんですよ。たまたま青山さんが助監督なんですが、これを見たときに物語を語るだけが映画のおもしろみじゃないということをすごく感じたんです。あの映画では踊りも出てきますけど、動き、インタビュアーの身振りなどに、それこそ青山さんがいう一筆書きみたいな感じがあったんです。全部がつながっているというか、動きによってひとつの踊りを見ているような映画があるんだなというか、『エリ・エリ』にもその感じがしたんですよね。アクションというよりはまた別のもので一本筋がふわーっと入っている感じというか、そのときはそれが「音」だとも思ったんですが、先日ひさしぶりに東京国際映画祭の上映で見たらめちゃくちゃ静かな映画でびっくりしました。むしろ『EUREKA』のほうが音は暴力的。あと死生観ですよね。さっきまで平然と生きていた人が『エリ・エリ』ではパタっと死んじゃう。『EUREKA』をやった人があんなに簡単に人を死なせるものだろうか、ただその唐突な死には共感できるものがあって、これをつくった人はどういう人なんだろうと単純に思いました。

生徒と教師として出会う前のことである。その後青山のもとで学び、映画をつくりをはじめるにあたって方法論的な影響はあったのであろうか。

それはいたるところにあります。とくに青山さんの人との接し方みたいなのには深く影響を受けてと思います。青山さんは学生相手でもめちゃくちゃ信用するんですよね。美術部、撮影部、役者——と自分で選んだら、本当に最後の最後までその人の選択したものをいちど聞き入れて反応してくれるんです。かえって、これどうすればいいですか、と訊いたら怒られるんじゃないかというくらい、おれが選んだんだからまずおまえが考えろよと（笑）。

多摩美の学生たちで撮った「FUGAKU」の1ではラストに踊るシーンがあるんですよ。その場面は山中湖の多摩美の合宿所の近くに、ステージがあって芝生が広がっている、踊りが撮れるような施設を借りて撮影したんですが、スタッフが機材に不慣れだったうえに段取りもマズくてスケジュールが押してしまったんです。

そのシーンでは女の人が起き上がってダンスがはじまるんですが、起き上がるところまでしか撮れそうもない。絶対に怒られるなと思いながら、そのことを青山さんにいったら「わかった、じゃあおれ先に帰るわ。ちょっと作戦考えるから」といって先にタクシーで合宿所に帰っちゃったんです。反省会とかあるんだろうなって、泣きそうになりながらバラして、施設の方にも時間が超過したことをあやまって宿舎に帰ったら、青山さんから「つづきは合宿所の庭で撮るから」といわれたんです。合宿の庭はちょっとした芝生はあるんですけど、ふつうの家の庭と同じ感じなんですよ。一方で、ダンスの冒頭はもう撮っていて、そこにはステージのように、あきらかに踊るであろうスペースがヒキの映像で映し出されている。そこで女の人が起き上がるまでを、その前日に撮っていたわけですが、いざそこをアクションでつなぐとまったく違和感がなかったんです。違和感がないどころか、場所が飛ぶことでかえってそのシーンが飛躍してすごくおもしろくなったんです。

青山さんは「アクションでつなぐっていうことにかんして意識的なやつがいないんだよな、いくらとんでもつながるんだけどな」といっていて。「FUGAKU」の3では銃撃戦と議論しているシーンを『ワン・プラス・ワン』のようにつなげているのですが、銃撃戦はキレキレなのに議論しているシーンはなぜそれを活かしたのというくらい変なところに置いたカメラの素材をつかっているんですよ。カメラは三台ぐらいまわしたはずなんですが（笑）。ひとつ壊そうとする要素を入れるというか、ノイズを入れるというか、そのバランス感覚にはすごく影響を受けました。キャスティングや脚本でも、ノイズ成分、ウイルスのようなものをしのばせますよね。その結果、なにかが齟齬をきたすんですが、矛盾しているのがむしろおもしろいというか。矛盾を楽しんでいるというか。膨大な数の映画、音楽、小説を見ているからこその批評家的なところがあって、批評であるからこそ、生徒に対して作家性を押しつけることがまったくなかったんじゃないかと思うんです。

僕も〝青山さんから教えてもらった人〟みたいにいわれますけど、僕の映画を見て、青山さんからの影響を感じるのかな、とも思うんです。青山さんの考え方や批評にはすごく影響を受けていますが、青山さんが映画でやっていることはつかみどころがないというか、モノマネできるのものなのかなとも思うんですね。

青山さん自身、よく「職人になりたい」とおっしゃっていて、なにかひとつのものをつくるよりもどのような企画であっても打ち返せる、いろんな視点を意識していたので、生徒に注文をつけるような感じでもなかったし、その点も批評家的な感じだったと思うんです。なのにキャスティングではそのとき仲のいい友人をいれてくる感じがあって（笑）、そこらへんもおもしろい。

『エリ・エリ』はその最たるものだと思うんですね。

青山さんの映画には青山真治が映っているときとそうじゃないときがあると思うんです。青山さんの人柄を知っている人にとっての青山真治が映っている映画と、監督に徹して対象なり物語なりを明確に描いた映画と。『路地へ』（二〇〇〇年）と『エリ・エリ』に、僕はとくに青山さんを感じるんですよね。好きでやっているというか、よい意味の内輪な感じというか、いろんなものを混ぜようとしているというか。文学とか音楽とか映画とか、そういうの関係ないからみんなでやろうよといっているような感じがして、その二作品がすごく好きなんです。

映画、音楽、文学が綯い交ぜの土地からたちのぼる霊気

甫木元空は菊池剛とのユニットBialystocksの一員としても二枚のアルバムと数枚のシングル、EPをリリースしている。甫木元が人前でライブをはじめたのも青山がきっかけのひとつだった。ライブにほぼ皆勤といえるほど足繁く通ったという。

どこがよかったとかはいわないですけど、いいんじゃないですかとかは毎回いってくれました。おまえよりおれの方が緊張しているともいっていて（笑）。

僕は高校のとき、いちおう軽音楽部には在籍していたんですけど、人前でなにかするということでは、小さいころ母親がやっていた合唱団に所属していたときぐらいだったんです。楽器自体はピアノを三歳ぐらいにはじめたんですが、親が厳しくてすぐやめて、でも音楽は、曲をつくったり、ピアノを弾いたりする母親の背中をずっと見てきたので、高校ぐらいのときにギターをさわりはじめて、曲をつくりはじめました。

コードはぜんぜんわからないので適当なんですが。『はるねこ』の音楽をやったのも、大学の卒業制作を見た青山さんが助言してくれたからなんです。卒業制作では、父が僕の幼少期を撮ったホームビデオを編集して最後にいまの自分が出てきて歌う、という作品でした。それが人前で歌を歌った最初だったんですが、それを見た青山さんがその声は残した方がいいとおっしゃって、『はるねこ』では音楽もやることになったんです。映画を上映して、その後に劇中歌を再現するライブでは青山さんにギターを弾いてもらったこともあります。酔っ払って、コードをいちど弾いたら腕が帰ってこないとか、そんなこともたびたびでしたけど（笑）。

Bialystocks の結成（二〇一九年）前には、青山が音頭をとり甫木元のソロ作用の録音をすすめていたこともあった。それによりメンバーの菊池剛が、青山が作・演出を担当した『しがさん、無事? are you alright, my-me?』（二〇一九年）に参加するなど、活動の幅も広がりつつあったが、青山との録音は二、三曲録音したきりとまってしまう。

『はるねこ』の劇場での上映が二〇一七年あたりで終わって、青山さんは多摩美のあとで教鞭をとった京都造形（現・京都芸術）大もやめましたからね。二〇一八年か一九年あたりで、それまでは若い世代を育てることに本気になっていたのに、教育機関とのそりが合わなくてしんどくなっていったのかもしれない。そのころを境にオリジナルの脚本や原作もの脚本が増えています。自分でつくる、自分のものに向き合う期間に入ったのだと思います。またエンジンかかったな、と個人的にはすごくうれしかった。僕はそれぐらいから青山さんのシナリオハンティングに同行するようになったんです。「おくってくれた脚本を読むのもいいけど、それより一緒に書こう!」と誘ってもらったんです。シナハンでのおもな役目は車の運転なんですが（笑）。

『波、あがりて』は都合がつかず、同行できなかったんですが、中上健次の『奇蹟』の映画化の件では熊野に、俳人の尾崎放哉の企画では小豆島に同行しました。

『奇蹟』は青山さんがずっとやりたいといっていた企画なんですよね。とんでもないメンバーで構想を練っていて、結果お金もかかりそうで、折り合いがつかなくなっていったというか。思い入れが強かったぶん、脚本も書きすすめられなかったのかもしれない。たぶん病室でもずっと考えつづけていたと思いますし、死後青山さんのパソコンのデータを整理していると、亡くなるひと月前の日づけで「奇蹟メモ」のようなファイルがあって、追加でいろいろ書かれていました。SNSでも、世界には路地がいっぱいあるんだからブエノスアイレスまで飛ばしたほうがおもしろいんじゃないか、というようなことをつぶやいていましたから。中上を愛しすぎる自分がいるのを客観的にわかっていて、僕はそれを破壊する役目だったとも思うんです。原作をそのままやってもしょうがないというのもあって、どこかポーンと飛躍できる――さっきのノイズの話じゃないですけど、そういう要素を入れたかったんだと思います。

シナハンは中上や放哉ゆかりの地をたどって空気感を肌で感じとるというものでした。脚本を書くため場所や土地の空気感を知るということですよね。たとえば小豆島では、尾崎放哉の庵をたずねるんだけど、それと同時に、小豆島がインスタ映えスポットになっている現実もちゃんと押さえておく、というような感じでした。

甫木元の二作目の長編『はだかのゆめ』は母の生地である四万十市が舞台になっている。このときの経験や、青山のルーツに対する向き合い方で参考になったことはあったのだろうか。

『はだかのゆめ』を高知で撮って思ったのは、青山さんも故郷を離れて東京に住んでいた時間がすごく大事だったのかもしれないということでした。いちど距離を置いて再度捉え直すということですよね。青山さんも、たとえふつうの道であっても数十年さかのぼれば、炭鉱の人たちが行き交っていたかもしれない。それがいまはほぼ廃墟同然の場所になっている。その風景をどう撮るか――ということを、たむらまさきさんとよく話していたそうです。ふだん住んでいる人にとってその道は身近な風景かもしれないけど、距離をおくことで過去から現在までの長い時間が立ちあがってくる。それをふまえてカメラをどの角度で置くか、というようなことだったと思います。

映画はどのような物語を撮っていても絶対に風景が映りこんでしまい、そういう時間を抱えこんでしまう。どのような物語を撮っていても背景に映るものは何年後かになくなってしまって、さらに一〇〇年後の人が見たらいまはない風景を見ているということが起こるかもしれない。一〇〇年先に残っていくものとしての風景のあり方、時間の流れを分断していま見ているというよりは、（撮影では）つながりのなかにある現実をちょっと切りとっているということを自覚しなければいけない。ジャンルは関係なく、いましか撮れないものを撮っていると自覚してカメラを置かなければならない。あれだけ画面のなかの人物の立ち位置や構図を分析できる人がちょっと霊的な部分を含ませたことをいう、その矛盾するところがすごくおもしろいと思います。

甫木元は青山が生前にシナリオは仕上げたものの撮影まではたどりつかなかった映画の監督をひきつぐことのだという。そこには精神的な意味での継承も含まれるのだろうか。

青山真治をひきつぐ、といいきれないのが青山さんなんだと思うんです。青山真治がそもそもどんな人だったのかということからけっこう難しいと思うんですね。青山さんの作品には、青山さんの言葉と反れるところがあると思うんです。それは人の予想の逆をいくということもあると思いますし、信頼するスタッフがそっちにいくならそうしようというようなこともあると思うんです。バンドじゃないですけど、このメンバーだからこの音になりました、というようなことを映画でもやっていたのが青山さんだと思うんです。その精神にはいちばん影響受けました。作家としての特徴は僕はぜんぜんひきつげませんが、いきなり転調したり変拍子になったりするんだけど、一筆書きのように筋が通っている、そういう表現への向かい方は、記号的にならずにできるといいなと思います。

『EUREKA』が青山さんの代表作として、これからいちばん見られて模倣されていくのかもしれないですけど、それだけじゃないんですよね。映画の脚本を音楽のアルバムみたいに捉えるなら、『EUREKA』だって途中でA面B面のように変化するじゃないですか。そういう複数性は映画以外にも音楽も文学も、全部大好きな青山さんの姿勢にもつながると思うんです。映画も音楽も本もほんとに全部好きですもんね。あんなに好きな人いないというくらい。

青山さんはひとつの印象になってしまうのを避けたいというか。ただそれも、いわゆるメディアミックスとも違う、ぜんぜんミックスされていない感じなんです。同じ土地から出てきたものがたまたま違うだけという感覚に近い。そのときに考えていたこととか、世間をにぎわしているニュースだったり、そのとき起きていることだったりに反応して、小説ならこうなっちゃうよね、あるいは音楽なら、映画なら、とできることを、自然にやっていけばいいのかなと思ってはいるんです。

（二〇二三年二月七日、河出書房新社にて）

CRITIQUE

まだないものはもうある、もうないものはまだある

須藤健太郎

カレーでいい、カレーで。ここまできたら。
『死の谷'95』

探偵がスパゲッティを食べ終わる。
『死の谷'95 DEATH VALLEY』

先日、私は神保町の古書店〈猫の本棚〉を訪ねた。青山真治の生前の蔵書が売られていると聞いて、何が置いてあるかを見たかったからだ。

蔵書といっても、もちろんほんのごく一部である。しかも、私が訪れたのはその〈青山真治文庫〉が始まってから何日も経ったのちのこと。もうかなりの数の書籍が売られ、最初に何が置かれていたかすらすでに知るすべもなかった。それでも、映画作家の生前の本棚を眺めて、その頭の中を覗いてみたい、そんな期待はどこかしら満たされた気がする。

本棚に並んでいるのは「過去」であると同時に「未来」で

もある。

これはよく誤解されることだが、本棚にはすでに読了した本が並べられているわけではない。いつだったか、自宅の本棚を見ていて気付いたことだ。そこにあるのはほとんどが読んだことのない本だった。読んだことがないけれども、あるときに読みたいと思ったことのある本。当然なかには読んだものも含まれているが、それが本棚にあるのはいつか再読するかもしれないからで、もう再読することもないだろうと判断したものはだいたい売り払っている。

本棚に置いてあるのは、今後に読むかもしれない、そういう可能性を秘めた本なのだ。あるいは、再読することまで考えていなくても、読んだことを思い出すために本を手元に置いておく。

と、〈猫の本棚〉に向かいながら、そんなことを考えていたからか、実際に並べられている本を手に取ってみると、読み跡のないものが案外多いことに意識が向かう。

私は本の背表紙を見ながら、一冊だけ買うことにしようと決めた。あれも欲しい、これも欲しいとやっていたらキリがないので、一冊に絞ること。自分のためにルールを決め、一冊を手に取ってはしばらく考えて棚に戻すことを繰り返した。

最終的に、柳田国男の『蝸牛考』(岩波文庫)を選んだが、それは数日後に甫木元空監督と『はだかのゆめ』について話す予定があったからだと思う。そこで柳田の話も出るかもしれない。たぶん、ふとそんなことが頭によぎった。それにこれは帯まできれいにそのままの状態で、おそらくは未読のまま置かれていた本だった。

それからしばらく経ち、〈青山真治文庫〉に何があったかはほとんど忘れてしまった。一言断って、写真でも撮っておけばよかったのだろう。

だが、先日、青山の二〇〇九年の小説『地球の上でビザもなく』を読んでいたとき、坂口安吾の『信長・イノチガケ』(講談社文芸文庫)を一度は手にしながら棚に戻したことを私は思い出した。『地球の上でビザもなく』には国際映画祭の常連である日本映画界の巨匠という設定の高遠精一なる映画作家が登場するのだが、彼の作品として、「本能寺の変は狂言で、明智光秀と共謀して国外へ脱出した、という奇想天外な仮説を基にした」という『信長の首』とか、坂口安吾の『吹雪物語』の映画化――「原作にある戦前の無頼の空気を損なうことなく、いつとも知れぬ設定に置き換え、それを『ベースメント・ハイ』の「ビザールなテイスト」を再現するような、かつかぎりなくポルノグラフィに近いエロティシズムを導入し、それでいて格調高い文芸作品となった」と映画批評家の「僕」に形容される――などが挙げられていて、信長と安吾の組み合わせに、自然と連想ゲームが始まり、記憶が活性化されたのだった。

それがどうしたと言われればとくに答えようもないのだが、青山真治が残した企画書やシナリオを読みながら私の頭の中で展開するのは、実はこういうことである。ちょっとした細部から始まる連想ゲーム。細部から細部へと、自由に考えが飛んでいく。そして、その思考の動きは偶然である。

たとえば、いまたまたま言及した『地球の上でビザもなく』を例に始めてみると、ここで語られる『吹雪物語』の映画化の話はもともと青山自身があたためていた企画から着想を得たエピソードだろう。おそらく二〇〇六年か二〇〇七年あたり、『サッド ヴァケイション』(二〇〇七年)の製作中か完成後かに書かれたのではないかと推測される「企画案」と「企画案2」と名付けられたふたつのファイルがある。ここにはその当時に構想されていた自身の未来のフィルモグラフィが綴られていて、それによると青山真治は二〇一五年、五十一歳のときに『吹雪物語』を撮る予定でいたことがわかる。

ファイル「企画案」には、この『吹雪物語』について、「恋愛―停滞―生活」「群像劇/新潟」とその特徴が簡潔にまとめられている。またファイル「企画案2」では、三十を超える数の企画が「SF」「人間ドラマ」「サーガ」「歴史」「ホラー」「アクション」「時代劇」「スリラー」とジャンルごとに分けられており、『吹雪物語』はそのうちの「人間ドラマ」に分類され、成瀬の『山の音』、ドライヤーの『ゲアトルーズ』、『暖流』(おそらく増村保造が監督した一九五七年の再映画化版の方だと思う)が参照項として記されている。

この『吹雪物語』の映画化企画は、『地球の上でビザもなく』に出てくる高遠精一監督の『吹雪物語』とどういう関係にあるのだろうか。実現が不可能そうだと考え、小説の中に移植したか。それとも、むしろ実現への布石だったのか。

なお、ファイル「企画案2」の「スリラー」の欄には『Strange Face』なるタイトルの企画が見られ、ベルトルッチの『ラストタンゴ・イン・パリ』、ヒッチコックの『レベッカ』、ポランスキーの『反撥』が参照作品に挙げられている。二〇一〇年に刊行された小説『ストレンジ・フェイス』にも、この三作の映画の反響が認められるはずだ。

と、まあ、こんな調子にとりとめもなく連想は続いていく。

シナリオを手にしていかにも生成研究的な読み方に挑戦してみたくなることもある。たとえば『Helpless』(一九九六年)の第一稿を読んだとき、完成された映画とは秋彦の人物造形に大きな違いがあって驚かされた。そして、おそらく斉藤陽一郎という俳優との出会いがこの変化をもたらしたのかもしれない、などと考えている自分がいた。

しかし、その一方で、もっと突拍子もないような想像を巡らせることの方が圧倒的に多いのだった。

二〇一四年の日付がある『東京酒場』の第一稿。題名を見た瞬間、短編『ヤキマ・カナットによろしく』（二〇一五年）のバーを思い出し、酒場ＬＵＮＡ内でのやりとりを主とする『東京酒場』の習作として、この短編を見てみようなどと考えてみたり。

『東京ロンダリング』の最後で、りさ子が住むことになる丸の内スカイガーデンレジデンスなるタワーマンション。そこに『空に住む』（二〇二〇年）の多部未華子が重なってしまったり――「シャンパンが注がれる。それを見て／「きれい」／と、立ちあがるりさ子。窓外に広がる東京の夜景を見渡して「おーし、かかってこいや」と呟いた後（……）」（『東京ロンダリング』）。

小説『ストレンジ・フェイス』（二〇一〇年）で、たった数行だが、英里子の曾祖母の祖父の逸話が語られる箇所がある。彼は村長にたびたびいやがらせをしては逮捕されたが、むしろその彼が反抗的に振る舞うことによって村の均衡が保たれていたという。二〇〇九年の日付を持つ企画『ガングリオン』の世界そのままである。正義のヒーローに毎回やっつけられることを任務とする悪の組織で働く人々の物語。悪役を政府に雇われた労働者として描くコミックの映画化。

ほかにも、『メイクルーム』の変奏としての『FUGAKU2／かもめ The shots』（二〇一五年）だとか、黒沢清の『スパイの妻』に対する感想（『宝ヶ池の沈まぬ亀II』）には、かつて自分が企画しながら断念した『７３１』の記憶が重ねられていそうだとか。

溝口の『雨月物語』ではなく、秋成の『雨月物語』を現代に蘇らせ、秋成による反戦思想によって現在の改憲論争までを主題にしてみせようという心意気。それは、白洲次郎を主人公に日本国憲法の誕生秘話を語る『日本の生まれた日』という企画へと通じている。

ある企画書からある小説へ、ある小説からある映画へと、とりとめもない連関をもとに、私は次々と想像の綱渡りをしてしまう。

『天国を待ちながら』と題された、Ａ４にして三頁ほどの企画。そこにはスタッフとキャスト、物語の基本構造、そしてあらすじが記されている。すぐさま想起されるのは、三つの短篇から構成される小説集『帰り道が消えた』（二〇一〇年）の第一篇が「天国を待ちながら」と題されていて、さらにはそこで『天国を待ちながら』というタイトルの映画の話が出てきたことだ。

不二男と由美が離婚届を提出する前日の夕方に偶然別々の

映画館で見ていたのがその『天国を待ちながら』で、「それぞれの印象がそれぞれにおいて離別の決意に大きな影響を与えた」と語られる映画である。この小説内映画『天国を待ちながら』は十頁以上の紙幅を費やしてシーンごとに描写されるので、その概要は大まかにつかむことができる。企画として残されている『天国を待ちながら』とは若干異なるようだ。一致しているのは、たとえば夫と息子をひき逃げでなくした女性が主人公であること。

それから、これはまた別の話かもしれないが、小説集『帰り道が消えた』の第二篇「見返りキメラ」と第三篇「帰り道が消えた」にはホラー小説家のカナエ（香苗）という人物が登場するが、企画『天国を待ちながら』に主人公の女性の友人として「カルト的人気のあるホラー小説家」が配されていること。

小説内映画『天国を待ちながら』と企画『天国を待ちながら』はともに、主人公が昔住んでいた部屋に最後にもう一度戻ってくるというくだりで閉じられる。どこか『月の砂漠』（二〇〇一年）の帰郷のこだまを聞くような思いがする。と、ここまでくると、企画『天国を待ちながら』で主人公の女性が夫と息子を失ったあとに未来のヴィジョンが見えるようになるのは、『月の砂漠』のアキラのフラッシュフォーワード——彼女はたびたび老夫婦を幻視し、それはあたかも自分たち夫婦の老後のようである——の変型ではないか、などなどと想像は飛躍していく。

シナリオから映画へ、そして小説へという流れを辿ったものに『EUREKA』、『月の砂漠』、『Helpless』、『サッド ヴァケイション』がある。

生前に映画化されることはなかったが、シナリオと小説というふたつの形態で残されているものに『雨月物語』、『死の谷'95』がある。

『雨月物語』はシノプシスが二〇〇五年に脱稿されており、翌年二〇〇六年にはその小説化がすぐに刊行されている。それゆえか、シノプシスと小説との間にさほどの違いは見出されない。

ところが、『死の谷'95』のふたつの版は大きく異なっている。今回初めて『死の谷'95 DEATH VALLEY』の第一稿に目を通して知った。「（一九九五年の）二年後に原型となるシナリオを、たしかワープロで書いた」と本人がのちに述懐しているから、シナリオ第一稿は一九九七年の執筆ということだ（「夢の廃墟、廃墟の夢」、『シネマ21』所収）。

映画生誕百年にして第一作『教科書にないッ！』を撮影した一九九五年。神戸で震災があり、地下鉄サリン事件が起きた。「何しろ激動の二〇世紀が音を立てて崩れ去った年だ。

人々の夢が廃墟となり夢を失った人々が廃墟で眠る、そんな年だ。きれいごとでは書けない、しかし廃墟が見る夢でなければならない。そう戒めながら何度も書き直し、挫折し、さまざまなことが変化した十年が過ぎてようやく小説として、まがりなりにも書くことができた」（同前）。

いま思えば、小説『死の谷'95』（二〇〇五年）は圧倒的に「映画」だった。

小説としてみるなら下敷きになっているのは漱石の『行人』かもしれないが、これが小説の顔をした映画でしかないならそれより『めまい』に対する応答なのは明らかだった。小説版の記憶とともにシナリオ第一稿を読むと、一九九七年の段階ではデ・パルマを介してしかヒッチコックを参照できないといったおもむきがあり、いわば若さゆえの照れがあったように感じられる。小説版には、『めまい』と言うならそう言えばいい、『めまい』に向き合わずして先に進めるか、という実に堂々とした佇まいがある。海沿いのホテルを出ると、すべてが霧に包まれ、視界が閉ざされてしまう。これは小説ではなく、圧倒的に映画である。

『東京公園』（二〇一一年）の三浦春馬が『裏窓』と『めまい』のジミー・スチュワートの生まれ変わりでもあるとすれば、この主人公の造形は小説『死の谷'95』を経ることで初めて可能になったものではないかとふと思う。

一九九七年の第一稿『死の谷'95 DEATH VALLEY』の主人公の探偵。小説版からは想像もつかないが、この探偵はもともとかなりコミカルな役柄であり、公衆電話から電話をして尾行の報告を（おそらくは自分の事務所の留守電に）するのだが、最後にかならず何か格言のようでいて気の抜けた決め台詞――「結婚は人生の墓場である」とか「夜霧よ、今夜もありがとう」など――を言い残してから電話を切る。この探偵像は、のちに『名前のない森』（二〇〇二年）の永瀬正敏に受け継がれていったはずだ。

そして海辺の濃霧は、湖畔の霧へ。『レイクサイドマーダーケース』（二〇〇五年）である。

青山真治の映画を見直し、小説や批評やエッセイを読み直し、そしてパソコンに残されていた企画書やシナリオを読む。本来なら、そこから共通する主題や形象やモチーフを取り出しては星座のように並べてみて、青山真治の宇宙を描く、なんてことをすべきなのかもしれない。

しかしそれができるのは、たぶん、青山真治本人だけだ。「基本構造」と題されたファイルを見ると、彼がいかに自作を同じ構造の下に把握していたかがわかる。頻出する主題はものの見事に整理されている。

主題としては、「依頼＝契約」「帰還者／侵入者」、「高低、または坂道」「孤絶空間」「水と火」「食べること、飲むこと／連帯」「音と散開」「旋回」「浮かぶこと／落ちること」が挙げられ、作品ごとに具体例が記されている。たとえば、「孤絶空間」は『Helpless』ならドライヴインであり、『SHADY GROVE』（一九九九年）ならあの森であるといった具合。

またそれとは別に、「隔離」「痕跡」「透過」という三つのモチーフが挙げられ、順に次のように説明されている。「〈隔離〉……運命的に外部と切断されること／そこそのものが外部でもあること」「〈痕跡〉……どこにでもあるものだが、世界にひとつしかないもの」「〈透過〉……ガラス越しの視線」。そして、ここにもまた作品ごとに具体例が挙げられており、たとえば『サッド ヴァケイション』には「痕跡」として、写真、缶、玩具、衣類が出てくると分析されている。

それだけではない。たとえば『Helpless』なら「暴力－流動－歴史」、『チンピラ』なら「暴力－停滞－生活」、『WiLd LIFe』なら「恋愛－追跡－歴史」というように、彼は自作を三つのパラメータによって特徴付け、それによって企画中の未来の作品の輪郭を確かめようとしていた。『メイクルーム』は「探究－流動－芸術」、『雨月物語』は「恐怖－流動－歴史」といったように。

青山真治はこれまでに手がけた自身の作品を分析していたが、それは過去に自分のなしたことを把握するためではなく、あくまで未来の映画に向けた準備作業だった。

パソコンに残されていた企画書やシナリオを前に、あらためて青山真治について考えること。それは青山真治とは何だったかを摑むためではないのだ。過去を把握することは、未来に向けた準備作業にほかならない。それが青山の死後、パソコンから発見された文書の語る教えである。

と、ここまで書いて、私はプリントアウトしたシナリオの束にいま一度目を通したのだが、ひとつまったく見落としていたものがあったのに気付いた。二〇一八年に第一稿が書き上げられた『波、あがりて』。ナオキの出所後を描く、『EUREKA』（二〇〇〇年）の続篇のプロットである。

冒頭の一行に思わず目がとまる――「世の中は相変わらずひどい状態だが、それでも生きて行く」。

（すどう・けんたろう　映画批評家）

SCENARIOS

駆　け　込　み　寺

第一稿（シノプシス）

合田典彦、内田雅章、青山真治

参考書籍
『新宿歌舞伎町駆け込み寺』角川春樹事務所、2003年
『玄さんの歌舞伎町駆け込み寺』KK ロングセラーズ、2004年
『一日一生』角川春樹事務、2004年
『玄秀盛 金を斬る！』マイクロマガジン社、2004年
『しあわせ駆け込み寺』KK ベストセラーズ、2005年
『玄理玄則』ゴマブックス、2005年
『ヒト・モノ・カネ　男の処世術』大和出版、2006年
『死ぬ前に読め！』ぶんか社、2007年
『あなたに Yell』KK ロングセラーズ、2008年
『生きろ 〜地獄から這い上がるための教科書〜』メディアファクトリー、2009年
（以上、すべて玄秀盛・著）

2002年5月から新宿歌舞伎町にNPO法人「新宿救護センター」（通称、歌舞伎町駆け込み寺）を開設し、DVなどの家庭内暴力や金銭問題の相談、女性のための自立支援を行なっていた玄秀盛氏をモデルとする劇映画企画のシノプシス第一稿。作者の合田典彦、内田雅章は青山の映画美学校時代の教え子。執筆は2011年の4月。同年6月に公開した『東京公園』の脚本も同様の布陣で手がけている。

SCENARIOS

登場人物

玄（平山）秀盛（54）　新宿救護センター代表。
小林太（44）　センター職員。
齋藤公志（45）　センター職員。
根本かずえ（48）　相談者。医師。
根本吾郎（50）　かずえの夫。
根本学（23）　かずえのひとり息子
林田（40）　相談者
植木　ドキュメンタリ制作会社のディレクター。
田中雪絵（36）　センターのボランティアスタッフ。
新井（55）　玄の大阪時代の債権者。

駆け込み寺の活動

ＴＶのワイドショー番組が「新宿救護センター・歌舞伎町駆けこみ寺」の活動を紹介している。

地方都市のとある建設会社

社内の会議室。大きなテーブルを挟んで一人の男性社員＝林田と、彼の上司と数人の幹部連中とが対峙している。林田が横領した会社の金について、返済見込みを尋ねる上司。小さくなって頭を垂れている林田は要領を得ない返事を繰り返すばかりである。「前回話した通り、全額返済ができるのならば、告訴はしないつもりだ」と幹部の一人が横やりを入れると、林田は「全額が無理な場合、何割程度をお返しすれば、告訴を取りやめていただけるのでしょうか」と唐突な質問を返した。

怪訝な顔で林田を見る一同に、「この件を警察沙汰にしたくない、というのは私だけでなく、会社側の希望でもありますよね。会社の信用に傷がつくような事態は避けたいはずでは？」と続ける林田。

意外な展開に動揺する一同の様子に自信を持った林田、おもむろにカバンから書類を取り出し、「ここ数日、社内の書類を幾つか整理してみたのですが、見ていただけますか」と言って差し出した。最初の数枚に目を通しただけで内容を察知し、林田を睨みつける上司。林田はそれには身じろぎもせずに、「我が社の不正経理が表に出た場合の、会社の損失分も計算いたしました。その金額からすれば、私がお返ししなければならない額など微々たるものだと思うのですが」と迫った。

退席した林田の後に上司がついて行く。「会社側を脅しにかかるような玉だったとは、想像もしなかった」と言う上司に、「自分でも驚いています。窮地に追い込まれてみないと人間はわからないものですね」と応えた林田。低姿勢ではあるが、悪びれたところはない。むしろ一線を越え、ハイになっているようだ。「今日はこれで失礼します。ご返答をお待ちしております」。言いおいて会社を後にする林田。

「歌舞伎町駆けこみ寺」の玄

「新宿救護センター」の相談室。相談を持ち掛ける夫婦の話に、半ば眠っているかのような様子で耳を傾けている玄秀盛。家出した高校生の娘を取り戻したいという相談のようだ。一通り話し終えると、玄がちゃんと聞いていたのか不意に心配になる夫婦。その心境を見抜いたように、同じ姿勢のままで「そいで?」と切り出す玄に、娘の部屋を探ったところ、携帯電話会社の保証書を見つけた、と言う夫。玄はその保証書を受け取り、「お父さん方では、娘さんに携帯電話は持たせてなかったってことやな」と確認する。「男が絡んどることは、まず間違いないな」と言われ、ギョっとする夫婦。

玄は書類に捺されていた契約店の店印を確かめ、早速電話をかける。「絶対に大丈夫。いなくなってまだ一月しか経ってないんやったら、今のところ、命に別状はない」と夫婦を励まし、電話に出た店員と話し込む玄。言葉巧みに店員を丸め込んでいく。店員が電話口を離れたところで再び夫婦に「居場所がわかって、安否確認もできたとして、問題はそこから先やからな」と言って諭す。

数日後。相談に来た夫と玄の二人が乗った車が、アパート前に停まっている。「娘さんが女になってることは覚悟しといてってこないだ話したけど、あとは妊娠してるかどうか、このへんが大事だから」と言い含める玄。「それが現実だから。奥さんには無理だとしても、お父さんはそのへんを受け止めなきゃ」と諭され、頷いた父親。

そこに、軽自動車で帰って来た娘と男。飛び出そうとする父親を制して、二人が部屋に入って行くのを見届ける玄。父親を車内に残し、男と娘が乗って来た軽自動車に近づいてナンバーを控える。車には会社の名前と電話番号まで書いてある。玄はそれも控え、父親と一緒に男の部屋に向かう。「冷静にいきよ」と言い含めて、父親に呼び鈴を押させる。

無警戒にドアを開けた男を玄は目で威圧し、「邪魔するでぇ」と言って部屋に入って行く。同棲していることが明らかな部屋で、娘はきょとんとして座っていた。娘を確認し、男に詰め寄る父親に、「僕は何も知りませんよ。彼女が寝るところがないから、泊めているだけです」と言い訳する男。「帰らないから」と娘に突っぱねられた父親をなだめ、玄は男だけを連れて外に出た。

「あんた、○○社で務めてるやろ。このこと、会社に知れたらこまるやろうな」。男の返事を待たず、「おまえ、やってることわかってんの？　高校生相手やったら、どないなるんか知っとんか？　未成年勧誘で都条例に引っかかるんやで。このままやったら二十二日間拘留は固いわな」とまくしたてる玄の調子に、観念する男。「あの子が自分から家に帰る気になるようにせえ。ええな。そしたら後のことはこっちで考えたるわ」。玄に促され、男はすごすごと部屋に戻る。

「とまあ、こんな調子でその男は引き下がったけども……」と演壇の上でしゃべっている玄。関西地方のとある高校の体育館で、生徒たちに向かって講演をしている。「新宿歌舞伎町駆けこみ寺　玄秀盛代表講演会」と銘打たれている。

後ろの方で私語に興じているやんちゃそうな生徒に気づき、強面の風情を一瞬まとい、「おい、そこ！　オレ、話しとんのやけどな」と刺すような声で注意する玄。静かになったのを確認して、「その後が大変やった。結局子供ってのは、親よりも恋人の方を大事にするもんで……」と再びにこやかに話しを続ける。

講演を終えた玄を、校長と数人の教師が校門まで送る。玄の著書『新宿歌舞伎町駆けこみ寺』にサインを求める一人の教師。応じる玄に、「玄さんのような活動を続けていくのは大変でしょうけど、がんばって続けてくださいね。応援しとります」。「まあ終いになるときがきたらそれまでですけどね」と答えた玄に、「ところで玄さん、刺青は今でも残してあるんですか？」と尋ねる教師。玄はサインを終えた本を手渡しつつ、「ありまっせ。見せましょか？」といって襟元をはだける仕草をする。本気にして覗こうとする教師を一同が笑う。

タクシーに乗りこんだ玄に、東京行きの新幹線の時刻を教えた教師、運転手に「新大阪駅まで」と言って送り出した。

走り出したタクシーの運転手に、「悪いけど行き先は新大阪と違うねん。神戸に向かってくれるか」と告げる玄。

高校の事務員室。玄が講演で話した体験談を、自分が見て来たことのように事務員に話して聞かせている教師。その感化されきっている様子に苦笑しつつ、玄の講演料の振込書類を作成している事務員。「で、家に連れ帰った後、その娘さんはどうなったん？」と尋ねると、「それがよくわからんらしい。親御さんからはその後なんとも言ってこないから、その後のことはよう知らんって」と答える教師。「でもな、その代わりに相手の男の方がふらりと菓子折り持って訪ねて来て、その節はお世話になりましたって礼を言いに来たらしいわ」と続けた教師に、初めて感心した様子の事務員。

玄の家族

神戸市郊外の住宅街を、玄を乗せたタクシーが走る。窓外に流れる町並みを見つつ、「そこを右。そこを左」と指示する玄。とある一軒家の前でタクシーを降り、玄は「ただいま」と言って家の中に入って行く。

それを見送って、タクシーを走らせ始める運転手。しばらく順調に走っていたが、行き止まりに行き当たってしまい、もと来た道を戻る羽目になる。再び、先程玄を降ろした一軒家が見えてくる。そこには玄が立って手を挙げていた。

乗り込んだ玄は「あかんわ」とひとり言をいいつつ、「なんやさっきの運ちゃんやんか、まだウロウロしとったんかいな。新神戸駅まで頼むわ」と告げた。

居間の窓からタクシーが去るのを見ている玄の妻・貴子。

悩みを抱える女

都内の美容外科医院。診療を終えた医師の根本かずえの元に、一本の電話が入る。相手は夫の根本吾郎である。卓上鏡で化粧の地味な自分の顔を見ながら、「いいわよ来ても。学は独り暮らしを始めたから、家には誰もいないけど」と電話に応じるかずえ。

かずえがマンションに帰宅すると、家の前で根本が待っていた。「入ってればよかったのに。面倒だから、わざわざ鍵替えてないわよ」と言って部屋に根本を促した。二人は五年前から別居中である。ひとり息子の学の独立を機に、正式に離婚しようと話しを切り出す根本。かずえは、自分もそれを考えていた、と言ってすんなりと受け入れた。根本は拍子抜けしたのか、思わず笑みをこぼしてしまう。それを見逃さなかったかずえ。「親権の問題はないとしても、学の籍のことはおまえに任せるから」等々、離婚届け用紙を差し出しつつ饒舌になった根本が一通り話終えるのを待ち、「やっぱり、学の意見も聞いてから決めたい」と前言をひるがえすかずえ、「別に、急ぐ必要はないんだから」と言って、離婚届けを引き出しに閉まってしまう。

資金難にあえぐ「駆け込み寺」

朝の新宿歌舞伎町。「歌舞伎町駆けこみ寺・新宿救護センター」と書かれた看板を表に出す職員の齋藤公志。開所時間の十時になり、センター室内の電話がさっそく鳴り出す。次いで、センター内のトイレの中からも電話のベル音が聞こえ、トイレの水を流した音に続いて、「はい、新宿救護センターです」と応えつつ子機を持ってトイレから出て来た職員の小林太。相手は林田である。「いえいえ、うちではそういった謝礼は受け取らないことにしておりますので、以前振り込んでいただいた相談料だけで結構です」と言って電話を切った小林。

ちょうどそこに玄が自転車で出所してくる。いかつい身なりで「おはようさーん」と元気に入って来た玄に、「ちょうど今、林田さんから電話がありまして、会社の方は無事に済みそうだっておっしゃってました」と報告する小林。それを興味なさそうに聞き流し、「今、不動産屋に家賃払ってきた。今月はピンチやったけども、ぎりぎり何とか乗り切れたわ。もう、通常の相談受付に戻していいからな」と言って、持って来た土産物袋を小林に手渡す玄。早速土産を物色し始める小林と齋藤。玄は「生徒たちがみんなエエ子たちでな、中には当然やんちゃ坊主もおったけど、みんなエエ子やった。おとなしゅうして話聞いてくれたわ。笑けるのがな、オレに講演依頼をしてくれた先生、オレのことを元ヤクザだと思い込んでんねん。オモロいからそのままにしといた。その先生も、もうちょっと早く依頼してくれてたらな、嫌な相談受けんでも今月乗り切れてたけども。まあ、しゃーない。林田からまた電話があっても、もうオレに取り次がないでいいからな」と言いおいて所長室に入って行く。

ため息まじりに帳簿を開いた小林。それを見ていたかのように、所長室から玄の声。「小林！　心配せんでええ。次の手は打ってある！」。

玄の方策

海鮮料理屋。玄とTV局のプロデューサー、そして映像制作会社のディレクターの植木が会食している。玄は旧知の仲であるプロデューサーに、救護センターの活動のドキュメンタリ番組を作ってはどうかと相談する。二つ返事で承諾するプロデューサー。玄は早速取材を始めようと質問メモを取り出した植木に、「あんた郷はどこなん？　かみさんはどこの人？」等々、逆に根掘り葉掘り質問する。滝のように質問を浴びせたのちに、「まあ、ええわ。あんた明日からでもきたらええ。ついでに、センターの手伝いもしてくれたら大助かりや」と言って、ニカッと笑う玄。ほうほうの体ながら、なんとか笑い返した植木。

玄の古い名前

開所準備中の救護センター。トイレ掃除をしている植木。キッチンでコーヒーを煎れている齋藤とボランティアスタッフの田中雪絵。昨日のご飯の残りで、賄い用の握り飯を作る雪絵。キッチンの音が聞こえている無人のラウンジに、一人のホームレス男性が入って来て、床に荷物を下ろし、ラウンジを横切って人声のするキッチンの方へ。気づいた雪絵が「キャ！」と声を上げてしまう。その声で奥の事務室から出て来た小林が男に声をかけ、入り口へと誘いながら対応する。「ちょっとウチでは相談にのってあげられないから」と言って、慣れた様子で外に出て行ってもらう。男が出て行った後で自分が握っていた握り飯に気づいた雪絵。「幾つか持たせてあげればよかった」と後悔している雪絵に、「田中さん、ちゃんとあの人のこと見ました？　あの人はね、まだまだ大丈夫」とクールに言う小林。その一連には気づかずに、掃除を終えてトイレから出て来た植木、キッチンをのぞいて「やあ、美味しそうですね」とのんきに言う。

センター前の道路を掃き掃除する植木。そこに一人の男がやって来て、「ここに平山っていう人おる?」と植木に尋ねた。「いろんな人が出入りしているのでわからない」と応えた植木。男はセンター内をじろじろと覗きながらも、去って行った。

ちょうどそこに、男と入れ違いに玄が出所してくる。いま来た男について植木が話すと、玄は「そんなことも調べとらんのかいな、それはオレのことやで」と言う。慌てて男を追おうとする植木を引き止める玄。謝る植木を、「まあ、縁がなかったってことやから、気にせんでええ」と諭す。

玄に取材をする植木

「ウチが相談に乗ってるのは女性だけ。それも基本的にDVか家庭内暴力か多重債務で困っとる女性やな。ストーカー被害やら家出人なんかの相談も応じるけども、基本はこの三つ」と説明する玄。「相談料は経費として一回五千円やけども、リピーターはほとんどおれへんからな。原則、一発で解決するのが腕の見せどころやから」と続ける玄の話しを、カメラ越しに聞いている植木。「ボランティアとはいえ、それで続けていけるんですか」と問うと、玄は「あんたがいい番組作ってくれたら支援者が増えるかもしれへんよ。よろしく頼むで」と言って笑いつつも、「これまではなんとかなったけどな、続かなくなったらそれまでや」と、さらりと答えた。

玄が相談者に応じている様子を撮影する植木。

小林を始めとするセンター員が、電話相談に応じている様子も撮影していく。

裁判所からの訴訟通知

玄が自転車で自宅マンションに帰宅する。郵便物の束を確認しつつ、留守番電話を聞く玄。その中には、玄の様子を気遣いつつ折り返し電話をしてくれと言う玄の母のメッセージがあった。玄は「いまさら心配し始めても遅いで」とひとり言を言いつつ、郵便物の中に東京地裁からの封書を見つける。玄に対して「貸金返還訴訟」の申し立てがあった旨を知らせる裁判通知である。

都内のとあるホテルの一室を訪ねる玄。玄を室内に向かい入れたのは、センターに「平山」を訪ねて来た男=新井である。関西で高利貸しをしているこの新井が、訴訟の申し立て人だった。玄が関西で商売をしていた際に切った手形保証に、応じろというのだ。

何度かテレビで玄の顔を見た、と言う新井。「テレビなんかに出て、随分と景気よさそうやないですか」。「好いわけあれへん。ボランティアやからな」と返す玄の言葉を、新井は信用しようとしない。「ボランティアだなんて、あんたはそんな人間じゃないでしょ。平山さんのことだから、裏で上手いこと商売に繋がっとるんでしょうな」と、てんで相手にならない。「勘弁してくれへんかなあ」。新井の勝手な言い分を黙って聞いていた玄が、やっと口にしたその言葉には殺気が隠っていた。威圧されて一瞬身を固くしつつも「やっぱり、オレが知ってる平山さんやなあ」と勢いづく新井。玄は諦め、「お前がやっとるようなチマチマしたことに、付き合っとるヒマはあれへん」と言いおいて帰ってしまう。

根本かずえからの電話相談

すでに昼近くだというのにめずらしくヒマな救護センター。小林やボランティアスタッフと一緒に、多量のゴキブリホイホイを組み立てる植木。小林が、玄はゴキブリが滅法苦手なのだと笑って話す。古いゴキブリホイホイをおっかなびっくり指でつまんで回収しようとするスタッフ。植木は「僕がやりますよ。玄さんと逆で、人間があまり得意じゃない分、この手の物は平気なんです」と言って回収作業を引き受ける。

一本の相談電話が入り、小林が対応に出る。「初めてなんですが……」と電話口で話し始めたその相手は、根本かずえである。離婚に絡んだ相談であるらしいのだが、かずえの話しは一向に要領を得ない。どうしたいと思っているのか、と問う小林に、「どうしたいのかがわからないから、電話したんです」と応えたかずえ。「家庭問題の場合、ウチはＤＶや家庭内暴力などに関することなら相談にのれるのですが、根本さんの場合は離婚問題専門の弁護士さんに相談なさった方がよいかと思われます」と告げた小林。かずえは、それはわかっているのですがと言いつつも、煮え切らないまま電話を切った。

そこにいつもの様子で出所して来た玄。新しいゴキブリホイホイを設置していたスタッフの手つきに、「それじゃあかん！　何事にもコツがあるんやで」と言って、自ら念入りに設置し直す。

面接相談者に応じている玄を撮影する植木。相談者がトイレに立った間に、玄は植木に週末の予定を尋ねた。「番組にするんやったら、ちょっと変わった切り口も必要やろ」と言う玄。

自己破産を決意する玄

取材費用を交通費に充てて神戸へと向かう玄と植木。玄の家族が住む自宅へと向かう車中、カメラを向ける植木に「子供たちは三人ともかめへんけども、かみさんは遠慮してあげてな。そういうやつやから」と告げる玄、「長女はな、いい被写体になるで。なんやったかな、ほれ、広末涼子。あの娘に似てんねん。撮るのはエエけど手出したらあかんよ」。

植木を表に待たせておいて、自宅の門をくぐる玄。玄の妻は「おかえりなさい」と言って迎えたが、二人の間には気詰まりな空気が流れるのみである。一度目の帰宅時と同様に、十分と経ずに帰ろうとして席を立った玄だが、今回はそうはいかない事情があった。「今から外に晩飯食いに行こう。子供ら呼んでき」。そんな玄の唐突な言動には慣れている妻、「じゃあ、店は私が決めるわね」と言って二階に上がって行く。

中学生の長男と次女、そして植木をともない、妻の車で近所の寿司屋を訪れる。家族に気遣って離れた席に座ろうとする植木を、一緒のテーブルに座らせる玄。玄にとってはその方が、久しぶりの団らんを無理にでも成立させられるのだ。注文を取りに来た女性店員に、皆の分も勝手に決めて注文する玄。一向に自分に気づかない玄に業を煮やした女性店員が、「おとうさん!」と声をかけた。店員は玄の長女だった。

家族の家を処分する決断

市内のホテルに一人で部屋を取り、撮影した取材テープをモニターで確認する植木。モニターに映る玄たちは、食事しながら団らんする普通の家族のように見える。

家族と一緒に帰宅した玄。リビングで妻と二人になるが、何も言い出せずにただテレビを見続ける。気詰まりになり、そのまま自室に戻った玄。それを追いかけるように妻も部屋に入って来た。「何か話すことあるんじゃないの?」。とぼけ続ける玄に「あんたが送ってきたFAX、子供たちも知ってるよ」と告げる妻。玄は自己破産する旨を伝えるFAXを事前に送っていたのだ。「破産するってことは、この家、処分することになるのね」と問うた妻に、玄は、「まあ、そういうことやから、しゃあないな」とだけ応えた。

一人、自室の布団で眠りにつこうとしていた玄のところに、自分の布団を担いで長男の竜が入ってくる。布団を並べて寝る二人。「部活は何してんねん」。「野球部」。「そうか、レギュラーになれそうか?」。「無理や。まだ一年やもん」。

翌朝、次々と学校やパートに出かけて行く家族を見送り、一人家に残された玄。おもむろに家中のいたるところを見回し、掃除を始める。風呂場などをぴかぴかにし、満足したように家を後にする。自室を後にする際、玄はカバンの中に入っていた自著『新宿歌舞伎町駆けこみ寺』を本棚に置いて行った。

東京へと向かう電車内、植木が玄にカメラを向けて取材をする。新井とは裁判で争えば勝つ自信はあるが、相手が控訴すれば年単位の時間の浪費になり、駆け込み寺の活動に支障が出てしまう。活動を何よりも優先させるための自己破産の決断等々をカメラに語る玄。「なぜ? そうまでして」と問うた植木に、「わからん奴には、わからん。やる人間は、いちいち理由づけして動いてるわけやないからな」と諭す玄。

二の句を継げないでいる植木を見て、玄は「そうや、どうやった。似てたやろ」と笑いかける。「ああ、広末でしたっけ」と思い出した植木に、「違うわ、もっとええやろ。井川遥やな」と言って、玄は一人で納得する。

東京に戻り、新宿ゴールデン街で二人で飲む玄と植木。めずらしく酔っぱらう玄。気持ちよさそうに眼をつむりながらも、冗談を言って店主を笑わせていると、玄の携帯電話にメールの着信がある。送り主は息子の竜である。「ママが、掃除してくれてありがとうだって」と書かれた文面。

店を出て別れる二人。しばらく歩いて植木が振り向くと、同時に振り返った玄が大きく手を振る姿が見える。

玄の再スタート

玄に招集され、新宿救護センターの理事会が開かれる。玄は理事の面々に、自身が自己破産の準備をしていること、破産が成立しても、センターの名義で理事の面々に借りているお金は自分の借金とは関係ないので必ず返す旨などを説明する。理事の面々には不安がよぎるが、玄は努めていつもの調子で、ユーモラスに話す。

結果、玄は理事を辞任し、免責が決定するまでの間、古くからのセンタースタッフTに代表理事に就いてもらうこと。代わりに任意の代表職として救護センター「所長」のポストを作り、その職に玄が就くこと。いっさいの責任は引き続き玄が取ることなどを文書で確認した。理事の面々に頭を下げて感謝する玄。

「取材はしばらくの間、止しにしてもらわなあかん」と植木に言う玄。「センターの業務はこのままとしても、営業的な表立ったことは、しばらくしまいや」と、自己破産の免責決定が裁判所で下りるまで、謹慎生活に入る旨を告げた。「でもまあ、ボランティアで手伝いにきてくれたら、大助かりやけどな」。

再スタートできないかずえ

根本かずえのマンションに、一人息子の学が訪ねてくる。かずえは学の新しい職場での様子などを尋ねつつ、つい最近まではいつもそうしていたであろうように、一緒に夕食のテーブルを囲む。学が脱ぎ捨てたスーツをハンガーにかけてやる等のかずえの所作には、息子への少なからぬ依存の徴候がうかがわれる。

「学にお嫁さんが見つかったときに、親が揃ってなかったら迷惑かけちゃうわね」と白々しく言うかずえに、「父さんから聞いたよ。母さんたち、近いうちに離婚するつもりだって」と返した学。自分には気を使わなくていいから、できるだけ速やかに離婚して過去のことには蹴りを付けた方がいい、と意見する。かずえは「でも、せめて学が結婚するまでは、」

と言って話をうやむやにしようとするが、学は頑としてゆずらない。「そうやっていつまでも人のせいにしてないで、自分がどうしたいのか、ちゃんと考えろよ」と声を荒げてしまう。

翌朝、出社準備をしている学の世話を焼くかずえ。学は母の様子を心配そうに見つつも、会社に出かけて行く。一人残されるかずえ。

自己破産の手続きに入る玄

東京地裁で、新井が起した賃金返還訴訟の第一回審議が行なわれる日。弁護士をともなって、調停室で新井と再び対面した玄は、裁判官に、自己破産の意思があること、加えて、それによる借金の免責を希望していることを伝えた。

必要書類を地裁に提出する玄。

玄とは旧知の中のプロデューサーと植木が、番組の今後について話し合う。「これは昔うわさで聞いた話だけどな、玄さんがまだ大阪で景気よく稼いでた頃に、かなり大物のやくざもんとえらい揉めたことがあったらしいわ。そっちの方にでも取材にいってみるか?」と話し出すプロデューサー。

× × ×

(回想)深夜。とあるヤクザ組織の組幹部が、部下の運転する車で自宅マンションに帰ってくる。幹部が一人になってマンションに入って行ったところに、潜んでいた玄が声をかけた。幹部は驚きを隠して玄をあしらおうとするが、玄の発する殺気が本物であることに気付き、おもむろにマンション外へと逃げ出す。拳銃を手に追いすがる玄から、体力の限界まで走り抜いて逃げ延びようとするが、ついに精根尽き果て夜道に倒れこんでしまう。同様に消尽し切った玄も倒れこんでしまうが、最後の意地で幹部を取り押さえ、拳銃を突きつけた。深く沈んでゆく玄の目に射竦められ、小便を漏らし、勘弁してくれと泣きじゃくる幹部。なおも殺気をみなぎらせつつも、思わず拍子抜けしてしまう玄。「これ以上、オレのこといじるなよ」と言いおいて帰って行く。

数日後、街で出くわしてしまう二人。幹部の部下がひやかすような軽口をたたいて玄に話しかけてくる。その様子に、幹部が先日の一件を口外していないことを確認した玄。「ごきげんよう」、玄は幹部に向かって低姿勢に挨拶して別れた。

× × ×

プロデューサーに「どうだ、面白いだろ。本当かどうか確かめに、そっちの方にでも取材にいってみるか?」と言われ、頭を抱えてしまう植木。「本気にするな、バカ。そんなんいまどき番組にできるかい」と言って笑うプロデューサー。

蟄居を強いられる玄

救護センターでは、小林ら職員とボランティアスタッフがいつも通り電話相談に応じている。その様子を眺めつつ、ついつい何か手を出したくなってしまう自分を抑えている玄。そこに、一人の男が訪ねて来た。玄が数年前に相談にのってあげたことがあった玉城旭（旧姓松野）である。近くの職場で働くことになったため、挨拶に来たのだった。大喜びで玉城を迎えた玄だが、「そんでお前、名前は何やったけ？」とすっかり彼のことを忘れているのを自ら暴露し、笑い転げる。玉城は「実は、仕事が決まったことを期に、結婚することになりました。過去にいろいろあったこともあって、彼女の方の籍に入ったので、松野から玉城に変わりました」と近況を交えて報告する。玄は嬉しそうに聞きつつ、手隙のスタッフをつかまえて、玉城の過去の惨状を物語る。

かつての玉城は商売女に貢ぐために借金に嵌まってしまい、玄のもとに相談に来たのだという。しかし、その後ぷっつりと音信が途絶えてしまい、玄も忘れかけていたのだが、二年の間をおいて再びセンターを訪ねて来て、「ただいま出所してきました」と玄に坊主頭を見せた。彼は玄に相談した直後に、貢いでいた女に別れ話を切り出され、その女を包丁で刺してしまったのだった。そのまま累刑あわせて二年の実刑をくらって刑務所に入っていたのだという。

その後は更生してヘルパー免許を取るために職業訓練校に通っていたが、晴れて今月、ようやく仕事が決まり、センターを訪れたのだった。「名前も変わって本当に再出発やな。希望の星やで」と言って喜ぶ玄。玉城に「玄さんもお変わりなく、元気そうで」と言われ、「おう！　この通り、絶好調」と答える。

そこに鳴り出した電話のベル。手の塞がっているスタッフが出られずにいるのを見て、席を外して電話に出た玄。相手は林田だった。横領に関する会社との争議が決着した旨を伝え、玄に感謝する林田。不機嫌になり、早く話しを切り上げようとする玄だが、林田は「ぜひ直接お礼を言いたいので、近々お食事でもどうでしょうか」と切り出した。自らのスケジュール表ががら空きなのを目に止め、「しゃあないな。ええよ」と応える玄。林田が提示した日にちを、スケジュール表に×をつけて記した。

債権者による異議申し立て

数ヶ月後。自己破産によって、玄の債務の「免責を許可するのが相当である」、という裁判所の見解がようやく出された。しかし、新井をはじめとする債権者たちは、裁判所に異議の申し立てを行ない、証拠書類として、玄の著書『新宿歌舞伎町駆けこみ寺』から引いた数カ所を文面にして裁判所に提出する。

そこには、ガソリンスタンドに車で突っ込んで手形を取ったこと、毎晩のように大金を使って飲み明かしていたことなど、玄の過去の悪行、不埒な行動を告白した部分のみが引用されており、「自己破産は偽装である」というレッテルを貼るものだった。

　地裁で裁判官からの聞き取り（免責審尋）に応じる玄。債権者が提出した書類を弁護士から見せられた玄は、「この箇所のみを取り上げられるのは不本意ですが、著書に書いたことは事実に間違いありません」と答えた。

家族との邂逅

　神戸の自宅。父親の帰りを待っていた家族が、帰宅した玄を迎える。一度目と二度目の帰宅時とは違い、家族はなごやかに玄を迎えた。「パパ。オレには兄ちゃんが二人おんねんなあ」、と玄に話しかける竜。「パパが書いた本、みんなで回し読みしたんやけど、パパは小さいときからずっと、えっらい苦労したんやなあ。あれ全部本当なん？」と問われ、玄は「ああ。本当やで」と答える。「じゃあ、病気なのも、本当なん？」。「ああ、本当や。発病したら一年で死んでまうらしいけども、いまんところはなんともあれへんわ」。

　家族総出で、夜中まで引っ越し準備をする。

　その晩、「この先、債権者がいつお前たちのところにくるかもわからんけど、何もびくつくことないからな」と妻に説明する玄。「これからはちゃんと生活費も入れるようにする。父親として、月にいっぺんは神戸に帰るようにする心積りもあるけど、それはどうなるかわからんな。なんせ暇があれへんからな」。今回の自己破産で、妻に初めて弱い部分をさらした玄。夫婦の間にこの間まであったわだかまりが、嘘のように氷塊していく。

　翌日、トラックに荷物を積み込み、団地に引越しをする玄家族。

相談が来ない一日

　朝の歌舞伎町、救護センター。トイレ掃除など、センターの朝の掃除を手伝っている植木。掃除を一通り終え、十時の開所時間を迎えたが、この日は一向に相談電話が鳴らない。「こういう日もあるんですよ。一日中待っても、嘘みたいに一件も相談がないこともあるんです」と植木に教える小林。

　帰郷しているため玄もおらず、嘘のようにヒマな時間を過ごすセンター員たちと植木。太陽も傾き、いよいよすることのなくなった植木が、歌舞伎町を散歩する。センターで顔見知りになった町内会の職員とすれ違い、挨拶する植木。夜に向けて開店準備を進める歌舞伎町を見て回る。

　散歩から帰って来た植木、センターの玄関口で中を覗いている女に目を止める。入ることを躊躇している様子の女。その脇を通ってセンターに戻ろうとする植木だが、「相談にのって欲しいんですが」と声をかけられ、女を中に招き入れてしまう。その様子を見ていた小林、入って来た女の様子を見て何かを察したのか、植木に向かって渋い顔をした。応対する小林に、「私には不思議なパワーがあって、」等々と、奇天烈な話しを始める女。ボランティアスタッフに諌められる植木。そこに一本の相談電話が入り、電話対応にまわった小林と代わって植木がその女の話しを聞くことになる。

　そこに出所してきた玄、女の話しを困惑しながら聞いている植木の様子をニヤニヤと笑いながら見つつ、所長室に入って行ってしまう。やがて植木は、這々の体になりながらも、なんとか女に帰ってもらうことに漕ぎ着けた。「あんたも、すっかりここの人みたいやったな」と植木に言う玄。一方、先の相談電話に未だ対応している小林。難航しているらしきその電話の相手は根本かずえである。応対している小林から、かずえに関する前回の電話での相談報告書を受けとり、「弁護士案件の為不可」と書かれた書類に目を通した玄。小林に代わって電話に応じ、「あんたが希望するなら、明日にでも直接相談に来たらええ。時間空けとくから、その時相談にのったるわ」と告げた。

　その夜の玄の自宅マンション。謹慎中の身故することもなく、読書で時間を潰していた玄、自宅電話に玄の母親からの着信があるが、無視する。やがて不意に何かを思い立ち、猛烈な勢いで調べものを始める。

嬉しい報せ

　朝の神田川沿いをマラソンする玄。携帯電話のベルが鳴り、出ると相手は弁護士だった。玄は、「免責が取れました。確定です」と弁護士に告げられる。

根本かずえの相談

　夕方近くに、救護センターを訪ねて来た根本かずえ。この日もボランティアに来ていた植木と目が合い、会釈を交わす。

　面談室でかずえの話しを聞く玄。かずえは、別居中の夫との間に離婚話が上がっていることを話す。最初に嫌になって夫を追い出したのはかずえの方であり、ひとり息子の学が独り立ちできるまで、といって離婚しなかったのは夫の方だという。いつものスタイルで、目を瞑って聞いている玄。医師として働いているかずえには充分な稼ぎがあり、金銭的にも何ら問題があるわけでもないのだが、しかし、夫が切り出して来た離婚に、かずえは今になって応じたくないのだと言う。すでに別居は五年を経ており、夫に対して思い入れがあるわけでもない。別居の原因にも、ＤＶなどの際立ったことは特になかった。

「離婚したらええやん」。かずえが一通り話終えるまで口を挟まなかった玄。「五年経ってるのやったら、裁判所に持ち込まれたら、事実上の離婚状態であっさり処理されてしまうで」と続けた玄。「慰謝料が必要なわけでもないのなら、あんたにとっても、すんなり離婚した方がええんと違うか」。なおも煮え切らないかずえの様子に何かを察し、「全部吐き出さな、あかんで。」と釘を刺した。

「調査会社に頼んで調べてもらったんですが、夫は新たに結婚をしようとしているらしいんです」。ようやく口をひらいたかずえが、そう言って調査書類を玄に見せた。相手は二十代後半の女性で、夫の経営する会社の部下であることなどが報告されている。

「邪魔したいんか」と玄に問われ、返事に窮するかずえ。「まあ、止めといた方がええな。誰も得せえへん。あんたのためにもならん」。思い詰めている様子のかずえに、「せいぜいのらりくらりと引き延ばしたったらええ。旦那さんは五十才やろ、相手の女は若いからな、そのうち焦りも出てくる。なかなか結婚に進めなくて、関係がゴタゴタもしてくるやろ。そしたらな、金取れるで。こっちは要らんといってもあっちから言ってくる。この状態が長引くのが、旦那にとっては一番痛いはずやからな。それぐらい苦しい目に遭わしたったらええねん」。黙って聞いているかずえ。「そんでな、金取れることになったら、矛を収めてやらなあかん。それぐらい旦那に灸を据えられたら、あんたの気も納まるやろ」。しぶしぶ頷いたかずえ。玄は続けて、具体的な手順を授けていく。

帰って行くかずえが夜の歌舞伎町に消えて行くのを見送った玄。「免責も決まったことやし、今日は皆でお祝いしよか」と提案する。

かずえの過去の相談記録に目を通した植木が玄に話しかける。

「本来なら、うちが受け付ける相談とは違うけどな。あの奥さん、あのままやったら相手を刺すか、自分が死ぬか、しとったんやないかなあ。何ちゅうか、死臭がしたわ」と語る玄。その目が、深く深く沈んでゆき、植木は完全に射竦められてしまう。と、その植木の背後の壁に黒いモノがよぎるのに気づき、玄は思わず怖気を振るう。ゴキブリである。打って変わってゴキブリ退治に奔走する植木と玄。

そこにセンターの電話が鳴る。小林が出ると、相手は林田である。今日は、玄が林田と食事をする約束をした日だった。ゴキブリ退治を小林に引き継ぎ、電話に出た玄。「センターのスタッフの皆も一緒でもええか」という玄の提案に、しぶる林田。玄は「そんならええわ。オレはうちの皆と一緒に飯食いたいから、止めにしよ」と言って電話を切ってしまい、再びゴキブリ退治に参戦する。

（終）

メイクルーム

脚本＝青山真治

SCENARIOS

SCENARIOS

さまざまな人間模様が交錯する場としての舞台（裏）を中心にすえたドラマ。執筆年は定かではないが、2010年代を境に舞台演出を精力的に手がけた青山の履歴を考えると、このころと相前後するのかもしれない。p111掲載の資料によれば、本作の参照項のひとつにカサヴェテスの『オープニング・ナイト』（1977年）があるという。また別の資料によれば、「父娘の確執と和解」をテーマに「探求－流動－芸術」などの位相をパラメータ的に設定していることがわかる。

登場人物

キャスト
女　優（40）／老優の娘　（二役）
老　優（63）
男優1（39）
男優2（36）
男優3（38）
男優4（41）
女優1（38）
女優2（33）
ベテラン女優（52）
若手女優（25）
老優のマネージャー（40）
女優のマネージャー……女性（37）
女優の付き人……男性（28）
男優1のマネージャー（38）
ベテラン女優のマネージャー……女性（53）
若手女優のマネージャー（38）
演出家（40）
女性プロデューサー（47）
舞台監督（31）
衣裳係……女性（30）
ヘアメイク……女性（65）
メイク助手……女性（25）
老優の孫（7）
ゴシップ記者（40）
ファンの女の子（24）
ファンの男の子（25）
バーのマスター（40）

○　舞台

倒れた女優が男優1に後ろから抱かれて独白の長台詞。
暗転。拍手。
もう一度照明が上がって、拍手。……タイトル。

○　メイクルーム前の廊下に花束が並んでいる

（クレジット）
衣裳係、メイク係、小道具係などが一斉にばたばたと動き出す。

○　ロビー

（クレジット続く）
マネージャーたちが煙草を消して楽屋の方へ。
ひとり残って煙草を吸うゴシップ記者……も後に続く。

○　舞台（カーテンコール）

（クレジット続く）

挨拶した後、幕が降り、俳優たちは真顔に戻って楽屋へ。

○ **会場前（～翌日）**

客たちが出て行く。入口のポスターに『リア爺』とタイトルがあり、老優の顔がクローズアップで写っている。

× × ×

（デジカム）俳優たちがキャメラに向かって挨拶しながら劇場に入っていく。

○ **男優たちの楽屋（相部屋）**

思い思いの時間の潰し方。ある者はぶつぶつと台詞を暗誦し、ある者は弁当を食べ、またある者は携帯でメールを打っている。

○ **女優たちの楽屋（相部屋）**

……では噂話が花開いている。

○ **女優の楽屋（個室）**

……でも、女優がメイク係やマネージャーらと噂話に花咲かせている。

扉の向こうを男優たち、女優たちが舞台で発声練習をしに向かって行く。

女優も出て行く。

○ **舞台（開演前）**

……のあちこちで発声練習をしている俳優たち。

若い女優が遅れて到着。

ゲーム的なウォーミングアップ（ジップザップやせんだみつおゲーム）をする。

○ **楽屋前の廊下**

マネージャーたちの噂話。

○ **客席（開演前）**

老優が到着し、ぼんやりと他の役者たちのウォーミングアップを見ている。

演出家が気づいて声をかけると、気づいて手を振り、楽屋へ。

柔軟体操を始めた役者たち、女優を中心に老優の噂話。

老優は一人娘と仲違いして、最愛の孫と会えず、酒浸りとなっている……

○ **老優の楽屋**

独り静かにコップ酒を呷《あお》る老優。

マネージャーが入って注意するが、途端に花束や靴が飛んでくる。

○ **廊下**

……に飛び出してくる老優のマネージャー。

他のマネージャーらも心配する。

そこへベテラン女優が到着。

ウォーミングアップの終わった役者たちがどやどや入ってくる。

男優1、タオル片手に風呂に行く。

○ シャワー室

男優1、大声で鼻歌を歌いながらシャワーを浴びている。

○ 演出家の部屋

メイク助手が前を通りかかると、ドアが開いて、演出家が顔を出す。

微笑み合う二人。

廊下を挟んだトイレから老優が出てくる。

演出家、ギョッとする。……老優は演出家の義父なのだ。

「ナンだ、その、……連絡はあったか？」

「いえ。……ないと思いますよ」

「あんたがいい演出家なのはたしかだし、俺は娘よりあんたを択《えら》んだ。しかしあんたより孫を択ぶ。わかってるよな？」

「いい台詞ですねえ、どっかで使いましょう」

「人は俺のことをおかしいと言うが、あんたもどっかおかしいな」

去って行く老優。

○ 舞台

電灯が消え、幕が開く。

怒り狂ったように部屋のセットを歩き回り、周囲の者に毒づく老優。

やがて娘役の女優の頬を張る。その場に崩れる女優。

○ 廊下

帰っていく役者たち。

○ 女優の楽屋

頬をアイシングしている女優。

演出家が困った顔で見下ろしている。

「とにかく少しは手加減してもらわないと、次のドラマに差し支えるんですよ」と詰め寄るマネージャー。「この人、青タンできやすい体質なんだから」

「いいよ、あのクソじじいがその気なら受けて立ってやるわよ」と女優。

「まあ、あの、とにかくね、言ってはいるんだよ」と演出家。

「何であんなにむきになってんだか、ナンかあったの？」とほのめかす女優。

「おー、そーきたか、俺のせいか、そーか」と演出家。

「あら、逆ギレだ！　別に何も言ってないのに」

「まあまあ」と今度はマネージャーが二人を宥めることに。

そこへ老優のマネージャーが。

「すんませんなあ××さん（女優）、ちゃんと言っとるんですがねえ」

「いいんです、私、このくらい平気ですから」と澄まし顔で答える女優。

「ま、とにかく明日はちゃんと、……すんません」

出て行く老優のマネージャーと演出家。

「あのじじい、……一生許さない」と女優。

○　廊下

……に出て来た老優のマネージャー、帰り支度した女優1と出くわす。

「××ちゃん、どう？」

「いやあ、ええ根性してますなあ、あの人も……、そっくりや」と去る。

「どういう意味？」と不思議がる女優1。

○　舞台（翌日）

やはり老優に思いきりひっぱたかれる女優。だが倒れず、ぐっと老優を睨む。

目を覆う演出家と二人のマネージャー。二人を見て、驚いたように口をあんぐり。

二人がはけた舞台袖の暗闇で、突然老優が女優に小声で毒づく。

「あそこは倒れるところだろう、どうして倒れない」

「本気でひっぱたくからよ」

「本気でひっぱたかなきゃお客に叩いてるように見えないだろう」

「それをうまくやるのが俳優じゃないの？」

「あんたにそれができるのか？」

「ちょっと！　馬鹿にするのもいい加減にしてよ！」

「（演出家に）おい、こんな女優、変えちまえ！」

「あったまにくるなあ！　あんたこそ降りなさいよ、アル中じじい！」

また舞台に出て行く二人。

呆然と二人を見送る演出家とマネージャー。

二人の演技は続く。

○　廊下

若い女優が出番の途中で楽屋に戻る。

マネージャーが独り扉の前に待っていて、抱き合いキスする二人。

それを物陰からゴシップ記者が見ている。

○　男優たちの楽屋（翌日）

新聞を覗きこむ男優たち。

若手女優とマネージャーの不倫愛が報道されている。

「ショックだなあ！　そりゃああのマネージャー、かっこいいけどさあ！」

「誰か見てて売ったんじゃねえだろうなあ!?」

「まさか、そんなことするやついないよ」

「おや、怪しいねえ、そんなに興奮するなんて」

「どーゆー意味だよ」

「そーゆー意味だよ」

「はいはい、つまらん話はやめて、練習、練習」

ぞろぞろと出て行く男優たち。

○ **舞台（開演前）**
練習を始める男優たち。

○ **廊下**
遅れて出て行く女優1。

若い女優の楽屋から声が聞こえる。

「いいのよ、遅れたって、私は大丈夫なんだから」

「でもさあ」

「××さんだって行かないのにどうして私が出るの？　おかしいじゃない」

○ **舞台**
女優1、「ちょっとちょっと！」と練習する役者たちの輪に入り、こそこそ。

「ええ！」「なにそれ〜〜〜！」と、嬌声が上がる。

「関係ねえよ！　やるか！　やっちまうか！」と毒づく男優1。

「若いのよねえ、楽屋の怖さを知らないのよね」とベテラン女優。

「ナンですか、楽屋の怖さって？」

「だから、楽屋は化粧するところだけど化粧落とすところでもあるってことよ。どっちにしたって油断すると化けの皮が剝げちゃうってこと」

「う〜ん、年輪を感じる台詞だ」

やがて「遅れて済みませ〜〜ん」と若い女優が入ってくる。

一同、じ〜っと若い女優を見つめている。

「いやだ、皆さん、あんな記事、真に受けてるんですかあ!?」

さらにしらけて一同、柔軟体操を開始する。

若い女優も参加して、やがていつもと変わりないウォーミングアップが始まる。

○ **演出家の部屋**
新聞（夕刊）を読んでいる演出家。

だんだん顔が険しくなってきて、やがて新聞を丸めて投げ捨て、挙句に胃を押さえて倒れる。

○ **廊下**
這って部屋を出てくる演出家。

気づいた衣裳係が悲鳴を上げると、みんなどやどやかけつける。

「きゅ、救急車、呼んで」

てきぱきと対処する者らと何もせず遠巻きにする者ら。

「何かへんなものでも食ったのか？」と部屋に入っていく男優女優。

ひとりが丸まった新聞を拾って開く。

そこには批評家が俳優陣を褒め、演出家を酷評する記事が載っている。

それを読み上げる男優。廊下で演出家の唸り声が聞こえる。

○ 救急車が走り去り、入れ違いに老優が到着

○ 舞台（開演前）

老優の意見でとりあえず舞台監督に指示は一任され、進めていくことになる。

「しかしあれしきの批評で胃潰瘍とはあいつもたいしたことないな」とひとこと言って、楽屋に去る老優。一同、しらける。

○ 舞台

若い女優のシーン。

ちょっとしたトラブル。

○ 廊下

終了後、若い女優が泣いている。マネージャーが舞台監督に詰め寄っている。

「だからあんたじゃ話にならないから、どうしたらいいか病院行って訊いてきてくれって頼んでるんだよ！」

「いや、あそこはただ芝居がこなれてないだけですから、慣れれば大丈夫です」

そんなときも無視して老優は帰っていこうとする。

ベテラン女優が「ちょっと、あなたが彼を択んだんだから責任持ちなさいよ」

老優は舞台監督を見る。

舞台監督は「いや、あそこは僕の言う通りやってもらいます」

ほら、ごらんのとおり、彼はそう言っている、と帰っていく老優。

「偏屈じじい！」と罵るベテラン女優。

○ 舞台（翌日）

前日、問題になったシーンの前。

舞台袖で出番直前の若い女優に近づいて突然胸に触る老優。

驚く若い女優、しかしもう出番だ。出て行く若い女優。

若い女優、舞台監督の指示通りにうまくこなす。

舞台袖で見ている女優、老優に微笑む。

急に表情を固くして背を向けて去る老優。

○ 楽屋

……に帰ってコップ酒を呷る老優。

○　病院（翌日・休演日）

入院している演出家を見舞う女優。

老優が若い女優の胸に触った話をし、それはやるなあ、と思ったけど、その後に微笑みかけるとシカトされた、と言う。

「気がつかないか?」と演出家。「キミは○○（妻＝老優の娘）に似てるんだよ。だからキミに冷たく当る。彼の集中力を妨げる存在だからね」

そこにメイク助手が来る。お邪魔様、と帰っていく女優。

○　映画館

新聞を小脇に抱えてキップを買う老優にファンがサインを求める。

○　居酒屋

酒を呑みながら新聞を読む老優。

マネージャーが入ってきて、「ちょっとお話があるんですが」

座敷に入る二人。

すぐに出てきて、紙を持って外へ去る老優。あとを追うマネージャー。

○　病院

演出家の病室に老優の娘と孫がいる。老優に抱きつく孫。

孫を抱きしめる老優。

演出家の布団の上に離婚届が置いてある。

娘は息子を連れて出て行く。

「○○くん、これはどういうことかね?」と手にした紙を差し出す。

「台詞の差し替えですよ」と演出家。

「あそこでこんなことは言えない」

「言ってください。口があるんだし声も出るんだから言えるでしょう」

「リア爺はこんなことは言わない、という意味だ」

「言うんです。リア爺はあなたなんですから」

言い返せない老優。

○　同・廊下

病室から出てくる老優。

娘と孫がいる。老優は孫に手を振るが、娘は無視する。

○　各メイクルーム（翌日・千秋楽）

号外台本を手に、それぞれ感想を言う役者たち。

○　舞台（開演前）

リハーサルに集まる役者たち、スタッフ。

だが老優だけが来ない。

○ **街角**

老優を探しまわるスタッフ。

○ **舞台（開演前）**

老優の代役を舞台監督が務めて、リハーサル。

「ほんとにこれでやれるのか？　爺さん頭来てこないんじゃないか？」と誰からともなく言う。

○ **居酒屋**

老優、飲んだくれて椅子から転げ落ちる。

女将が助け起こし、「先生、もういいかげんになさったら？」

そこへマネージャーが来る。「まさかとは思うたけど……」

老優、歩けない。

○ **舞台**

客入れが始まっている。

○ **楽屋**

舞台監督に電話が入る。

「○○さん、見つかった！　皆さん、支度してください！」

○ **劇場裏**

スタッフが待ち構えているところにタクシーが到着。

老優を抱きかかえるようにしてマネージャーが降りてくる。

「だめだ、今日は中止だ」

「うるさい、俺はやれる。さっさと幕を開けろ」

「ひとりで歩けないのに舞台に立てるわけないじゃん！」

老優はマネージャーを突き飛ばし、よろけながら劇場に入っていく。

「コーヒー持って来い！」とマネージャー。

○ **楽屋**

入ってくる老優。娘が立っている。

「何しに来た？」と毒づく老優。

「僕が電話して来てもらったんです」と舞台監督。

娘は黙っている。

マネージャーがコーヒーを差し出す。

「これで終わりや、あんたとは縁切らせてもらいまっせ」

「ぐだぐだ言うな、なるようになる」とコーヒーを飲みほす老優。

○ **舞台**

幕が開く。

○ **舞台袖**

女優が待っていると、衣裳を着た老優がすっぴんのまま現れる。

「大将、メイクしてないじゃないか」と男優。

さえぎって「ほっときなさいよ、何とかするわ、あの人」と女優。

三人、舞台へ出て行く。

○ **舞台**

老優、よろけながら演技するが、台詞も動きもアドリブ。

男優と女優は戸惑うが、合わせていく。

老優が語り始めたのは、物語をどんどん逸脱していく台詞。

女優が反発すると、ひっぱたくはずのところでよろけて倒れてしまう。

○ **舞台袖**

飛び出そうとするスタッフを舞台監督が抑える。

○ **舞台**

転がったまま笑い出し、芝居を続ける。

客席も笑い始める。

○ **楽屋・廊下**

娘がモニターから洩れる声を聞くともなく聞いているが、やがて観客の笑い声に促されて、画面に見入る。

○ **病院**

携帯電話で話す演出家。

「ふ～ん、……そういう人だよ、あの人は」と笑いだす。

○ **舞台袖**

携帯電話を切る舞台監督。

出番を待っている若い女優。「稽古と全然ちがうじゃん！　あんなのわかんない、できないよ！」

「いいから出てくのよ、あんたを待ってる客がいるんだから」と、ベテラン女優らが若い女優を舞台に押し出す。

○ **客席後方のドア前**

マネージャーが見ている。やがて黙って出て行き、エレベーター前に立つ。

エレベーターのドアが開くが、乗りこまず、楽屋に戻って行く。

楽屋で老優の娘がモニターを見て笑っているのを見る。

照れくさそうに微笑み合う二人。

やがて娘は客席後方に入り、父親の芝居に笑う。

○ **舞台**

ラストシーン。

大うけのなか、出ずっぱりの老優が退場する。

○ **舞台袖**

……で倒れこみ、担架で楽屋に運ばれて行く老優。

「素晴らしかったっすわ、先生、まだまだいけまっせ」とマネージャー。

「終わった……」と力尽きたように座りこむ舞台監督。

○ 舞台

女優が最後の台詞を言って暗転、拍手が高鳴り、カーテンコール。

だが老優はいない。客席から老優を呼ぶ声が聞こえる。

幕の下りた舞台上で、女優が老優を呼べ、と舞台監督に言う。

女優がひとりでカーテンコールに答え、また幕が下り、今度は若い女優に出て行くようにいう。若い女優は泣いている。

「泣いてる場合じゃないのよ、しっかりしなさい」

若い女優、出て行く。幕が開き、割れんばかりの拍手。

○ 老優の楽屋

老優が倒れている。娘が入ってくる。鏡越しに会話する二人。

「みんな、呼んでるよ」

「さんざんやった。もうたくさんだ」

「おとうさんはお客さんのものでしょ」

「バカ言うな。お前が生まれてからずっと俺はお前のもんだ」

「冗談言わないで」

「おい、……あいつと別れるなら帰って来い」

「いまさら……もう遅いよ」

「俺も潮時だ。引退しようと思う」

「無理しないで。私は私の人生だし、おとうさんはおとうさんの人生でしょ？」

「いいじゃないか、それでも。行くとこなけりゃあ一緒にいたって」

「ねえ、大人になって初めて見たのよ、お父さんの芝居。凄い、と思った。尊敬した。だからやっと離れられる、お父さんから。いままでお父さんのこと、ただ憎んでたけど、もうそういうことじゃなくなったの。安心した。だからいいのよ、これで。何かあったら連絡して。いつでもとんでいくから」

出て行く娘。

止めようと伸ばした手を下ろしかけ、また上げて、振る。

（終）

劇映画

日 本 の 生 れ た 日

SCENARIOS

SCENARIOS

多くの作品で現代を舞台としながらも、確乎たる歴史観を前提とする青山にとって近現代はいつか取り組まなければならない主題のひとつであった。本作は日本国憲法制定の史実をベースにした歴史ドラマ。白洲次郎という繰り返し映像化された人物を中心にした、骨太でスピーディな筋運びだが、細部は多彩なサイドストーリーを描けそうな可能性も秘めている。

登場人物

白洲次郎（終戦連絡事務局参与・43歳）
白洲正子（次郎の妻・35歳）
吉田茂（外務大臣・65歳）
マッカーサー（8月30日上陸・65歳）
ホイットニー（民生局長・49歳）
ケーディス（行政公職課長・40歳）
ウィルビー（G2局長・54歳）
佐藤達夫（法制局第一部長・41歳）
松本烝治（国務大臣・憲法草案者・68歳）
小畑薫良（外務省情報武渉外課）
長谷川元吉（外務省嘱託）
近衛文麿（12月6日戦犯指名・16日自殺・55歳）
佐々木惣一（憲法学者）
ベアテ・シロタ（通訳・憲法24条の母・23歳）
楢橋渡（官房長官・43歳）
鳥尾鶴代（子爵夫人・ケーディスの愛人・35歳）
河上徹太郎（文芸批評家・43歳）

ストーリー

一九四五年五月——。

爆弾が雨霰と降り、東京の街が破壊されていく。

粉塵と黒煙のなか、初老の男がひとり、逃げ惑っていく。

陸軍刑務所に収監されていた元外交官・吉田茂である。彼は破壊された留置所を脱出、囚人服のまま、中目黒にある料亭の女将の疎開先に逃げ延びた。


神奈川県鶴川。

さらなる空襲に向かうB29爆撃機を丘の上で見送る人々。

白洲正子と、その夫の友人である文芸評論家・河上徹太郎である。

正子の夫・白洲次郎は、百姓姿でかれらを探しに来る。

「バカヤロウ！　危ねえじゃねえか。呑気に見物なんかしやがって！」

かれらは「武相荘」と名づけられた白洲の疎開先に暮らしている。

「はなっから負けるに決まってるって次郎ちゃん、言ってたよねえ」と徹太郎。

「バカ！　そんなこと、いまになって言うことかよ！」と、また怒る白洲。

「俺はちょいとじいさんの様子見てくる。大磯に戻ったらしい」

車に乗って走り去る白洲。


大磯の吉田邸に茂を見舞った次郎。

二人で黙ってビリヤードに興じる。どちらもその顔に笑顔はない。

そして、戦争は終わった――。

一九四五年八月三〇日午後二時五分。

厚木基地にマッカーサー元帥が降り立つ。

それが新しい日本の幕開けだった。

第一相互（第一生命）ビルに構えられたGHQ総司令部六階、執務室。

その椅子に腰を下ろすマッカーサー。

ホイットニーとケーディス、ウィロビーが顔を揃えるなか、マッカーサーは電話する。

時の大統領トルーマンに。


マッカーサーの「布告」は以下の三点だった。
①日本全域と全住民を軍事管理下におき、三権の一切の権能は最高司令官がこれを行使する。また軍事管理期間中は公用語を英語とする。
②最高司令官の命令に反した者は軍事裁判によって処罰される。
③米軍の軍評を法定通貨として日銀券とともに流通させる。
東久迩内閣は慌て、重光外相の必死の説得により撤回をとりつける。

だがその撤回報道でマッカーサーは激怒、重光は公職追放、巣鴨に収監された。

かくして吉田茂が外相に就任する。

就任報告のために訪問した吉田に、鈴木貫太郎元首相は言う。

「戦争は勝ちっぷりもよくなくてはいけないが負けっぷりもよくないといけない。鯉は俎板の上に乗せられるとぴくりともしない。あの調子で負けっぷりよくやってもらいたい」

苦笑しつつ肯く吉田。


昭和天皇によるマッカーサー表敬訪問の写真が新聞に掲載される。

山崎巌内務大臣は激怒して発禁処分にするが、逆にGHQは言論の取締りを全廃させる。

山崎は記者を集め「今後も治安維持法の精神は生かしていく。したがって国体を破壊するような言動は許されないし、政治犯の釈放も考えていない」と発言。

この発言を受け、GHQは内閣に山崎罷免を要求。

翌一九四五年一〇月五日、東久迩内閣は総辞職する。


かわって指名されたのが幣原喜重郎だった。

引き続き外相を務めることになった吉田は、次郎を終戦連絡事務局参与に任命する。

周囲は大いに反発するが、二人はどこ吹く風。

次郎は「ミルクマン」を自称し、軽やかにGHQ内を駆け回る。

ホイットニーが次郎の英語を称えるが、次郎は「貴方も練習すればうまくなれますよ」とホイットニーに言ってのける。

苦虫を噛み潰すホイットニー。

「え？　憲法？　近衛さんが？」

驚く次郎に、肯く吉田。

マッカーサーを訪問した近衛元首相が、憲法草案に着手した、という噂だ。

幣原内閣にとってそれは近衛の越権行為である。

ことに奮起したのは、松本国務大臣だった。スペシャリストを揃え、草案に着手する。

だがマッカーサーの思惑はべつのところにあった。

かれは近衛にも政府にも草案を提出させようとするが、最初からその双方を受理する気はなかった。初手から拒絶するために提出させるのであって、その後に合衆国政府による草案を日本政府に受け容れさせるための手続きであり、またハーグ条約違反を時間切れにしてしまうための引き延ばし工作でもあった。

一一月二四日、憲法調査会は解散、一二月六日に近衛は戦犯指名される。

次郎は近衛から一二月一五日の夕食会に招待されるが、断る。

そして翌朝、近衛は起きてくることはなかった。服毒自殺。

若い頃から近衛を慕ってきた次郎は、受けた報せを正子に伝えながら悔し涙を流す。

そしてGHQと戦っていくことを改めて誓う。


明くる年、GHQは公職追放の嵐を吹かせた。

また戦犯への刑執行、特にバターンでマッカーサーを破った本間中将の銃殺刑など、次々に行われた。

次郎はなんとかGHQに先駆けて新憲法草案を作り上げようとするが、相変わらず松本は天皇制にこだわる。次郎はその点への大幅な改正を進言するが、松本は「そんなことをしたら国民に殺されてしまいますよ」の一点張りだった。

二月一日、毎日新聞に「憲法問題調査委員会試案全文」が掲載され、大騒動となる。

二月三日、ホイットニーがマッカーサーに召喚される。

「憲法改正草案の作成を命じる。象徴天皇、戦争放棄、封建制廃止という三つの原則に則ったものになるよう、とくに留意してもらいたい」

期限は二月一二日まで。民政局から極秘に二十五名が択ばれ、作成が始まる。

かれらがなにをしているのか、GHQを自由に出入りする次郎にもわからなかった。

頼みの綱のウィロビーも「あのアカども、なにをやってやがんだか」と首をひねるばかり。


明らかになるのは、毎日のスクープを受けて吉田が申し入れ、延期されたホイットニーとの会見の開催日、二月一三日だった。

会見は吉田外務大臣邸で行われた。

日本側一同は驚愕した。いったいいつの間にかれらはこの草案を用意したのか、と。

かりにも一国の憲法草案である。十日やそこらで一から書き上げられるわけがない。

そもそもアメリカはそのつもりで用意してあったんだな……。

ホイットニーは言う。「先日あなた方から提出された改正案は、自由と民主主義の観点からみてとても容認できるものではない。最高司令官は日本国民が過去の不正と専制政治から守られるような自由で啓発的な憲法を熱望していることを十分理解しておられる。ここに持参した草案こそは、日本の人々が求めているものとして、最高司令官があなた方に手渡すよう命じられたものだ」

日本側が部屋に残り、GHQ側は外に出た。

ざっと目を通した次郎は、吉田たちと議論する以前にホイットニーらの真意を聞こうと、庭に移動した。さんさんと陽が降り注ぐなか、ホイットニーは近づいた次郎に言った。

「我々は原子力の陽光を楽しんでいたんだ」

その言葉に次郎は憤慨するが、それを報告すべく戻ると、草案を読み終えた松本は次郎以上に狼狽し、吉田も黙って腕組みしたままだった。

部屋に戻ったホイットニーはさらに言う。

「最高司令官は天皇を戦犯として取り調べるべきだという他国からの圧力から天皇をお守りしようという固い決意を持っておられる。だが最高司令官といえども万能ではない。この草案が受け容れられるならば、事実上、天皇は安泰となるだろう」

一行が帰った後、次郎はようやくホイットニーの「原子力」発言を吉田に告げる。

激怒する吉田。「GHQなどGo Home Quicklyだ！」

吉田は次郎をGHQとの交渉の窓口に立たせるが、草案を突きつけられた幣原内閣にはそれを受け入れる力はなかった。苦しい言い訳をしながら時間を稼ぐ次郎だが、実質追いつめられている。

それ以降、吉田や次郎およびその周辺が、何者かにつけ狙われるようになる。

憲法改正をめぐってなんらかの動きがあったと察知した政治結社たちだ。

マッカーサー草案日本語訳の存在をかぎつけ、それを奪おうとする者たち。

あるときは右翼団体、またあるときは左翼団体。

吉田を守って派手なカーチェイスと銃撃戦を展開する次郎。

次郎を待ち伏せして鶴川の家に押し入ろうとした賊は、正子が一喝して退散させた。

「内も外も敵だらけだ！」

二月二六日、ついに閣僚全員が草案を目にした。とうとう松本が折れた。

「かくなる上は、このマッカーサー草案を土台にして日本案を作るほかない」

ホイットニーは日本案の提出日を指定した。

三月四日。

だがその日提出された松本による「三月二日案」は、ホイットニーを激怒させた。

「松本の草案は完全にわれわれの草案を無視しているではないか！」

召喚された松本とケーディスの応酬。やがて松本は引き上げる。

残ったのは、次郎、法制局の佐藤達夫、外務省の小畑薫良、長谷川元吉。

アメリカ側にはベロテ・シロタという通訳の女性がいた。

午後六時。ケーディスは次郎に「今夜じゅうにファイナルドラフトを完成させよ」と告げた。マッカーサー草案の完訳からいかにしてそれを引き離せるか。

次郎は、松本を呼び戻そうとするが、松本は病気を盾に「あとは然るべくよろしくやってくれ」と、戻る気はない。

「そんな無責任な奴なんか大臣やめてしまえ！」と、激怒する次郎。

翻訳作業は、そのまま残った者たちで続行せざるをえなかった。

「白洲さん、シンボルっていうのはなんやねん？」と、小畑が大阪弁で訊く。

「英国じゃイギリス国王は国民のシンボルってことになってるから、それを持ってきたんだろう。日本語では、象徴とでも言えばいいのか。井上の英和辞典でも引いたら？」

辞典をめくった小畑は肯いた。

「やっぱり白洲さん、シンボルは象徴やね」

女性の権利についての部分になると、シロタ女史が矢面に立った。

日本側の反発に対してケーディスは言う。「ここは日本の事情をよく知っているミス・シロタが起案したところです。悪いことが書いてあるわけがない。採用しませんか？」

シロタ女史までが起草に参加していると聞いて、誰もが呆れたが、次郎は賛成する。かくして男女平等の条項が盛り込まれた。

夜が明け、作業が終わったのは午前十時をまわっていた。

次郎は確定していた英文案を抱えて首相官邸へ向かった。

最終草案を一読した松本は首相に引き延ばしを要求、しかし幣原は涙ぐんで拒絶。他の閣僚たちも思わずもらい泣き。とうとう松本も諦めた。

佐藤らはその後も検討を続け、午後四時半ごろ、一応の完成を見た。だが官邸に戻った佐藤を待っていたのは、さらに国民に公表するための法文整備だった。作業が終わったのは翌朝六時。

河上徹太郎は鶴川の白洲邸で、次郎の帰りを待っていた。車を降りて歩いてくる次郎は、すっかり老け込んだように見えた。

玄関に腰を下ろして徹太郎を見上げると「監禁して強姦されたらアイノコが生れたイ！」と吐き捨てた。

「かくのごとくして、この敗戦最露出の憲法案は生る。「いまに見ていろ」という気持ち抑えきれず。ひそかに涙す」

三ヵ月後、すでに辞職した松本は、裁判所の廊下で弁護士として急死する。

翌年のクリスマス。次郎はマッカーサーに昭和天皇からのプレゼントを届ける。

「そこらへんに置いておいてくれ」と絨毯を指したマッカーサーを次郎は叱責する。

「いやしくもかつて一国の統治者であった者からの贈り物を、その辺に置けとは何事か！」

持って帰ろうとする次郎に、マッカーサーは謝罪し、新たにテーブルを用意させた。

後日、次郎は述懐している。

「新憲法のプリンシプルは立派なものである。マッカーサーが考えたのか幣原総理が発明したのかは別として、戦争放棄の条項などその圧巻である。押しつけられようが、そうでなかろうが、いいものはいいと率直に受け入れるべきではないだろうか」

（終）

運転する男が太った男に話しかけると、太った男は演奏を始める。

壁に掛けられた、夢見がちな女の肖像がにこやかに笑いかける。

その女はこの町で歌手となり、彼らがやってきた砂漠の向こうの町で死んだ。

「あたしのハートをもうひときれいかが？」（Take another little piece of my heart now, baby）と、それを見た日本人の女が呟く。

部屋中の機械から最大限の音が出る。その爆音の中から「ここはアメリカ2が生まれ、そして同時に死んだ町だ」と、運転の男の声がエコーと共に聞こえてくる。

「アメリカ2は死んだままだ。そしてアメリカ1に生きることは死ぬことだ」

ロッキー・エリクソンの生家あたり、そしてエルム・ストリートを、車は走る。

血まみれの川を、女を乗せたボートが遡る。

6、Morbid Sky（ダラス→クリーヴランド）
ボートを運転する男が歌い始める。

「私の話を聞いてくれ。血塗られた殺しの話を聞いてくれ。上流のクリーサップ埠頭の話だよ。川岸で起こった話だよ」（「狩人の夜」より）。

濁った川に汚物が浮かぶ。憂鬱な空。川岸の立ち並ぶ工場の排気と騒音。

「私はここで生まれた」と男が言う。

「タイヤ工場の町。地図にはない町、ノーホェアヴィル。私はここでラジオのディスクジョッキーとなった。次々に生まれるシングル・レコードを食べて生きていた。そして私がここで「ロックンロール」と叫んだのだぁぁぁぁ。私の名前はマッド・ダディ。この町は世界中のどこにでもある。私の行くところ、この町がついてくる。誰もそこから逃げることは出来ない。だからどんな地図にも載っていない」

再開発された清潔な町の中を彼らの車が走る。

男のものなのか、悲鳴のような引きつった息づかいが町中に響く。

聞き覚えのあるその息づかいに、女が震える。

そう、私はこの声と共にここまで来たのだ。私の名前は……。女が呟く。

7、Weird Cornfields（クリーヴランド→オレゴン）
女が一人で車を運転する。女はもはや、かつての姿ではない。

カーラジオからの歌声。

「君がいなくなって寂しくなると、私は言った。忘れないと、私は言った」。

マッド・ダディ（運転していた男）のDJの声がその歌に重なる。

「How much are you willing to give up, how far are you willing to go, to live a life unfettered by non-essentials? What, exactly, is essential? Your job, your house or apartment, your security, your health, your country, your family, your mate, your possessions?」（ジョン・フェイヒー『レッド・クロス』のライナーノーツより）

女の車が、家財道具一式を積んだ老人の車とすれ違う。

「その男は絵描きでもある」とDJの声が言う。

「絵を描き、ギターを弾き、友人に殴られ、金を奪われ、ギターを質に入れ、父親の遺産を手に入れ、レコードレーベルを作った。男の名前はBlind Joe Death。アメリカ1で男は死んだ。そこではジョン・フェイヒーという名前だった」

DJの声がとうもろこし畑に木霊する。

8、Red Cross, Disciple Of Christ Today（オレゴン州セイラム→ポートランド）
夜明け、男（マッド・ダディ）が数本のテープを戸外のゴミ捨て場に捨てる。

「あのテープに録音された音と私とはまったく関係がない」。

スタジオのインタビューでマイクに向かって男はそう呟く。

男（マッド・ダディ）はジョン・フェイヒーの名前が刻まれた自分の墓の前に立つ。

「この墓の男と私とはまったく関係がない」と男は呟く。

「私の名前はブラインド・ジョー・デス。アメリカ2から1にやってきた唯一の人間」

ギターの音が空気を震わせ、かつてその男のいた場所を告げる。

車が現れて、女が降りてくる。

「私はあなたの3番目の妻」と女が言う。

「確かにそうだ、だがもう一緒に旅は出来ない」と男が言う。

「大丈夫、私がいるところにはいつもあなたがいる」と女は言う。

「あなたは地図に載らない」

“ミステリー・プレイン”が聞こえてくる。


女は町を歩く。かつてあの男とよくこの町を歩いた、と女は語る。

「君は若かった頃の私を知っていた、君はもっと痩せていた頃の私を知っていた、君はハンサムだった頃の私を知っていた」（デヴィッド・トーマス“ブランズウィックの駐車場”より）と、男の声が響く。

女は古道具屋に入って中古レコードを漁る。その中に女に送られてきたレコードがある。
店内には“I forgot to remember to forgot”（エルヴィス・プレスリー）が流れている。（終）

Fragments 4

NOWHEREVILLE――青山真治

1、Mystery Plane（東京→ＬＡ）
東京に住む女の元に、謎の荷物が届く。住所はあっているが宛名が違う。

開けてみると、中には古ぼけた1枚のＬＰレコードが入っている。

女は蜘蛛の巣だらけの部屋の鍵を開け、そこにあるステレオの針をＬＰに落とす。

クランプスの“ミステリー・プレイン”が聞こえてくる。


女は飛行機の中にいる。視界は悪い。

飛行機のエンジン音、クランプスの演奏に混じってラジオのディスクジョッキーのような声が聞こえてくる。

「For a brief instant, there is the silence of outer space. Then the antennas shoot forth, and like the cry of a new born babe, a tiny voice is heard from the vastness of space 560 miles above the earth. A lonely and mysterious cry that forever separates the old and the new. A sound that marks the birth of a new era for mankind. Eeeaaargh!」（クランプスのアルバム『PURPLE KNIF SHOW』より）

女は座席で眠る。

その女の脇の窓の向こうから、不吉な男の顔が覗く。

もちろん女も、そして乗客も、誰も彼に気がつかない。

2、Run Paint Run Run（ＬＡ→モハヴェ）
女がハイウェイ脇を歩いている。上空を飛行機が飛ぶ。

何台もの車が女の脇を猛スピードで走りすぎる。空が暗くなる。

1台の車が女の横で止まる。男が降りてきて女を車に誘う。

男は女に「どこに行くつもりなのか」と尋ねる。女は切り取られた紙切れを見せる。

送られてきた荷物についてきた、発送人の住所が書かれた紙。

男は「そんな場所はここにはない」と答える。

「でもここはアメリカでしょ？」と女が尋ねる。

「確かにアメリカだが、ここは〈アメリカ1〉なのだ」と男は答える。

男が紙に書かれた街の名前をカーナビに入力すると、カーナビはある地点を示す。

外は暗闇。暗闇の中を車は走る。

女が男の名前を訊く。男は、「Mad Daddy」だと名乗る。

「かつてクリーヴランドでラジオのディスクジョッキーをやっていたが、今誰もラジオなど聞かないと語る。それどころか誰も音楽など聴かないと嘆く。音楽はワイルドでスウィートなものだ。たとえて言うなら汚れたブルー・ジーンズのような」

男は砂漠に住む一人の絵描きの物語を語る。

3、Ice Cream for Crow（モハヴェ）
鱒のマスクを着けた絵描きは砂漠の中のトレーラーハウスに住んでいる。いつも移動しているので、誰も彼を捕まえることは出来ない。時々、必要なときに、必要な場所に現れるだけだ。そしてボール一杯のチリとオニオンリングを食べ、ワルツを踊る。絵描きの誘いを誰も断れない。鱒のマスクの下の顔を誰も知らない。本物の絵描きはすでに死んでいるという噂もある。いや、本物の絵描きは常にトレーラーハウスの中にいて、外に出てくるマスクの男は単なる絵描きの使いだ、という噂もある。

そんな絵描きの物語を男が語る。

車は砂漠の中を走る。トレーラーハウスがある。人はいない。

砂埃にまみれ、ハウスの中にもまた、砂漠が広がっている。

男は涙を流す。壁には、女の持つLPレコードのジャケットと同じ絵が掛けられている。

男の涙はトレーラーハウスの中の砂漠を川に変える。

その淀んだ川をゆっくりと死体が流れていく。

4、I Walked With A Zombie（モハヴェ→オースチン）
男がカーラジオのスイッチを入れる。ラジオからは別の男の声が聞こえてくる。

But when I first meet him I'd just heard him on the radio, the stuff he was doing then in the mid-eighties, “Don't shake me Lucifer”, “Three headed dog”(sic), songs like that “I walked with a zombie” and, ahh, he was always like…I would go, “See you later Roky!” And it was the middle of the night, “Are you gonna be alright?” “Oh, I'll catch a buss”, “You sure?” But he was always real cool and reserved, you know. And then when I saw him at the Austin music awards, we came in late with King Coffey, The Butthole Surfers and we came in and he was up on stage and it was so unbelievable, I couldn't believe it, he was just rocking “Don't shake me Lucifer” you know and everybody was screaming, and he said “I've drinking some blood!” You know, this is cool…（ダニエル・ジョンストンがロッキー・エリクソンについて語るインタビューより）

運転する男が、ラジオの男の言葉を引き継ぐ。

「血を飲んできた男は夜になると部屋中の音の出る機械という機械のヴォリュームを最大限に上げ、その爆音の中で狂ったように眠る」

その爆音の夢の中に招待すると、女に言う。

5、Cold Night For Alligators（オースチン→ダラス）
マクドナルドの店内で、太った男が怪しく喋り続けている。

「俺があの男と会ったのは、この店で働いているとき……」。

CRITIQUE

AA on AA
音楽と批評、あるいは間章的なるものへの生成変化

細田成嗣

黒い窓の空虚な闇の奥から何かが我々を誘う。
——青山真治「映画の地理学」[2]

対象不在のドキュメンタリー

完結はどこにもない
ひとときの中断がある
だけなのだ
私は何ものも終えない
——間章「廃墟論」[1]

人はしばしば廃墟に心奪われる。
風雪に汚された壁の語る時間、

周知のように青山真治は音楽の通人だった。いや正しくは実践者そのものだったと言うべきか。高校時代はバンド活動を行い、映画監督となってからも代表作『EUREKA』(二〇

〇〇年）をはじめ複数の作品で自ら音楽を手がけている。とはいえそれは単にミュージシャンの経歴を兼ねていたというわけではない。一口に音楽と言ってもマスカルチャーのそれに尽きることはなく、むしろ青山の嗅覚はマージナルな系譜を捉えていたからだ。十代にしてフレッド・フリスの来日公演に足を運んだことを一つの契機に新奇な音楽の世界に惹かれていったという彼は、フリスの盟友クリス・カトラーのドキュメンタリー映画『June 12, 1998—カオスの縁—』（一九九九年）を製作し、あるいは映画内にアルバート・アイラー、ジム・オルーク、フィラメントといった先鋭的な響きを忍ばせ、さらに『エリ・エリ・レマ・サバクタニ』（二〇〇五年）ではノイズ・ミュージックに焦点を当てている。好みの音楽を訊かれればキャプテン・ビーフハート、ソニック・ユース、ジョン・フェイヒー、サンハウスのアルバムを挙げて「J―POPには全く興味が沸かない」[3]とさえ言い放つ。その意味ではやはり青山真治は音楽に対してある種の特別な思い入れを抱き、特異な感性で聴き分けながら、自らの創作実践に音の観点を導入してきた人物だったと言える。

『AA　音楽批評家：間章』はそのような青山真治が監督を務めた、夭逝の音楽批評家・間章（あいだ・あきら／一九四六〜一九七八）を題材としたドキュメンタリー映画である。一九七〇年代に健筆を振るった間もまた、やはり特異な感性でマージナルな音楽と接しながら批評活動を展開した人物だった。批評家としての顔も持つ青山からしてみれば先達の一人でもあったのだろう。青山は中学時代に間のテキストと出会い「何だ、これは？　こんなものがあるのか」[4]と強烈な記憶が刻まれた経験があるそうで、いずれは向き合うべき避けがたい題材でもあったのだと言える——間の言を借りるなら「会うべきものはいずれ会う」[5]のだ。二〇〇二年から撮影が開始した本作は、もともと青山が当時ゼミ講師を務めていた映画美学校の授業の一環として生徒たちとともに一時間程度の短編として製作が進められたが、結果的に公開にまで漕ぎ着けたのは約五年後の二〇〇六年一二月一二日、しかも計四四三分、実に七時間半にもわたる大作へと結実することになった。鑑賞するために半日以上の時間を要するという、監督・青山真治が生涯の仕事を通して遺した作品の中でも最も長い映画であることは言うまでもないが、本作を特徴づけているのはむろん長さだけではない。いくつもの点でいわゆる通常のドキュメンタリー映画とは異質な作品に仕上がっているのである。

最も特徴的なのは対象として取り上げられる間章が不在であるということだ。たとえば同じダブル・イニシャルを持つアルバート・アイラーのドキュメンタリー映画、カスパー・コリン監督による『My Name Is Albert Ayler』（二〇〇五年）が、存命時のアイラーの映像や演奏風景、写真などを素材としてふんだんに用い、映画それ自体がアイラーの記録映像としても貴重な資料となっていることとは異なって、『ＡＡ』では間の映像は一切登場しない。肖像写真さえ出てくることはなく、映されるのは大友良英、亀田幸典、近藤等則、佐々木敦、清水俊彦、副島輝人、高橋巖、竹田賢一、灰野敬二、平井玄、本間亮、湯浅学らミュージシャンから批評家まで世代も様々な十二名の出演者たちの語りと、そのうち一部のミュージシャンによるライヴ演奏、時折紛れ込むインタビュアー・大里俊晴の声、そして語りの中で言及される人物の写真などの資料だけである。間と直接関係のある映像と言えば手書きの原稿用紙が資料としてほんの少し映るぐらいだ。つまり七時間半かけて『ＡＡ』を観終えたとしても、間章がどのような風貌の人間で、どのような口調で喋り、本人が直接どのような主張を発していたのか、一切知ることができないのである。だがそうであるにもかかわらず、わたしたちはこの映画を鑑賞することによって、間章のイメージを脳内に形成し、さらには彼の音楽批評をゼロ年代のアクチュアルな試みとして立ち上げることができる。ならばここにはいったい何がドキュメントされているのだろうか。

間章を巡るイメージの再検証

そもそも間章とはどのような音楽批評家だったのか。一九四六年に新潟県で生まれ、立教大学中退後の六九年に二十代前半の若さで『ジャズ』誌に最初の論考「シカゴ前衛派論」を発表した間は、七〇年代に本格化した日本のフリー・ジャズと並走するように批評活動を押し進めていった。その対象はジャズのみならず、ロックやシャンソン、邦楽、現代音楽さらに晩年には映画にも及んでいる。また批評テキストを執筆するだけでなくコンサートのプロデュースや海外ミュージシャンの招聘などオーガナイザーとしても手腕を発揮した。とりわけデレク・ベイリー、ミルフォード・グレイヴス、スティーヴ・レイシーの三人を日本に紹介した功績は大きい。批評テキストでもっぱら知られているイメージとしては、ハイデガーをはじめニーチェ、バタイユ、ブランショなどの哲学／思想を援用しつつ、時にはほとんど詩／小説と呼ぶしかないような体裁で叙述される、衒学的で晦渋なその文体だろう。むろんテキストによって文体にも幅はあるが、実例を目にするのが早い。たとえば次のような文章である。

> 阿部薫の演奏地平は演奏に向ける破壊意志と厳密な演奏意志の上に成り立っている。恐らく阿部は世界のあらゆるサックス演奏者の中で、真にテクニックと奏法を持つ

ほんの数人の人間の内の最もラディカルな一人であることに間違いがない。エリック・ドルフィとスティーヴ・レイシーの他に阿部に比すべきテクネーと奏法を作業化し獲得したものはいまだないとの感を私は強く持っている。即興演奏行為を通して、意識と無意識の、肉体と精神の底知れぬ闇と出会ってしまった、無産者の栄光に照らされるようにして阿部は演奏行為の極北に立ちながら彼はそしてさけがたく無性と直面している。[6]

　これは間とほぼ同世代のサックス奏者で、一時期は密接な共闘関係を結び、間自身がコンサートのプロデュースも手がけた阿部薫のアルバム『なしくずしの死』（一九七六年）に寄せたライナーノーツの一部である。とにかく阿部の音楽が壮絶なものであることは伝わるのだが、どのように壮絶なのかはこれだけではなかなか摑めない。ライナーノーツには収録曲について具体的に書かれた箇所もあるが、たとえば「四十分近くにおよぶAlto Improvisation No.4は世界を反転させ、死滅と生誕を同時に反復させるかのリアライゼーション（演奏）だと言えるだろう。それはやさしさと悪意の呪われたディヴェルティメントである」[7]といった具合だ。それでもこのライナーノーツはまだ批評対象について叙述しているぶん平易な部類に入る。より文学的な色彩の濃いテキストになると、いわゆる印象批評とも異なる、特定の批評対象を持たない自立した文章表現のようにさえ見えるのである。いずれにせよそうしたテキスト群から浮かび上がってくる間章のイメージは、何やら恐ろしく、厳しさに貫かれた、近寄り難いものであることだろう。

　灰野敬二によるガットギターのソロ・インプロヴィゼーションから幕を開ける『AA』は、まずもってこうした神話化されてきたと言ってもいい間章のイメージを脱臼する。第一章「時代の未明から」では出演者たちが抱く間の印象や出会ったきっかけなどが主に語られる。後追いで彼の存在を間接的に知った世代の人々が一定の距離感とともにテキストの印象を振り返るのに対し、興味深いのは、直接交流があった人々の口から発せられる人間としての側面である。曰く「口数が少なくてシャイ」（平井玄）であり、「丁寧で優しい言葉で話しかけてくる」（清水俊彦）のであり、「楽しい人。いつも冗談ばかり言っていた」（近藤等則）のだという。他にも様々なエピソードが語られ、中にはイメージとそう遠くないものもあるものの、それだけではない「素顔」は意外にも感じられるのではないだろうか。[8]続く第二章「反復する未明」は、出演者たちがアヴァンギャルドなジャズに触れるようになった経緯や、批評家として活動を始めたきっかけなどを話すことによって、結果的に間章が批評活動を行った一九六〇年代から七〇年代にかけての音楽を巡る時代状況を辿り直すような言説が展開される。清水俊彦と副島輝人は草創期の日本フリー・ジャズ史を回想し、平井玄や竹田賢一らは七〇年代以降の流れを示す。大友良英、湯浅学、佐々木敦らは七〇年代後半から八〇年代にかけて、すなわち間章以降の歴史を紡いでいく。

第一章と第二章が間章の人物像と彼が活動した文脈を整理する、いわば外枠を固める作業だとしたら、第三章から第五章にかけては間の音楽批評それそのものが俎上に載せられる。第三章「非時と廃墟そして鏡」で中心となるのは音楽と政治の関わりだ。それは「ジャズを音楽の制度を解体してゆく為の闘いと運動としてとらえない限りにおいてはジャズは資本主義の商品としてしか存在しないし、新しい音楽美とか、芸術性とかいうものの内部にあるとされるものとしてたわいもない娯楽物としてしか浮かび上がってはこない」[9]とも記した間が、音楽と政治運動を重ねて思考していたからに他ならないが、その戦略の是非について、あるいはより普遍的な音楽の政治性および個と共同体の問題について、肯定的／否定的の両翼を含む様々な立場から意見が提出される。それらをある種の現実主義と言い換えるならば、翻って第四章「僕はランチにでかける」で議題となるのは神秘主義である。すなわち、とりわけ晩年に人智学者ルドルフ・シュタイナーの神秘思想に傾倒していった間のオカルティズムの側面について、まさに間がシュタイナーに傾倒する大きなきっかけを作った人物の一人でもある高橋巖の語りを中心に掘り下げられる。留意すべきなのは間のシュタイナーへの関心は単なる神秘主義ではなく、政治運動と同様にあくまでも現実的な問題意識のうちにあったという点だ。なにより「命懸けでなければ霊的ではない」（高橋巖）のである。

非時の思索、あるいはインプロヴィゼーションについて

このように見てくると『AA』は極めて論理的に間章という不世出の音楽批評家の仕事を浮かび上がらせようとするドキュメンタリー映画だと言うことができる。まずは第一章で人物像を提示し、次に第二章で時代の文脈を抑え、続く第三章で彼の音楽批評の政治性を、さらに第四章でその神秘性を解き明かしていく。各章ごとにテーマが設けられ、映画の進行とともに間章の深みに分け入ることになるのである。そしてそうした『AA』の白眉とも言えるのが第五章「この旅には終わりはない」だ。ここでは主にインプロヴィゼーションがテーマとなる。やはり論理的な進行と言えるもので、「即興演奏はアナーキズムに即興演奏者はアナーキストにこそ照応すると私には思える」[10]と書いた間章にあっては、音楽と政

治学および運動体そして神秘主義は地続きのものとしてあり、その先に即興の問題系も控えていた。とはいえ彼が即興を、それもフリー・インプロヴィゼーションを可能性の中心に据えるようになったのは晩年のことである。もともとはフリー・ジャズにそのラディカルな可能性を見ていた。

それは転向ではなくモダニスティックな論理的帰結だったと言う方が正しい。というのも、もとより間章の音楽批評において問われ続けてきた問いの一つは、言うなれば「音楽を規制する〝制度〟との対決[11]」だったからである。たとえばジャズは即興性の度合いが高く、自発的にアドリブ演奏をすることでオリジナルな音楽が生み出せる芸術形式だと素朴に言われることがある。だがジャズにはジャズの制度＝システムがあるのであって、このことに無自覚なまま演奏された音楽は自発的でオリジナルなものではなく、まるで自動機械のようにシステムに演奏させられているとも言えるのではないか。だから既存のジャズのシステムから逸脱するフリー・ジャズは、間流に言えば「音楽の階級性、音楽の規定性、音楽のジャンル性、音楽の固定観念の否定と解体[12]」であり「音楽の解放[13]」へと向けたラディカリズムだったのだ。このような見立てはフリー・ジャズに可能性を託す限りで前時代的に映るかもしれないが、「音楽を規制する〝制度〟」への自覚そのものはむしろ現代において問われるべき問いであるように思う。たとえばあなたは特定の企業が商品として提供する楽曲制作ツールに制作させられていることはないだろうか。あるいはストリーミング・サービスに音楽を聴かされていることはないか？

いずれにせよ間章がラディカリズムを見たフリー・ジャズは、しかしながら実践の蓄積によって否応なく形式性を獲得し、一つの〝制度〟へと姿を変えてしまうことになる。そうした中で彼が出会ったのがデレク・ベイリーだった。「七八年の四月に来日したデレク・ベイリーというギタリストから私はかつてないショックとも言える体験を持った。私は彼によって今までどのような形でも決して見ることはなかった完全に自由で開かれた演奏者をそこに見た[14]」と驚きを記した間は、「今の私にはもうフリー・ジャズの未来は見えない[15]」とさえこぼし、ベイリーの非イディオム的なフリー・インプロヴィゼーションおよび彼が組織した流動的な参加者からなる演奏集団「カンパニー」に新たなラディカリズムを見出していく。

> かつての私はこのジャズというジャンルが持つ国家性を内側から打倒し解放する事によってもはやなにものでもなくなにものでもあり得る開かれた音楽の地平を生み出し得るはずだと思いつづけて来た。(……)私には今デレ

ク・ベイリーの「カムパニィ」こそ来たるべき新しい解放されたアンサムブルへ向う最も可能性のあるグループだと言う事が出来る。それは極めてラディカルな在り方をしている。[16]

そして「ジャズの死滅の彼方に〝即興演奏者〟は闘いの次元を超えてひとつの共同の可能性と音楽の可能性を演奏者の特権性を脱ぎ去りながら開いてゆくに違いない」[17]と確信してみせる。それほどに間章を惹きつけたフリー・インプロヴィゼーションは、しかしやはり後続するミュージシャンの出現やリスナーの経験の積み重ねなどによって否応なく形式化へと陥る危険性が生じていってしまうのだった。『AA』の第五章が白眉なのは、間が見出したラディカリズムを一九七〇年代という時代に限定された実践として回顧するのではなく、そこからいわばベイリー以降とでも言うべき系譜——とりわけジョン・ゾーンの汎イディオム的なコラージュ/ゲーム的実践——を辿り直し、そしてゼロ年代における現在進行形の出来事へと接続する点だ。撮影当時のゼロ年代前半と言えば、ウィーンやベルリン、ニューヨーク、シカゴ、ロンドンそして東京などの各都市で九〇年代から同時多発的に出現し始めた、ペーター・ニクラス・ウィルソンが言うところの「新種の即興演奏」が耳目を集めた時期でもあった。[18] ウィルソンによれば「脱主観化、制限、静止、静寂、感情表現しない演奏など」[19]を中心概念とするそれらの即興演奏と関わる問題が、ここでは別角度から、たとえば「(情報の)飽和以降のリセット」(大友良英)や「極限までミニマムな行為」(佐々木敦)として議論される。日本語では「音響的即興」とも呼ばれることがあったそうした試みは、音楽から切り離された即物的な音響を介することで、聴取や空間、ノイズなど普遍的な問題にも議論の広がりを見せたが、『AA』でも同様に方法論としての即興の問題に留まらず、音楽とは何かという根源的なところまで議論は深化していく。ここに至って間章の音楽批評はもはや単にドキュメントされる対象として客体化されているのではない。むしろそのアクチュアルな可能性が、出演者たちの語りが織り成すゼロ年代の議論の場に召喚されるのだ。

第六章「来たるべきものへ」では再び灰野敬二のガットギターのソロ・インプロヴィゼーションが奏でられると、ミュージシャンと批評家の関係、あるいは音楽批評の意義のようなものについて出演者たちの言葉が続いていく。批評の必要性を問われた近藤等則が「一緒に共同作業できる人であれば素晴らしい」と言いつつ「良くも悪くも自分自身が一番自分自身の批評家」と語る場面は印象的でもある。そして最後は灰野敬二が三度目のライヴ演奏を、しかしソロ・ギターではなく童謡「赤い鳥小鳥」をアレンジした楽曲を歌い上げると、七時間半に及ぶ『ＡＡ』の旅はひとまずの終着点を見出す。

間章的なるものへの生成変化

果たして『ＡＡ』には何がドキュメントされていたのか。形式的には十二名の出演者たちによる語りである。彼らが間章について語りつつ、それぞれの個人史を振り返り、あるいは思索と実践を言葉で表すことから立ち上がる、それ自体が一種の音楽批評と言い得る映像だった。

その映像の構成には触れておくべき興味深い点がある。インタビュアー・大里俊晴の質問をできる限りカットすることによって出演者たちはほとんど独白のように言葉を紡ぐ。面白いのは、個々の語りがモンタージュされ、時には議論を戦わせているかのような場面が生まれることだ。とはいえ編集技術によって擬似的な会話を構築することそのものが目的であるようには思えない。大半の場面ではそれぞれの語りは会話的に組み合わされることなく、あくまでもモノローグとして連なるからだ。それにもしも議論を戦わせることが目的であれば、出演者同士を引き合わせて座談会のような場を設けることもできたはずである。その方がテーマも明確でわかりやすい議論が展開したのかもしれない。しかしながら『ＡＡ』はそのようには作られていない。だがそのことによって、結果としてここでは構成そのものが個と共同体の関係性を示すアンサンブルの一つのメタファーとしても機能しているのではないか。すなわち大里俊晴とのダイアローグから抽出されたそれぞれのモノローグが、個の語りという性格を保ったままモンタージュされることでポリフォニックに交差し、まるで自由な集団即興のアンサンブルを奏でるようにアドホックな共同性を獲得していく——時には互いに呼応し合うように関係性を結びながら。それは個別に録音したソロ・インプロヴィゼーションをプログラム制御で重ね合わせることで擬似的なアンサンブルを構築した大友良英のインスタレーション作品《quartets》（二〇〇八年）を彷彿させるところもある。いわば『ＡＡ』における語りの構成それ自体がベイリー以降の地平を受け継ぐ、テクノロジカルに仮構された集団的な即興演奏のようにも響くのだ。

むろんそのように構成された議論はわ、か、り、や、す、さ、という点では冗長に傾くだろう。だがそうしたある意味でノイジーなありようは『ＡＡ』のドキュメンタリー映画としての根幹を成す部分であるように思う。これまで見てきたように、各章にはそれぞれテーマが設けられ、その方向性に沿って各出演者の発言は並べられていた。各章のタイトルは間章の言葉を引用したものだが、そうではなくテーマをわかりやすくタイトルで提示することもできたはずだった。それに七時間半という時間も映画というフォーマットがゆえに長いのであって、たとえばテレビのドキュメンタリーの連続シリーズなどに照らしてみれば、むしろ全六回は少ない方であるとも言える。にもかかわらず各章はこのようなタイトルで、しかもあくまでも映画として七時間半にまとめ上げられた。それはなぜだったのか。おそらくここには間章の音楽批評がある種の文学性と不可分なものとして、つまり情報には還元し得ない剰余を多分に含むものとしてあったこととの関連がある。情報をわかりやすく提示するのであれば実話に基づいたフィクションを描くこともできただろう。だが監督の青山真治は『AA』をフィクションとして製作しなかった理由をこのように説明していた。

（……）無名性みたいなものがある具体的な象徴性を帯びて、ある種の顔みたいなものが立ち上がってくること、そこで特権化されて出てくるものに作品が固着してしまうのが嫌なんですよ。特権的な名前や顔に固着してしまうのを避けたい（……）[20]

加えて「これは情報にはなり得ないだろうという気がしているからこそ作っている」[21]とも述べている。クリアに整理された情報として伝達されることからは抜け落ちてしまう何か。あるいは特権的な顔を持たない不気味なものとしての『AA』に沈潜し、覚束ない足取りで映画館を後にした際に見出されるもの。そこには間章の音楽批評に接することと相同的とも言える体験がある。言い換えるなら『AA』は、間章を題材としたドキュメンタリー映画でありながら、その題材を対象として記録することなく、むしろ映画それ自体が間章的なるものへと生成変化することでドキュメントを試みる作品だったと言えるのではないか。かつて松本俊夫は「いっさいのできあいの物差を捨て去って、いわば裸の眼で現実を凝視すること、その凝視そのものの軌跡として記録の問題を追求すること、いいかえれば対象をあくまでも主体的に記録すること」[22]をネオ・ドキュメンタリーと呼んだが、『AA』には主体的な記録を超えて、主体が凝視する先にある不在の対象へと折り重なっていく動きを見て取ることができるのだ。そのようにしてゼロ年代に再び間章的なるものをアクチュアルな音楽批評として立ち上げることは、やはり音楽を特異な感性で聴き分け、かつ批評家でもあった青山真治でなければ成し得ない仕事だっただろう。

最後に付言しておきたいことがある。ゼロ年代、間章のテキストは絶版が多くなかなか入手できないものだった。そうした状況も間の音楽批評を徒らに神話化する一因となっていたはずだ。上映機会の少ない『AA』は今やそのような意味での間章的なるものの神話化の魔力も帯びてしまっている。だがその後テン年代になると間章のテキストは月曜社から著作集が刊行されることで、むしろ比較的容易にアクセスできるものとなったのだった。[23]ならば『AA』も後世に向けて開いていく必要があるだろう。それは一九七〇年代とゼロ年代という二つの時代の音楽批評の距離をニーゼロ年代の視点からあらためて測定することでもある——たとえば音楽批評が極めて男性中心主義的な語りとともにあったということも含め。わたしたちは対象が不在の廃墟のようにして佇む『AA』を、あらためて未完結性へと置き直していかなければならない。もう一人のAA、アルバート・アイラーはかつて「いずれ上空に現れる輝かしい光に対する準備はしておいたほうがいい」[24]と黙示録的に語ったことがあった。『AA』の闇が照らされる日もいずれは到来するはずなのだ。

（ほそだ・なるし　音楽批評）

1 間章『時代の未明から来たるべきものへ』イザラ書房、一九八二年、一四五・一四六頁。
2 青山真治『われ映画を発見せり』青土社、二〇〇一年、三一八頁。
3 同前書、二六〇頁。
4 リンディホップ・スタジオ編『間章クロニクル』愛育社、二〇〇六年、一六頁。
5 同前書、九五頁。
6 間章『非時と廃墟そして鏡』深夜叢書社、一九八八年、二七六・二七七頁。
7 同前書、二七九頁。
8 なお、間章本人が登場する記録映像として、一九七二年にNHK総合テレビで放送された『ドキュメンタリー「自由空間」—ある青年の試み—』という番組がある。新潟現代音楽祭「自由空間」をプロデュースする間の姿を追った約三〇分の番組だが、その中で彼は道ゆく老人に「おじさん、来たらいいよ。北の方に来た方がいいよ。北しかない」とジョークを交えながら音楽祭に誘い、しかし残念なことに「やだよ」と一蹴されてしまう場面がある。間章はたしかに気さくな人柄だったようだ。
9 間章『時代の未明から来たるべきものへ』七六頁。
10 同前書、五九〇頁。
11 同前書、一〇六頁。
12 同前。
13 同前。
14 同前書、五七六頁。
15 同前書、五八九頁。
16 同前書、五九一頁。
17 同前書、五九五頁。
18 ペーター・ニクラス・ウィルソン「即興音楽の新たなパラダイム」北里義之訳、山田衛子補訳『NEWS OMBAROQUE VOL.64』二〇〇四年四月刊。
19 同前書、一〇頁。
20 リンディホップ・スタジオ編『間章クロニクル』二〇頁。
21 同前書、二五頁。

22 松本俊夫『映像の発見 アヴァンギャルドとドキュメンタリー』三一書房、一九六三年、六八頁。

23 二〇一三年一月に『時代の未明から来たるべきものへ 間章著作集I』、同年十一月に『〈なしくずしの死〉への覚書と断片 間章著作集II』、翌二〇一四年九月に『さらに冬へ旅立つために 間章著作集III』が刊行された。なお本稿を執筆するにあたっても全三冊からなる著作集およびそれらに付された須川善行の編集ノートを参照している。

24 アルバート・アイラー「リロイ・ジョーンズへの手紙」工藤遥訳『AA 五十年後のアルバート・アイラー』カンパニー社、二〇二一年、二三頁。

SHINJI AOYAMA & HEISEI CULTURAL HISTORY

青山真治と平成文化史

パンス（TVOD）

青山真治と「平成」というテーマをいただき、年表を作成した。一九九〇年（平成二年）に万田邦敏監督『極楽ゾンビ』に出演し、二〇二二年（令和四年）に逝去した青山氏のキャリアはたしかに、「平成」の時空間とともにあったと考えることができる。私自身は青山氏の映画を詳らかに論じられるような技量はとても持ち合わせていないのだが、この期間を年表形式でまとめることによって、新たな広がりのある見方を提示することはできるかもしれないと思い、作成に至った。

年表に記載する項目として、まず青山氏のフィルモグラフィや、その他携わった仕事をまとめ（太字）、各年ごとに起こった主要な事件をピックアップ、そして、同時代に公開された「邦画」の数々を列挙している。また、社会的な事象に限らず、青山氏とかかわりがあった方々による表現についても、挙げていけばきりがないのでほんの少しにとどめているが――記載している。また、ほぼ国内の出来事に限定した。

平成の約三十年間は非常に濃厚である。社会的には、昭和後期までに築かれてきた構造がひたすら解体していく時代だった。それらをざっくり区分するしてみるならば――平成初頭（『一九九〇年代』に当たる）においては政治改革や規制緩和といったポジティブなアプローチとして表象されたが、中期（『二〇〇〇年代』）にはその綻びについても論じられるようになった。後期（『二〇一〇年代』）は震災以降の混沌とともにあり、現在まで延長されているといった具合だ。

文化的にはどうか。八〇年代的な（セゾン的な）表現の華やかな残り香が徐々に後退し、よりオルタナティブなもの、ないしは人々の心理的な問題がフォーカスされるようになった、そんな流れの中に、青山氏の作品もあったと言って良いだろう。本年表には青山氏と直接の関係はないトピックがずらりと並んでいるわけだが、しかし、年表全体を眺めることによって、青山氏が生きた時代、そのエートスを味わい直すような仕上がりになっていれば幸いである。

1989年
昭和64年／平成元年

「平成」に改元→テレビ各局、特別番組を終日放送
金融機関の完全週休二日制開始
TBS「いかす！バンド天国」放送開始
消費税スタート：税率3％
任天堂「ゲームボーイ」発売
「ダイヤルQ2」開始
第15回参議院議員通常選挙：与野党の議席逆転、社会党躍進
宮崎勤、連続幼女殺害事件を自供
横浜の坂本堤弁護士一家の失跡が判明、公開捜査始まる
「スペースシャワーTV」開局
フリッパーズ・ギター『海へ行くつもりじゃなかった』
黒沢清『スウィートホーム』
今村昌平『黒い雨』
舛田利雄『社葬』
宮崎駿『魔女の宅急便』
北野武『その男、凶暴につき』
勅使河原宏『利休』
熊井啓『千利休　本覺坊遺文』
高嶺剛『ウンタマギルー』
降旗康男『あ・うん』
阪本順治『どついたるねん』
大林宣彦『北京的西瓜』

1990年
平成2年

万田邦敏『極楽ゾンビ』：出演

国土庁01／01発表の地下公示価格が暴騰
JR東日本、山手線に自動改札機の導入開始
礼宮文仁・川嶋紀子「結婚の儀」、秋篠宮家創設
景気拡大、「岩戸景気」を抜き戦後2番目の長さに
オウム真理教の進出問題で、信者と熊本県波野村村民が衝突
海部首相、中東支援策を発表
「ちびまる子ちゃん」動画の視聴率としては史上最高を記録
任天堂、「スーパーファミコン」発売
東京放送の秋山豊寛、日本人初の宇宙旅行
小栗康平『死の棘』
黒澤明『夢』
松岡錠司『バタアシ金魚』
篠田正浩『少年時代』
黒木和雄『浪人街』
北野武『3－4x10月』
神山征二郎『白い手』
市川準『つぐみ』
中原俊『櫻の園』
若松孝二『われに撃つ用意あり』

1991年
平成3年

政府、湾岸戦争支援に追加資金協力、避難民輸送のための自衛隊機派遣などを決定
中上健次・柄谷行人・高橋源一郎ら「戦争に反対する『文学者』の討論集会」で声明
新宿に新東京都庁完成
WOWOWが本放送を開始
育児休業法公布
港区芝浦に「ジュリアナ東京」オープン
雲仙普賢岳で最大規模の火災流発生
経済企画庁、景気拡大続き、9月に「いざなぎ景気」を超えると発表
文部省調査、1990年度の登校拒否の小学生・中学生が過去最高に
セゾン・グループ代表、堤清二が辞任表明
「スタジオ200」閉館
ピチカート・ファイヴ『女性上位時代』
『批評空間』『remix』創刊
『カイエ・デュ・シネマ・ジャポン』創刊0号刊行
岡本喜八『大誘拐　RAINBOW KIDS』
大林宣彦『ふたり』
黒澤明『八月の狂詩曲』
高畑勲『おもひでぽろぽろ』
山田洋次『息子』

北野武『あの夏、いちばん静かな海。』
竹中直人『無能の人』
阪本順治『王手』
恩地日出夫『四万十川』
中原俊『12人の優しい日本人』

1992年 平成4年

黒沢清『よろこびの渦巻』：出演
脳死臨調最終答申：脳死を「人の死」とし、臓器移植を認める
小林よしのり「ゴーマニズム宣言」連載開始
経済企画庁、前年1～3月をピークに、景気は下降期に入ったと発表
細川護熙前熊本県知事、日本新党結成
日本テレビ「進め！電波少年」放送開始
PKO協力法施行、国連平和協力本部発足
小沢一郎ら、国会議員44人で「羽田派」結成
中上健次が死去
大里俊晴『ガセネタの荒野』
周防正行『シコふんじゃった。』
宮崎駿『紅の豚』
深作欣二『いつかギラギラする日』
若松孝二『寝盗られ宗介』
石井隆『死んでもいい』
松岡錠司『きらきらひかる』
大林宣彦『青春デンデケデケデケ』
矢崎仁司『三月のライオン』
黒沢清『地獄の警備員』

1993年 平成5年

NHK「奥ヒマラヤ・禁断の王国ムスタン」での「やらせ」が発覚
日産座間工場、生産中止
東京入管局、代々木公園で「不法滞在外国人」を摘発
自称右翼、伊丹十三監督『大病人』上映中のスクリーンを切り裂く
皇太子徳仁・小和田雅子「結婚の儀」
北海道南西沖地震
第40回衆議院議員総選挙：自民党過半数割れ、「55年体制」が崩壊
中上健次『異族』
柳町光男『愛について、東京』
滝田洋二郎『僕らはみんな生きている』
相米慎二『お引越し』
黒澤明『まあだだよ』
北野武『ソナチネ』
市川準『病院で死ぬということ』
崔洋一『月はどっちに出ている』
山田洋次『学校』
石井隆『ヌードの夜』

1994年 平成6年

小沢健二とスチャダラパー「今夜はブギー・バック」
高速増殖炉「もんじゅ」臨界
フジテレビ「警部補・古畑任三郎」放送開始：脚本＝三谷幸喜
松本サリン事件
羽田孜→村山富市内閣成立
大江健三郎、ノーベル文学賞受賞
「セガ・サターン」「プレイステーション」発売
歌舞伎町に「リキッドルーム」オープン
新進党結成大会
阿部和重「アメリカの夜」（『群像』）
金子修介『毎日が夏休み』
高畑勲『平成狸合戦ぽんぽこ』
原一男『全身小説家』
神代辰巳『棒の哀しみ』
高橋伴明『愛の新世界』
大木裕之『あなたがすきです、だいすきです』
岩井俊二『undo』

1995年
平成7年

『教科書にないッ!』（オリジナルビデオ）監督・脚本

阪神・淡路大震災
タワーレコード渋谷店が移転、リニューアルオープン
地下鉄サリン事件
政府、規制緩和推進五カ年計画を決定
衆議院本会議、戦後50年国会決議
宮台真司『終りなき日常を生きろ』
国土庁、07／01現在の基準地価が4年連続下落と発表
テレビ東京「新世紀エヴァンゲリオン」放送開始
「ウィンドウズ95」日本語版発売
「アップリンク・ファクトリー」オープン
市川準『東京兄妹』
金子修介『ガメラ　大怪獣空中決戦』
岩井俊二『Love Letter』
崔洋一『マークスの山』
原田眞人『KAMIKAZE TAXI』
塚本晋也『TOKYO FIST』
是枝裕和『幻の光』
橋口亮輔『渚のシンドバッド』
石井聰互監督『水の中の八月』
若松孝二監督『エンドレス・ワルツ』

1996年
平成8年

『Helpless』監督・脚本
『セレブレートシネマ１０１「１／５」』（短編オムニバス集）
『我が胸に凶器あり』監督・脚本・編集
『チンピラ』監督

橋本龍太郎内閣成立
菅直人厚相、薬害エイズ問題で国の法的責任を認め謝罪
日本語版「Yahoo!」サービス開始
大阪府堺市で、病原性大腸菌Ｏ１５７による集団食中毒発生
民主党結成大会：代表＝鳩山由紀夫・菅直人を選出
デジタル多チャンネル放送「パーフェクＴＶ」が本放送開始
ペルー・リマの日本大使公邸、武装左翼ゲリラに占拠され、約６００人が監禁
携帯電話とＰＨＳの加入数が急増
中原昌也『ソドムの映画市』
周防正行『Shall We ダンス？』
小栗康平『眠る男』
森田芳光『（ハル）』
井筒和幸『岸和田少年愚連隊』
市川準『トキワ荘の青春』
細野辰興『シャブ極道』
北野武『キッズ・リターン』
阪本順治『ビリケン』
中田秀夫『女優霊』
岩井俊二『PiCNiC』『スワロウテイル』
山本政志『アトランタ・ブギ』

1997年
平成9年

『WiLd LIFe』：監督
『冷たい血』：監督・脚本

フジテレビ「踊る大捜査線」放送開始
野村證券、総会屋への利益提供を認める
消費税率が5%に引き上げ
神戸連続児童殺傷事件
東電ＯＬ殺人事件
「たまごっち」出荷総数が１０００万個を突破
山一証券、大蔵省に自主廃業を申請
アニメ「ポケットモンスター」視聴中の子どもたちに失神・けいれんなどが続出
「映画美学校」設立
阿部和重『インディヴィジュアル・プロジェクション』
永山則夫の死刑執行
今村昌平『うなぎ』

宮崎駿『もののけ姫』
荒井晴彦『身も心も』
竹中直人『東京日和』
原田眞人『バウンス ko GALS』
河瀬直美『萌の朱雀』
三谷幸喜『ラヂオの時間』
黒沢清『CURE』
森達也『A』
石井聰亙『ユメノ銀河』

1998年 平成10年

金融機関による大蔵省、日銀への接待汚職が次々と明るみに
長野冬季オリンピック
金融安定化のため、金融監督庁発足
和歌山カレー事件
出版社、リブロポートが廃業
映画評論家、淀川長治が死去
中原昌也『マリ&フィフィの虐殺ソングブック』
樋口泰人、boid設立

Phew & 山本精一『幸福のすみか』
北野武『HANA-BI』
三池崇史『中国の鳥人』
阪本順治『愚か者 傷だらけの天使』
平山秀幸『愛を乞うひと』
崔洋一『犬、走る』
磯村一路『がんばっていきまっしょい』
今村昌平『カンゾー先生』
井土紀州『百年の絶唱』
中田秀夫『リング』
庵野秀明『ラブ&ポップ』
山本政志『ジャンクフードJUNK FOOD』

1999年 平成11年

『SHADY GROVE』：監督
『EM／エンバーミング』：監督
黒沢清『大いなる幻影』：出演

ファイザー製薬、男性の性的不全治療薬「バイアグラ」発売
東京都知事選：石原慎太郎が当選
NTTドコモ「iモード」サービス開始
西村博之、匿名掲示板「2ちゃんねる」開設
男女共同参画基本法成立
通信傍受法・組織犯罪処罰法・改正刑事訴訟法の組織的犯罪対策3法が成立
金融再生委員会、一時国有化の長銀を米投資会社リップルウッドへ譲渡決定
茨城県東海村の民間核燃料加工会社JCOの施設で臨界事故発生
2000年問題：コンピュータ誤動作の可能性により、官庁・企業などが警戒態勢に
井筒和幸『のど自慢』
中原俊『コキーユ 貝殻』
森田芳光『39 刑法第三十九条』
北野武『菊次郎の夏』
原田眞人『金融腐蝕列島 呪縛』
諏訪敦彦『M/OTHER』
塩田明彦『どこまでもいこう』

中江裕司『ナビィの恋』
相米慎二『あ、春』
大島渚『御法度』
黒沢清『ニンゲン合格』

2000年 平成12年

『June 12,/1998 at the edge of chaos カオスの縁』：監督・撮影
『路地へ 中上健次の残したフィルム』：監督・構成
『EUREKA』：監督・脚本・編集
田村正毅『空 koo-ghe 華』（『TAMPEN 短篇』中の一篇）：出演
書籍『ユリイカ EUREKA』（2000年、角川書店）―のち文庫
書籍『キネ旬ムック フィルムメーカーズ11 ヴィム・ヴェンダース』（2000年、キネマ旬報社）：責任編集
書籍『ロスト・イン・アメリカ』

（2000年、デジタルハリウッド出版局）：阿部和重、黒沢清、塩田明彦、安井豊との共著、稲川方人、樋口泰人編

新潟県三条市で9年以上にわたって監禁されていた女性を保護
TBS「池袋ウエストゲートパーク」放送開始：脚本＝宮藤官九郎
大阪府知事選：太田房江が当選、初の女性知事誕生
西鉄バスジャック事件
長野県知事選：作家・田中康夫が当選
日本赤軍の重信房子、大阪・高槻市で逮捕
少年法改正公布：刑罰対象年齢を16歳から14歳に引き下げ

北小路隆志・共編著『社会派シネマの戦い方』
篠原哲雄『はつ恋』
阪本順治『顔』
緒方明『独立少年合唱団』
黒木和雄『スリ』
新藤兼人『三文役者』
深作欣二『バトル・ロワイアル』
清水崇『呪怨』（ビデオ版）
井土紀州『ヴェンダースの友人』
庵野秀明『式日』

2001年
平成13年

『月の砂漠』：監督・脚本・編集
『phew video』（VHS）：編集・構成＝青山真治・樋口泰人
『すでに老いた彼女のすべてについては語らぬために』：監督
『朗読紀行　にっぽんの名作「焼跡のイエス」』：演出
利重剛『クロエ』：出演
書籍『われ映画を発見せり』（2001年、青土社）

ハワイ沖で愛媛県宇和島水産高実習船「えひめ丸」が米原潜と衝突・沈没
閣議、規制緩和推進3ヵ年計画を決定
ユニバーサル・スタジオ・ジャパン開業
小泉純一郎内閣成立
大阪教育大附属池田小学校に男が乱入、包丁で児童8人を刺殺
米同時多発テロ発生
小泉首相、米のテロ報復措置への支持を表明

東浩紀『動物化するポストモダン』
相米慎二『風花』
橋口亮輔『ハッシュ！』
宮崎駿『千と千尋の神隠し』
矢口史靖『ウォーターボーイズ』
岩井俊二『リリイ・シュシュのすべて』
行定勲『GO』
高橋伴明『光の雨』
北野武『BROTHER』
森達也『A2』
須永秀明監督『けものがれ、俺らの猿と』
三池崇史監督『殺し屋1』

2002年
平成14年

『私立探偵 濱マイク　名前のない森』（テレビ版／映画版）：監督
『夢見の芭蕉～近藤等則・熊野を吹く～』：演出
『あじまぁのウタ　上原知子―天上の歌声』：監督
宮岡秀行『HOTEL CHRONICLES』：出演
書籍『月の砂漠』（2002年、角川書店）－のち文庫

TBS、ドラマ「木更津キャッツアイ」放送開始
小泉首相、田中真紀子外相と野上義二外務事務次官を更迭
新海誠監督『ほしのこえ』下北沢トリウッドで公開
第17回サッカー・ワールドカップ日韓大会
多摩川にアゴヒゲアザラシの「タマちゃん」が出現
郵政関連法が成立
小泉首相が初の訪朝、金正日総書

記と会談
町山智浩『「映画の見方」がわかる本』
大友良英ニュージャズクインテット『LIVE』
副島輝人『日本フリージャズ史』
大谷健太郎『とらばいゆ』
阪本順治『KT』
平山秀幸『笑う蛙』
曽利文彦『ピンポン』
小泉堯史『阿弥陀堂だより』
冨樫森『ごめん』
平山秀幸『OUT』
崔洋一『刑務所の中』
豊田利晃『青い春』

２００３年 平成15年

『刑事まつり「Noと言える刑事」』（オムニバス短編集）：監督・脚本
『Web CINEMA「TRUNK」』：監督
『軒下のならず者みたいに』：監督・脚本
『秋聲旅日記』：監督・脚本
『海流から遠く離れて』：監督・脚本
書籍『Helpless』（２００３年、新潮社）－のち角川文庫

北京で、脱北者４人が日本人学校に駆け込む
日本テレビ「エンタの神様」放送開始
六本木ヒルズが開業
産業再生機構が業務開始
有事法制関連３法成立
改正職業安定法、改正労働者派遣法成立
片山恭一『世界の中心で、愛をさけぶ』大ヒット
第43回衆議院議員総選挙：民主が大幅増、共産・社民が惨敗
中原昌也『エーガ界に捧ぐ』
K.K.『ワラッテイイトモ、』キリンアートアワード２００３で審査員特別優秀賞受賞

清水崇『呪怨』
阪本順治『ぼくんち』
北野武『座頭市』
黒沢清『ドッペルゲンガー』『アカルイミライ』
荒戸源次郎『赤目四十八瀧心中未遂』
森田芳光『阿修羅のごとく』
黒木和雄『美しい夏キリシマ』
廣木隆一『ヴァイブレータ』
犬童一心『ジョゼと虎と魚たち』

２００４年 平成16年

『レイクサイドマーダーケース』：監督
『ダムド・ファイル「地球の想い出」』：監督・脚本（未公開）
書籍『青山真治と阿部和重と中原昌也のシネコン！』（２００４年、リトルモア）－阿部和重、中原昌也との共著

陸上自衛隊と航空自衛隊にイラク派遣命令決定
樋口泰人、バウスシアターで「爆音上映」を開始
裁判員法成立：国民に刑事裁判への参加を義務付け
道路公団民営化関連法案成立
井上ひさし、梅原猛、大江健三郎ら９人の呼びかけで「九条の会」発足
青山ブックセンター、全店舗閉鎖
新潟県中越地震発生
「mixi」サービス開始
オレオレ詐欺の多様化を受け「振り込め詐欺」と命名

中島哲也『下妻物語』
是枝裕和『誰も知らない』
矢口史靖『スウィングガールズ』
根岸吉太郎『透光の樹』
崔洋一『血と骨』
森崎東『ニワトリはハダシだ』
大林宣彦『理由』
井口昇『恋する幼虫』
山下敦弘『くりいむレモン』
押井守『イノセンス』
岩井俊二『花とアリス』

2005年
平成17年

『WISH YOU WERE HERE』：監督

『エリ・エリ・レマ・サバクタニ』：監督・脚本

『AA 音楽批評家：間章』：監督

書籍『ホテル・クロニクルズ』（2005年、講談社）－のち文庫

書籍『死の谷'95』（2005年、講談社）－のち文庫

中山文科相、中教審総会で「ゆとり教育」の学習指導要領見直しを要請

「YouTube」サービス開始

中国で反日デモ拡大

フジテレビ、ドラマ「電車男」放送開始

衆院本会議で郵政民営化法案が否決→小泉首相、衆議院解散

この年、日本人口が統計開始以来初の自然減に転じる

井筒和幸『パッチギ！』

塩田明彦『カナリア』

内田けんじ『運命じゃない人』

山下敦弘『リンダ リンダ リンダ』

犬童一心『メゾン・ド・ヒミコ』

豊田利晃『空中庭園』

山崎貴『ALWAYS 三丁目の夕日』

大森立嗣『ゲルマニウムの夜』

井土紀州『LEFT ALONE』

諏訪敦彦『不完全なふたり』

2006年
平成18年

『こおろぎ』：監督・脚色

書籍『雨月物語』（2006年、角川学芸出版）

書籍『サッド・ヴァケイション』（2006年、新潮社）

日本郵政公社発足

ライブドア堀江貴文社長ら、証券取引法違反容疑で逮捕

村上ファンド・村上世彰代表、証券取引法違反容疑で逮捕

小泉首相、終戦記念日に靖国神社参拝

最高裁、オウム真理教・松本智津夫被告の死刑確定

安倍晋三内閣発足：初の戦後生まれの首相誕生

「ニコニコ動画」サービス開始

改正教育基本法成立：「愛国心」などを盛り込む

渋谷に「ユーロスペース」リニューアルオープン

柳町光男『カミュなんて知らない』

小泉堯史『博士の愛した数式』

荻上直子『かもめ食堂』

堤幸彦『明日の記憶』

根岸吉太郎『雪に願うこと』

中島哲也『嫌われ松子の一生』

西川美和『ゆれる』

黒木和雄『紙屋悦子の青春』

李相日『フラガール』

冨永昌敬『パビリオン山椒魚』

2007年
平成19年

『サッドヴァケイション』：監督・原作・脚本

書籍『エンターテインメント！』（2007年、朝日新聞社）－のち『エンターテイメント！』と改題し朝日文庫

書籍『酔眼のまち ゴールデン街 1968～98年』（2007年、朝日新書）－たむらまさきとの共著

宮崎県知事にタレントの東国原英夫（そのまんま東）が当選

熊本市が「赤ちゃんポスト」設置を許可

伊藤一長長崎市長が銃撃される

日本国憲法の改正手続に関する法律（国民投票法）成立

新潟県中越沖地震発生

ボーカロイド「初音ミク」発売

福田康夫内閣発足

大友良英『幽閉者（テロリスト）』

周防正行『それでもボクはやってない』
阪本順治『魂萌え！』
山下敦弘『松ヶ根乱射事件』
平山秀幸『しゃべれども　しゃべれども』
根岸吉太郎『サイドカーに犬』
吉田大八『腑抜けども、悲しみの愛を見せろ』
山下敦弘『天然コケッコー』
佐々部清『夕凪の街　桜の国』
井土紀州『ラザロ -LAZARUS-』
足立正生『テロリスト　幽閉者』

２００８年 平成20年

『赤ずきん』：監督・脚本
Nicolas Ripoche『Kijû Yoshida: qu'est-ce qu'un cinéaste?』：出演
浅野忠信『224466』（オムニバス『R246 STORY』中の一篇）：脚本

大阪府知事選で橋下徹が初当選
自販機でたばこを買う時に必要となる「タスポ」申込み開始
茨城県土浦市の荒川駅構内と駅前で無差別殺傷事件
Twitter、日本語版サービスを公開
Facebook、日本語版サービス開始
秋葉原無差別殺傷事件
米証券４位のリーマン・ブラザーズが経営破綻：リーマン・ショック
麻生太郎内閣発足
iPhone 3G、日本国内での販売開始
中原昌也『中原昌也作業日誌２００４→２００７』
万田邦敏『接吻』
若松孝二『実録・連合赤軍　あさま山荘への道程』
内田けんじ『アフタースクール』
橋口亮輔『ぐるりのこと。』
原田眞人『クライマーズ・ハイ』
阪本順治『闇の子供たち』
滝田洋二郎『おくりびと』
黒沢清『トウキョウソナタ』

２００９年 平成21年

書籍『地球の上でビザもなく』（２００９年、角川書店）

村上春樹、エルサレム賞受賞スピーチ「壁と卵」
新型インフルエンザ、国内で初確認
第45回衆議院議員総選挙：民主党が大勝し、政権交代へ
鳩山由紀夫内閣成立
行政刷新会議、２０１０年度予算に関しての「事業仕分け」を開始
庵野秀明『ヱヴァンゲリヲン新劇場版：破』
園子温『愛のむきだし』
横浜聡子『ウルトラミラクルラブストーリー』
西川美和『ディア・ドクター』
細田守『サマーウォーズ』
是枝裕和『空気人形』
諏訪敦彦『ユキとニナ』
宮藤官九郎『少年メリケンサック』
松江哲明『あんにょん由美香』

２０１０年 平成22年

『DOWN／だうん』：監督
書籍『帰り道が消えた』（２０１０年、講談社）
書籍『ストレンジ・フェイス』（２０１０年、朝日新聞出版）
書籍『シネマ21 青山真治映画論＋α集成２００１－２０１０』（２０１０年、朝日新聞出版）

社会保険庁廃止、日本年金機構発足
Twitter日本語版でリツイート機能が公開
東京・大阪の民放ラジオ局13社、「radiko」スタート

日米両政府、普天間基地移設先を名護市辺野古とする共同声明
経済産業省に「クール・ジャパン室」設置
尖閣諸島中国漁船衝突事件のビデオがYouTubeで流出
東京都青少年健全育成条例改正
阿部和重『ピストルズ』
宇川直宏「DOMMUNE」スタート
Phew『Five Finger Discount』
北野武『アウトレイジ』
石井裕也『川の底からこんにちは』
井筒和幸『ヒーローショー』
中島哲也『告白』
平山秀幸『必死剣鳥刺し』
若松孝二『キャタピラー』
李相日『悪人』
三池崇史『十三人の刺客』
瀬々敬久『ヘヴンズ　ストーリー』
石井隆『ヌードの夜　愛は惜しみなく奪う』
熊切和嘉『海炭市叙景』

２０１１年 平成23年

『東京公園』：監督
『60 Seconds of Solitude on Year Zero』（短編オムニバス集）：監督＝青山真治他多数
『劇的舞踊「ホフマン物語」』：映像監督
山本政志『スリー☆ポイント』：出演
アミール・ナデリ『CUT』：脚本：アミール・ナデリ、アボウ・ファルマン、青山真治、田澤裕一
書籍『映画長話』（２０１１年、リトルモア）－ 蓮實重彥、黒沢清との共著
舞台『グレンギャリー・グレン・ロス』（２０１１年６月11日〜19日、天王洲 銀河劇場、作：デヴィッド・マメット）－ 演出
舞台『おやすみ、かあさん』（２０１１年11月26日〜12月４日、あうるすぽっと、マーシャ・ノーマン作）－ 演出

中国、２０１０年の国内総生産（ＧＤＰ）発表：日本を抜き世界第２位へ
東日本大震災、福島第一原発事故
大友良英・遠藤ミチロウ・和合亮一ら「プロジェクトFUKUSHIMA!」立ち上げ
鎌田慧・坂本龍一ら呼びかけ、脱原発１千万人署名運動
被災東北３県を除き、地上デジタルテレビ放送へ完全移行
野田首相、原発は「冷温停止状態」で事故収束と宣言
園子温『冷たい熱帯魚』
大森立嗣『まほろ駅前多田便利軒』
成島出『八日目の蟬』
山下敦弘『マイ・バック・ページ』
阪本順治『大鹿村騒動記』
新藤兼人『一枚のハガキ』
橋本一『探偵はＢＡＲにいる』
大根仁『モテキ』
富田克也『サウダーヂ』

２０１２年 平成24年

『D×TOWN「スパイダーズなう」』：監督・脚本
『しょうがないマイラブ／入り鉄砲に出女』：監督
『メタロー　〜キオクころころ〜』：演出・脚本

ステルスマーケティング（ステマ）が話題に
東日本大震災からの復興施策を統括する、復興庁発足
国内初のＬＣＣ「ピーチ・アビエーション」が運航開始
石原慎太郎東京都知事、尖閣諸島の一部を都で買収する意向を表明
幕張メッセで「ニコニコ超会議」開催
北海道電力泊原発３号機が定期点検：43年ぶりに国内原発がすべ

て停止
オウム真理教・最後の特別手配犯、高橋克也容疑者逮捕
六本木クラブ襲撃事件
野田佳彦内閣総辞職、第2次安倍晋三内閣発足

原田眞人『わが母の記』
山下敦弘『苦役列車』
ヤン・ヨンヒ『かぞくのくに』
吉田大八『桐島、部活やめるってよ』
西川美和『夢売るふたり』
内田けんじ『鍵泥棒のメソッド』
北野武『アウトレイジ ビヨンド』
園子温『希望の国』
周防正行『終の信託』
タナダユキ『ふがいない僕は空を見た』
三宅唱『Playback』

2013年 平成25年

『最上のプロポーズ』(オムニバスドラマ):監督
『共喰い』:監督
『FUGAKU1/犬小屋のゾンビ』:監督・脚本
舞台『私のなかの悪魔』(2013年3月25日~31日、あうるすぽっと、ストリンドベリ作「債鬼」より)- 演出

閣議、教育再生実行会議の設置を決定
PC遠隔操作事件でIT関連会社社員の男性を威力業務妨害で逮捕
政府、米軍普天間飛行場の移設先となる辺野古埋め立てを沖縄県知事に申請
NHK連続テレビ小説「あまちゃん」放送開始
改正公職選挙法成立:インターネット上の選挙運動を解禁
マイナンバー法成立
日銀、「緩やかに回復しつつある」と景気の基調判断を引き上げ
安倍首相、福島の状況を「アンダーコントロール」と説明、20年五輪が東京開催に決定
特定秘密保護法成立

若松孝二『千年の愉楽』
石井裕也『舟を編む』
大森立嗣『さよなら渓谷』
宮崎駿『風立ちぬ』
白石和彌『凶悪』
是枝裕和『そして父になる』
森崎東『ペコロスの母に会いに行く』
高畑勲『かぐや姫の物語』
山下敦弘『もらとりあむタマ子』
若松孝二『千年の愉楽』

2014年 平成26年

『FUGAKU2/かもめ The Shots』:監督・脚本
『Rocks Off』:プロデュース
フィリップ=エマニュエル・ソルラン『ジャパンスコープ ヌーヴェル・ヌーヴェル・ヴァーグのパノラマ』:出演
『ワーニャおじさん』:演出

国家安全保障局が発足
消費税が8%に引き上げ
作曲家・佐村河内守氏の作品、別人が作曲してきたことが判明
理研調査委、STAP細胞論文不正と認定
内閣人事局が発足:中央省庁の幹部人事一元化
厚労省、脱法ドラッグ販売停止を決定
長崎・佐世保市で高1女子、自宅マンションで同級生を殺害
蓮實重彥『「ボヴァリー夫人」論』
佐々木敦『「4分33秒」論』

山田洋次『小さいおうち』
井口奈己『ニシノユキヒコの恋と冒険』
呉美保『そこのみにて光輝く』
大林宣彦『野のなななのか』
石井裕也『ぼくたちの家族』
熊切和嘉『私の男』
山本政志『水の声を聞く』
小泉堯史『蜩ノ記』
安藤桃子『0.5ミリ』

吉田大八『紙の月』
武正晴『百円の恋』
山戸結希『5つ数えれば君の夢』

2015年 平成27年

『FuGAK3／さらば愛しのeien』：監督・脚本
『贖罪の奏鳴曲（ソナタ）』：監督
『破れたハートを売り物に「ヤキマ・カナットによろしく」』：監督・脚本
諸星厚希『甘党革命 特定甘味規制法』：出演
舞台『フェードル』（2015年12月4日〜13日、東京芸術劇場、シアターウエスト、ラシーヌ作）－演出
ISが日本人人質2人の映像を公開し、日本政府に身代金を要求
多摩川河川敷で中1男子の遺体発見 →少年3人を逮捕
渋谷区議会、国内初の「同性パートナーシップ条例」可決
「大阪都構想」の賛否を問う住民投票：大阪市の存続決定
改正公職選挙法成立：選挙権年齢を18歳以上に引下げ
リブロ池袋本店が閉店
安全保障関連法成立
訪日外国人客数、出国者を上回る
是枝裕和『海街diary』
冨永昌敬『ローリング』
呉美保『きみはいい子』
塚本晋也『野火』
荒井晴彦『この国の空』
石井隆『GONIN サーガ』
黒沢清『岸辺の旅』
橋口亮輔『恋人たち』
濱口竜介『ハッピーアワー』
山田洋次『母と暮せば』

2016年 平成28年

『カラフルな細いパイプ』：監督・脚本＝青山真治、福岡芳穂、鈴木卓爾
『はるねこ』：プロデューサー：青山真治、仙頭武則
舞台『榎本武揚』（二〇一六年七月十三日〜十四日、アンダースロー、安部公房作、リーディング公演のみ実施）－演出
マイナンバー制度がスタート
日銀、初のマイナス金利政策の導入決定
はてな匿名ダイアリーに「保育園落ちた日本死ね！！」という記事が投稿
民主党と維新の党が合流し新党「民進党」発足
熊本地震発生
日本で「ポケモンGO」配信開始
相模原障害者施設殺傷事件
天皇、ビデオメッセージで生前退位の意向表明
米共和党ドナルド・トランプ、大統領選挙で勝利
大手キュレーションサイトの大量閉鎖が発表
岩井俊二『リップヴァンウィンクルの花嫁』
真利子哲也『ディストラクション・ベイビーズ』
黒沢清『クリーピー 偽りの隣人』
庵野秀明『シン・ゴジラ』
山下敦弘『オーバー・フェンス』
李相日『怒り』
深田晃司『淵に立つ』
西川美和『永い言い訳』
中野量太『湯を沸かすほどの熱い愛』
片渕須直『この世界の片隅に』
森達也『FAKE』
佐藤信介『アイアムアヒーロー』

2017年 平成29年

森友学園への国有地売却で、国会が籠池理事長を証人喚問
東京都議選で自民党大敗、都民ファーストの会が第一党に
稲田朋美防衛相、日報問題で引責辞任

元ＳＭＡＰの稲垣吾郎、草彅剛、香取慎吾がジャニーズ事務所を退所
小池百合子都知事、「希望の党」結成
枝野幸男、「立憲民主党」結成
神奈川県座間市のアパートで男女計9人の切断遺体発見
富田克也『バンコクナイツ』
荻上直子『彼らが本気で編むときは、』
石井裕也『映画 夜空はいつでも最高密度の青色だ』
廣木隆一『彼女の人生は間違いじゃない』
三島有紀子『幼な子われらに生まれ』
黒沢清『散歩する侵略者』
是枝裕和『三度目の殺人』
岸善幸『あゝ、荒野』
白石和彌『彼女がその名を知らない鳥たち』
大九明子『勝手にふるえてろ』
小森はるか『息の跡』

2018年
平成30年

三島有紀子『ビブリア古書堂の事件手帖』：出演

この頃、漫画の海賊版サイト「漫画村」の認知高まる
財務省、森友問題に関する公文書改ざんを認める
愛媛県、加計学園問題で「首相案件」発言を記載した文書の存在を公表
「高度プロフェッショナル制度」を含む働き方改革関連法成立
西日本豪雨：平成最悪の豪雨被害に
東京・築地市場が営業終了
日産のカルロス・ゴーン会長、金融商品取引法違反容疑で逮捕
白石和彌『孤狼の血』
瀬々敬久『友罪』『菊とギロチン』
是枝裕和『万引き家族』
三宅唱『きみの鳥はうたえる』
濱口竜介『寝ても覚めても』
大森立嗣『日日是好日』
野尻克己『鈴木家の嘘』
塚本晋也『斬、』
高橋洋『霊的ボリシェヴィキ』

2019年
平成31年／令和元年

舞台『しがさん、無事？ are you alright, my-me?』（2019年5月7日〜12日、下北沢小劇場B1）ー 作・演出

川崎殺傷事件
吉本興業が「闇営業」に参加した芸人11人を謹慎処分に
「京都アニメーション」放火事件
「あいちトリエンナーレ」内の「表現の不自由展」企画が抗議を受け中止へ
消費税が10%に引き上げ
安倍首相の首相在任期間が憲政史上最長となる
２０１９年度の訪日外国人数が過去最高に
阪本順治『半世界』
今泉力哉『愛がなんだ』
鈴木卓爾『嵐電』
塩田明彦『さよならくちびる』
黒沢清『旅のおわり世界のはじまり』
深田晃司『よこがお』
荒井晴彦『火口のふたり』
真利子哲也『宮本から君へ』
石川慶『蜜蜂と遠雷』
白石和彌『ひとよ』

2020年
令和2年

『金魚姫』：監督
『空に住む』：監督

新型コロナウィルスが発生、感染拡大
政府、全国小中学校に臨時休校を要請
ＩＯＣ、東京五輪の開催1年延期を承認

政府専門家会議がコロナ時代の「新しい生活様式」を提示
観光支援策「Go To トラベル」キャンペーン開始
4月〜6月のGDP速報値が戦後最悪の落ち込みに
菅義偉内閣発足
劇場版「鬼滅の刃」の興行収入が200億円突破
HIKARI『37セカンズ』
城定秀夫『アルプススタンドのはしの方』
足立紳『喜劇　愛妻物語』
深田晃司『本気のしるし　劇場版』
黒沢清『スパイの妻　劇場版』
河瀬直美『朝が来る』
土井裕泰『罪の声』
武正晴『アンダードッグ』
諏訪敦彦『風の電話』
小田香『セノーテ』

2021年
令和3年

新型コロナウイルスのワクチン接種スタート
改正育児・介護休業法が成立
東京オリンピック、パラリンピック開催
デジタル庁が発足
新型コロナウイルスの変異株により感染者が急増
大阪市北区の雑居ビルで放火とみられる火災発生
土井裕泰『花束みたいな恋をした』
西川美和『すばらしき世界』
岨手由貴子『あのこは貴族』
石井裕也『茜色に焼かれる』
横浜聡子『いとみち』
濱口竜介『ドライブ・マイ・カー』
春本雄二郎『由宇子の天秤』
吉田恵輔『空白』
原一男『水俣曼荼羅』
濱口竜介『偶然と想像』

2022年
令和4年

書籍『宝ヶ池の沈まぬ亀　ある映画作家の日記2016‐2020』（2022年、boid）
書籍『宝ヶ池の沈まぬ亀　ある映画作家の日記2020‐2022――または、いかにして私は酒をやめ、まっとうな余生を貫きつつあるか』（2022年、boid）
3月21日、頸部食道がんにより57歳で死去
ロシアによるウクライナ侵攻開始
知床半島沖で観光船が沈没
安倍晋三元首相、銃撃され死亡、国葬
片山慎三『さがす』
吉野耕平『ハケンアニメ！』
阪本順治『冬薔薇』
早川千絵『PLAN75』
森井勇佑『こちらあみ子』
久保田直『千夜、一夜』
高橋伴明『夜明けまでバス停で』
中江裕司『土を喰らう十二ヵ月』
石川慶『ある男』
三宅唱『ケイコ　目を澄ませて』

月　の　砂　漠

第一稿

脚本＝青山真治

崩壊と再生のあいだで激しく揺れ動く家族の物語。2001年に映画化、翌年には小説版も刊行したが、この第一稿の執筆はおそくとも『Helpless』（p19）と同時期に遡る。青山がプロデューサーの仙頭武則に2作の脚本を提示したところ、仙頭がまず『Helpless』を選んだことで世に出る時期にズレが生じた。公開までの数年のあいだに物語には細かな異同が派生している。永井、アキラの娘の名前は公開時はカアイだが、初稿時はマリ。永井の名も変わっている。人物造形は初稿時を踏襲し、ストーリーはおおまかには同じだが、結末に大きな違いがある。

SCENARIOS

登場人物

キーチ（19）
永井雅彦（42）
アキラ（31）
マリ（12）

ハシガミ（33）
中年男
ブティックの女店員　木下カアイ
店長　木下満男
河原の少年少女　アサオ　シマコ

深夜番組の司会者
同・出演者1
同・出演者2
AD
売人　リンドウ
ハシガミの兄貴分
その舎弟

1　夜の川～河原

川面に炎が映っている。

河原で十数人の若い男女が焚火を囲んで座り、二人の少年がひとりの男の子を殴りつけているのを囃したてている。

殴られているのはキーチ（19）。

かなり激しく殴られ、眼蓋を切り、鼻からも口からも血を流している。

それでもキーチは抵抗せず、棒立ちにふらついている。

河原の果てに車のヘッドライトが見え、目ざとく見つけた少年のひとりが駆けて行く。

続いてもう一台、今度は殴っていた二人のうちひとりが駆けて行く。

少年たちは男も女も皆立ち上がり、キーチをまるで無視するかのように背を向けて、河原の果てを見やる。

独りになったキーチは、川沿いを下流に向けて歩き始める。

女の子のひとりがキーチに近づき、猿がシンバルを叩く人形を差出す。

キーチ、優しく微笑んで受取ると、また歩き出す。

2　路上

ヨロヨロと歩いていくキーチ。

背後から車のヘッドライトが近づく。

不意に気を失って倒れこむキーチ。

車の急ブレーキ音、続いて鈍い音。

車の前、キーチが路面に転がる。

運転していた男が車を下りて早歩きで近づくと、キーチの取り落した猿の人形が歪つにシンバルを叩いている。

男の手が、その人形を拾う。

3　寝室

ベッドに眠るキーチ。

寝返りをうつと、ベッド上に置いてあった例の猿の人形が床に落ちて動き出す。

驚いたようにとび起きるキーチ。

猿の人形、電池切れか、徐々に音が間延びして、やがて停まる。

ベッド上でその音をじっと聞いているキーチ。

4　リビング

階段を下りてくるキーチ。

広い食卓にあるのみかけのワイングラスを取ると、のみほす。口内の傷に滲み、顔をしかめる。ソファへ座ると、センターテーブルの煙草とライターを取って火を点ける。

ふと気づくとテレビの下のビデオが留守録設定で作動している。

リモコンを取りテレビをつける。

画面には有名な深夜討論番組が映り、出演者たちが口角泡をとばして激論を交わしている。

キーチ、そのうるささに耳を押さえ、ボリュームを下げる。

テレビからは音が消え、画面上で出演者が口をパクパク動かしているばかり。

それがおかしくて、キーチ、微笑む。

5　あるホテルの一室

この部屋でも例の深夜討論番組がついていて、女がそれを見ながら冷酒をのんでいる。やはりテレビの音は消してある。番組がCMに入ると、女は携帯電話を取り、番号を押す。

6　TV局・廊下

控室が並ぶ深夜の廊下に人影はない。

かすかに携帯電話の呼び出し音が聞える。

控室のひとつからその音は聞えている。

ドアには「永井雅彦様」とある。

7　同・控室内

昏い室内。壁に掛かった背広のポケットで携帯電話が鳴っている。

8　リビング・同刻

部屋を物色するキーチ。

書棚には「永井雅彦・著」と著者名のある何やら難しそうな本がズラリと並び、そのうちの一冊を何げなく抜き取ると、パラパラめくり、帯の著者近影の写真を取りはずして見る。

ちょうどテレビにその顔が映り、テレビ前に駆け寄り、見比べるキーチ。

何を云っているのか落着いた口調で語る永井雅彦(42)。


キーチ「……永井……雅彦……」

ふと見るとテレビの上に額縁が倒されてある。無造作に取り上げてみる。

永井の家族写真である。

永井とその妻らしき若い女(先刻のホテルにいた女である)の間にランドセルを背負った女の子がいる。

急に力が抜けたように額縁を取り落とす。

ガチャン、とガラスの割れる音。

ゆっくりと座りこみ、一点を見つめたまま動かなくなるキーチ。

冷や汗の一滴が額に流れ落ちていくが、まばたきひとつしない。

(F・O)

9 寝室(翌朝)

キーチの目が開く。

ベッドに横たわったキーチがガバッとはね起きると、ベッド脇の椅子に永井が座り、手にした額縁を見ている。

その永井を未だ眠りの只中にあるような萎えた目で見つめるキーチ。

永井「はじめに訊くが、君は離人症だね」
答えず、じっと見つめたままのキーチ。

永井「(肯いて)知らないならいい。私が帰ると君はリビングの床に座って身動きひとつしなかった。恐らくそれは離人症だ」
答えず、見つめたままのキーチ。

永井「(うつむいて微笑む)まあいいさ。……もうひとつ訊くが、君はあの河原に集まるウリセンボーイだね」

顔をそむけ、ベッドを抜け出るキーチ。

そばにあった自分の服を着こみ始める。

永井「心配することはない。私もゲイだ」

キーチ「それがどうかしたんですか」
見向きもせず、服を着続ける。

永井「(穏やかに)嘘じゃない」

キーチ「助けてくれてありがとう。僕はあなたに奥さんと子供がいて、そしてゲイだとしても誰にも言わないし何の興味もない」

永井「二人とはもう別れた」
キーチ、ドアの方へ向かう。

永井「もう少しいないか。話をしよう」
キーチ「僕、幸せそうな人を見ると気が変になるんですよ。さようなら」
ドアを開けて出て行く。
永井、立ち上がると額縁を棚に置き、背広姿のままベッドに横たわる。

10　路上を走るタクシー内

サングラスをかけた女が後部座席に座っている。
ホテルにいた女、写真の女、すなわち永井の妻、アキラ（31）である。
やや神経症的な落ち着きのなさで窓外を見続けている。
アキラ「あ、ここで止めて」
運転手「はい（と路肩に車を寄せる）」
アキラ「まだ下りませんから。あ、ちょっとそこまで行ってくるから、待ってて」
運転手「はあ（とドアを開け）あ、お客さん何か……」
アキラ「（気づいて）ああ、（サングラスを取って渡す。行きかけて戻り）やっぱりダメ、スーツケースは？」
後部座席のスーツケースを指さす。
運転手の「ああ」という返事も待たずに行ってしまうアキラ。角でキョロキョロしたかと思うと目の前の酒屋に入り、缶チューハイの半ダースパックを手に戻ってくる。
アキラ「（缶を開けながら運転手に）暑いわねえ。のむ？」
運転手「仕事中ですから」
アキラ「（微笑んで）いやだ、そっかあ」

×　　×　　×

角を曲ってくる小学生。写真の少女、マリ（12）である。
アキラ「（タクシーから顔を出し）マリ、マリ！」
車、近づいてマリの側に止まる。
マリ、靴を片方脱いで、中の小石を出す。
アキラ「乗んなよ、行こ」
マリ「またのんでんのね」
アキラ「ごめんね、行こ、おいで」
マリ、車に乗り、車は走り去る。

11　ラブホテルの一室

キーチが汗をかいて座っている。
彼の股間に顔を埋めて、太った中年男が唸り声を上げている。
キーチがのけぞる（射精したのだ）と同時に、中年男の唸りが甘美な調子に変わる。

×　　×　　×

浴室から出てきた中年男が、ミネラルウォーターをラッパのみしながら、ベッドのキーチの隣りに座る。
中年男「まあ商売柄っちゅうか、カミングアウトしてから格好つけたんか、その女房子供を離縁したんやな、そのへんもまあ知っとる人は知っとるっちゅうくらいのことでよ、どうでもええっちゃどうでもええことやん、そやけど永井は、そやから商売柄やな、東大出のゲイの評論家っちゅう自分のケジメなんやろな、……のむか、水」

キーチ「いや、……今どこにいる?」

中年男「知るかいな、ウチちゃうの」

キーチ「ちがう、その奥さんと娘さん」

中年男「知らんわ、知っとるワケないやろ」

中年男、立ち上がり、背広から札入れを出し、万札を五枚、キーチの顔をちょっと見て、さらに二枚、抜き取るとキーチに渡す。

受取るキーチ。

中年男「(冗談まじりに)永井雅彦なんかに浮気したら、承知せえへんぞお」

キーチ「ありがとう」

12 都会のまんなか

魚の腐ったような目で一点を見つめ、冷や汗を流すキーチ。微動だにしない。

不意に我に帰ったように身を起こすとブルブルッと震え、寒そうに両腕をかかえると前後に揺れながら、周囲を見回し、そして泣き始める。

車が来て停まり、野球帽にサングラスの男が下りて、周囲を見回した後、キーチに歩み寄り、錠剤の入った小瓶を見せる。キーチ焦って立ち上がりポケットを漁ると万札を出し、男にその中から二枚渡すと、男はキーチの手からもう一枚もぎ取るようにして奪うなり小瓶を押しつけ、キーチの肩をポンとひとつ叩いて去る。

男の後も見ず慌てて瓶を開けると手にいくつか錠剤を取ってのみこむキーチ。

歩きながら、さらにもう数錠。

13 永井邸・門前(夜)

鉄門を掴んで揺らし、ガタガタと音を立てる。やがてズルズルと地面に座りこむキーチ。

14 同・書斎

眼鏡をかけた永井がパソコンに向かっている。

静かに窓が開き、キーチが入ってくる。

永井、気づくが見向きもしない。

永井「戻ってくると思ってた」

黙ったまま離れた床に丸くなって座るキーチ。パソコンのキーを叩く音。

永井「他に行く所もないか。あの河原は追い出されっちまったのか?」

キーチ「……行ったら、また殴られる」

永井、うなずいて、身を起こすと眼鏡をはずし目頭を押える。

永井「リビングへ行ってコーヒーを持ってきてくれないか」

キーチ、しぶしぶのように立ち上がって出て行く。

15　同・リビング

階段を下りて入ってくるキーチ。

テーブルの端にコーヒーメーカーを見つけ、カップを取って注ぐ。

持って行こうとして不意に何者かがキーチの肩を突く。

コーヒーをぶちまけて倒れるキーチ。

ブリーフ一枚の男が立っている。

背中から肩にかけて見事な刺青がある。

永井の恋人、ハシガミ（33）である。

ハシガミ「何だよ、てめえは」

と、倒れたキーチの襟首をすばやく摑んで頰を殴る。

キーチ「……何でもないよ」

ハシガミ「（殴りながら）何でもない奴がどうしてここにいるんだよ」

逃げようともがくキーチをなおも追いつめ、蹴とばすハシガミ。

そこへ下りてくる永井。

永井「何だ、やめろ」

ハシガミ「（蹴りながら）儀式だよ、儀式」

永井「その子は関係ない」

ハシガミ「（なおも蹴る）あきたらあきたって言やいいんだ」

永井、ハシガミを押さえつけるが、ハシガミは永井をふりとばすと腹を蹴る。うずくまる永井。

ハシガミ、キーチをひきずってリビングに戻し、俯伏せに押さえこむと、ズボンとパンツを一気にはがそうとする。

キーチ「やめてくれ」

ハシガミ「ホラ、ケツ出せ、ケツ」

やがてキーチの白い尻が現わになり、ハシガミ、馬乗りになって自分もパンツをずらして、手に唾をつけるとそれをキーチの尻になすりつけ、腰を突き入れる。

悲鳴を上げるキーチ。

激しく腰を突きだすハシガミ。

永井、立ち上がると玄関へ行き、長い靴べラを持って戻ってくる。

ハシガミ、射精してキーチの上に倒れる。

そのハシガミを靴べラで思いきり打つ永井。思わずとびのき、打たれたところを手でかばうハシガミ。なおも打ち続ける永井。キーチ、這って永井の足にしがみつくが、永井はそのキーチをも打ち、返してまたハシガミを、キーチを交互に打ちすえる。

ハシガミ「あんたにはわかんねえんだ！」

なおも二人を打ちすえる永井。

永井「出て行け、二人とも!」
痛みに体を丸めるハシガミとキーチ。
永井「やりあうなら庭でやれ! 猿の喧嘩にはもってこいだ!」

16 同・庭

ひっくりかえったハシガミとキーチ。
永井がハシガミに衣服をまとめて投げつけ、窓を閉ざし、カーテンも閉める。
ひっくりかえったまま動かないハシガミに近づいて覗きこむ傷だらけのキーチ。
ハシガミ、ニコニコと微笑んでいる。
ハシガミ「とっくに終わってるってわかってたんだよ。あいつンとこにはもう女房子供が戻ってたんだよ。気まぐれだよ、単なる。でもその気まぐれで……」
血まみれのキーチを見て起き上がるハシガミ。
ハシガミ「痛くしたな。悪かった」
キーチ「慣れてるから、血が出んの」
ハシガミ「寒いな」
キーチ、服を取り、ハシガミに着せようとするが、ハシガミは制止する。
ハシガミ「着たくねえんだ。あいつの趣味で買った服だ。もう着たくねえ……」
ハシガミ、身を縮める。
キーチ、その刺青に包まれた体を抱き、擦る。
ハシガミもキーチの体に手を回す。
ハシガミ「寒い……寒いよお」
キーチ、なおも強く擦る。
ハシガミ「俺なあ、大事なことをしそびれちまったんだよ(泣いている)」
キーチ「大事なこと? (擦り続ける)」
ハシガミ「そう。とーっても大事なことなんだけどよお、お前やってくんねえか」
キーチ「俺が?」
ハシガミ「俺、親父に会いたくなっちまったよお、変だよなあ」

17 同・門前

ハシガミとキーチ、服を交換して着ている。
ハシガミ、車のトランクを開け、何か出すと、懐にしまい、前へ。
ハシガミ「乗れよ」
乗りこむハシガミとキーチ。
車走り出す。

18 コンビニ

入ってきたハシガミとキーチ、まっすぐに雑貨のコーナーへ行く。

「月の砂漠」セルDVD発売中 ¥5,170（税込）　発売・販売元：カルチュア・パブリッシャーズ

ハシガミ、果物ナイフとタオルを取るとレジへ。

19　とあるバー

入ってくるハシガミ、後ろにつき従うキーチ。
二人の男が飲んでいるテーブルへまっすぐに行き、膝まづくハシガミ。

男「ハシガミ、どうした」
ハシガミ「俺、やめます」
ハシガミ、果物ナイフを出すと、小指をテーブルに乗せ、ナイフを押しつけ、切り、吹き出る血をタオルで拭って指を巻く。切り取った小指の先をつまんで、テーブル上のナプキンで包み、男に差出す。
ハシガミ「納めてください」
男、受取る。
ハシガミ、立って一礼すると、踵を返して去ろうとする。続くキーチ。
男「ハシガミ、チャカは」
ハシガミ「(振り向いて) ください」
男「アホか、てめえ」
ハシガミ、懐から銃を出し、男に向ける。
ハシガミ「ください」
男「あとで泣き見んなよ」
ハシガミ、銃を下ろし、出て行く。
続いてキーチ。

20　永井邸・門前

車が着く。
ハシガミ「これ、持ってろ」
銃を渡す。受取るキーチ。
ハシガミ「元気でな。あいつによろしく」
キーチ「どこ行くんですか」
ハシガミ「わかんねえ。俺は大丈夫だ。行けよ……行けよ」
車を下りるキーチ。
ハシガミ「頼んだぞ。可哀そうな奴なんだ、あいつ」
車、去る。

21　同・リビング

ソファに横たわっている永井。
入ってきて、永井の前に座るキーチ。
永井「眠ってないんだ、ずっと」
キーチ「ハシガミさんがよろしくって」
永井「彼と出会った頃は眠れてた」
キーチ「会いたいの？　奥さんと娘さんに」
永井「どうしようもないだろ」
キーチ「捜すよ、僕が」
永井「あれが私と同じ気持ちなら、私を見ているなら……、そう思っている。しかしそれはきっと思い過ごしだ。私が夫であり父親でありそれ以外でないのなら、見られるのではなく見ることでしか、私は私でありえないのだし、それが愛というもののあり方なんだ」
キーチ「僕があんたを見てるよ」
永井「ありがとう。久し振りに眠れそうだ」
永井、すぐに寝息を立て始める。
キーチ「僕、捜すよ」
キーチ、眠る永井の手にそっと触れる。

22　TV局・駐車場（翌日）
ハシガミの服を着たキーチが永井の車の運転席で眠っている。
（そこに携帯電話の留守番電話サービスのナレーションが被さる）

23　同・控室
留守電の音が続く。
永井が携帯電話にじっと耳を当て聞きいっている。ひとつめは出版社の業務連絡、二つめは無言電話。そのノイズの奥に何かを聞き取ろうと懸命に耳を傾ける。そが何も聞こえず、ノイズは途切れる。
と同時にドアがノックされる。
永井「はい」
ドアが開き、ADが顔を出す。
ＡＤ「お待たせしました。永井先生、お願いします」
永井「はい、（と立ち上がり）あ、そうか、忘れたんだ（と携帯を操作し始める）」
ＡＤ「は？」
永井「いや、ゆうべね、留守電をセットし忘れたんですよね」
ＡＤ「はあ」
永井「（セットして携帯をテーブルに置き）お待たせ。行きましょう」
出て行く二人。

24　街角の電機店
ショーウインドウのテレビに永井が映っている。
学校帰りのマリがふと立ち止まり、父親の顔を見つめる。

25　TV局・駐車場
運転席で寝返りを打つキーチ。

26　街なかのブティック
服を見ているアキラとその側にアキラよりやや年上の女店員。二人はかねてよりの友人であり、女店員の夫であるさらに年高の店長が、メジャーを首からぶら下げて、レジで何やら計算している。
女店員「であんた今どこにいんのよ」
アキラ「（終始ニコニコと）色んなトコ」

女店員「色んなトコって、もう半年くらい経つんじゃないの」
アキラ「えー、まだ三ヶ月よ」
女店員「マリちゃん学校は?」
アキラ「行ってるわよ、ちゃんと。この週末はね、マリを連れて実家に帰ろうと思ってんの」
女店員「ふーん、アキラ実家どこだっけ」
アキラ「……(何かゴニョゴニョ言うが判然としない)」
女店員「え、何?」
アキラ「これ、試着させて」
アキラ、一着のワンピースを取り、二人試着室の方へ。
女店員「永井さん、出てるわね、テレビ。よく見るわよ」
アキラ「そう。元気そう?」
女店員「元気そうって、あんた全然見ないの?」
アキラ「見ないよ、見ると思う?」
女店員「そうね、見ないね」
試着室に入るアキラ。女店員がカーテンを閉める。

× × ×

試着室の中。
着ていた服を脱ぎ、ふと鏡を見、そのままじっと自分の目を見つめるアキラ。

× × ×

レジの側。
レジ越しにヒソヒソ話をし、ふくみ笑いをもらす女店員と店長。

× × ×

試着室の中。
鏡を見つめたままのアキラ。

× × ×

レジの側。
女店員と店長が濃厚なキスをし、店長の手が女店員の胸とスカートの中をまさぐる。

× × ×

試着室のカーテンがサッと乱暴に開き、ワンピースを着たアキラが出てくる。
すぐ前に女店員。
女店員「ああびっくりした」
アキラ「どして?」
女店員「どしてって急に……(服を見て)ああ、ちょっとアキラにはおバサンクサいかも」
アキラ「(鏡を見て)そう? そうかな? 私、オバサンだから、いんじゃない」
店長「(レジ側の小型TVを見ながら)おい出てるよ、永井さん」
女店員、ハッと振り向き、ダメッと言うように手を振り下ろす。
ペロッと舌を出す店長。
聞こえなかったように鏡を見続けるアキラ。
アキラ「うん、いいわよ、もらうわ、これ」

女店員「そう、じゃ……」
アキラ「あと……あの」
と歩き出したかと思うと、ヨロヨロッと足をもつれさせて座りこみ、仰向けに横たわるアキラ。
女店員「ちょっと、大丈夫、アキラ、ねえ、アキラ（と側にしゃがむ）」
アキラ、口を開け大きくまばたきしながら体をくねらせる。
アキラ「私、裏切ってない。私、愛してるわあの人のこと、ずっとずっと、愛してる、裏切ってなんかいない……」
女店員「うん、うん、わかった、わかった」
と手を握る。
店長「（近づいて）救急車、呼ぼうか？」
女店員「うるさい！　あっち行って！」
店長「おおこわ（去る）」
アキラ「怒らないで、ねえ、怒らないで、私裏切ってないわ、愛してるの、ずっと、あの人のことだけ、ねえ、わって」
女店員「わかってる、わかってるよ、ごめんね、ごめんね（アキラを抱きしめる）」

27　TV局・駐車場

永井の車に近づいてくるマリ。

車体を指で触り、その指を少し唇につけ、またその指で車体をなぞるようにして運転席の方へ。

と、運転席の窓が開き、驚きの表情のキーチが顔を見せる。

立ち止まり、キーチを見つめるマリ。

キーチ「マリちゃん？」

うなづくマリ。

キーチ「俺、運転手、パパの」

じっと見つめるマリ。やがて指をつき出すとキーチの頰に当てて走らせる。

黒い埃の線がキーチの頰につく。

マリ、踵を返して走り去る。

キーチ、慌ててエンジンをかける。

28　路上

早足で歩いてくるマリの後ろをキーチの運転する永井の車がついてくる。

マリ、気づいて逃げるが、すぐに車は追いつく。さらに逃げる。

マリ、立ち止まって車を待つ。

車も止まるが、やがて近づく。

窓を開けるキーチ。

マリ「ついてこないで」

キーチ「君のママに会いたいんだ」

マリ「会ってどうすんのよ」
キーチ「……ちょっと話が」
マリ「私だってもう十三年近く人間やってんのよ。みんな私を車の外に立たせて、自分は車の中。バカにすんのもいいかげんにしてよ」
キーチ「(慌てて)乗んなよ、送るから」
マリ「結構です。ついてこないで」
マリ、歩き出す。
キーチ、つかず離れず車を走らせる。

29 ホテル・入口

マリが後ろも見ずにとびこんでいく。

30 同・廊下

エレベーターを出てくるマリ。

階段を上ってきたキーチと鉢合わせ。

走り逃げ、とある部屋のドアを叩いて中に入るマリ。

31 同・客室

とびこんでくるキーチ。

窓ぎわでアキラとマリが抱きあっている。

アキラ「……誰？(ワンピースを着ている)」

キーチ「俺、永井さんの運転手をやってます」

アキラ「(吹きだして)運転手さんが何をやってるの、ここで」

キーチ「永井さん、お二人に会いたがってるんです。会えばきっとまた仲直りして幸せになれると、俺、思うんですよ、だから」

キーチ、言葉につまる。

アキラ「だから、何？」

キーチ「だから、会ってほしいんで、お二人をお連れしたいと思って……」

アキラ「(キーチを無視して)マリ、さあ、おじいちゃんとこ行くよ、荷物持って」

マリもまるでキーチなどいないかのように自分の荷物を抱えてドアへ向かう。

続くアキラの腕を、不意に摑むキーチ。

キーチ「一緒にきてください」

アキラ、キーチの手をふりほどこうとするが、キーチは離さず、部屋の奥へひっぱりこもうとする。

マリが戻ってキーチの腕にかみつく。

思わず手を離し、ベッドに尻餅をつくキーチ。

マリ「バーカ」

アキラとマリ、出て行く。

キーチ、腕に赤く滲んだマリの歯形を見つめ、急に体を硬直させる。発作が始まったのだ。腕を押えてじっと動かなくなるキーチ。顎に流れる冷や汗。


(F・O)

32　河原（夜）

再び焚火を囲んで少年少女たちが集う。

道に車のヘッドライトが光り、少年のひとりが駆けて行き、車に乗って去る。

またひとり、同様に。

もう一台、同じように少年がひとり、だが今度は運転手を見るなり、焚火の方へ逃げるように戻る。運転手も助手席からも人が下り後を追う。道の向こうからパトカーが赤いランプを回してくる。

少年少女たちは蜘蛛の子を散らすように逃げる。制服・私服の警官らが追い、捕える。

一斉補導だ。

制服警官のひとりがバケツの水を焚火にかけて火を消した。

×　×　×

誰もいなくなった河原にポツンとキーチが立っている。

足元に落ちている毛布を頭から被り、黒くくすんだ焚火の跡に寄り添うように横たわる。

×　×　×

朝。

目覚めると陽光が眩しい。

枕元に猿の人形があるのに気づき、手に取る。人形の腕に紙がはさんである。

開いて読むと、破いて棄てる。

風に乗って、紙片がとび散る。

×　×　×

川に足をひたして立つキーチ。

木片に猿の人形を縛りつけ、川に流す。

33　大きな川に沿った道

懸けられた橋に軽トラックがくる。

その荷台にアキラとマリが乗っている。

橋を渡ったところで軽トラは停まり、二人が下りて会釈すると、また走り去る。

アキラとマリは、川沿いの道を愉しげに手をつないで歩いて行く。

その道の先にポツンと一軒家がある。

34　一軒家の前

マリが走ってきて、家の前に佇む。

アキラも追いついてくる。

アキラ「着いたァ」

マリ、急に神経質にふさぎこんでうずくまり、石ころを木枝で弾く。

アキラ「外で遊んでな」

と中へ入って行く。

その後ろ姿を淋しげに見送るマリ。

35 同・中

玄関を開け、荷物を置くと、中へ入って行くアキラ。

中はガランとして家具はなく、しかしきれいに掃除されている。


アキラ「おばさん掃除してくれたんだァ」

ウキウキと一部屋づつ丹念に見て行く。

柱の傷を見つけ、指でなぞる、など。

自身の子供時代を懐しむように。

36 河原（昼）

錠剤をのみ、川を見つめて座るキーチ。

空になった錠剤の瓶が手を離れ土手に転がる。はねて川面に落ちる瓶。

それを見て自分も転落しようと土手の上に横たわり、転がり落ちる。が途中で止まる。顔を上げたキーチ、土手の上で永井が見ているのに気づき、立ち上がって逃げようと川沿いを歩き出す。

永井「（追って）警察から連絡があって車を取りに行った。盗難かと訊かれて事情を説明するのに苦労したよ。連中は私のことなど知らないから変な目で見られることはなかったがね」

キーチ「駐車場にマリちゃんがきた。あんたに会いにきたんじゃない。車を見にきたんだ。マリちゃん、いつもあんたと奥さんばかり車の中で自分を乗せてくれなかったって怒ってた。そうなのか」

永井、土手を上り始める。

キーチ、追い、土手の上で永井を捕える。

キーチ「奥さんにも会ったよ、奥さん俺が運転手だって言ったら笑ってた。何が可笑しかったんだろうな。あんたが会いたがってるって言ったって無視してた。とんだお門違いだよ、あんたなんか必要じゃないんだあの二人、（もがく永井を押さえこむ）あんた必要とされてないんだ、勝手な想像だよ、あんたの。わかる？」
永井、もがくのをやめ、キーチをおんぶした形で土手の上に倒れる。

キーチ「マリちゃんは黒いカーディガンに大きなハートマークのTシャツ、赤いランドセル、奥さんは何だかブカついた花柄のワンピース。目に浮かぶか。自殺したくなった？　こっちから転がり落ちようか、一緒に」

永井、キーチの腕をつかんで土手に転がる。二人一緒に転落する。が、途中で止まる。

動かない二人。やがて永井が内ポケットから新聞を出して、キーチに見せる。

ハシガミの顔写真。脇に「暴力団組員、父親を刺殺」と見出しがある。

ゆっくりと立ち上がるキーチ。

キーチ「永井さん、僕を買ってください」

永井も起上がり、服についた枯草を払う。
キーチ「奥さん、おじいちゃんとこ行くって言ってました。永井さん知ってますよね」
永井「私は行かない」
キーチ「僕を連れてって下さい。そして本当のところを僕に見せてください」
永井「いいのか。発作が起きるぞ」
キーチ「知りたいんです。本当のところを。だから僕を買ってください」
永井「もうよそう。君とは商売しない」
キーチ、ポケットから銃を出し、永井の頭につきつける。
キーチ「買ってください」

37　一軒家・階段
アキラ、上ってきて中段に腰を下ろし、壁を指でつつく。
壁が少しずれる。
嬉々として壁板をはずし、中から古いクッキーの缶を取り出す。
吹いて埃を散らし、二階へ持って行く。

38　同・庭
マリ、バレリーナのように高々と足を上げると、踊り始め、クルクル回る。

39　同・二階
アキラ、缶を開き、中から動物の人形や小さなぬいぐるみ、おハジキ、ビー玉、メンコなどを取り出すと、懐しげにひとつひとつ見つめ、畳の上に並べていく。

40　同・庭
回り続けるマリ、かすかに歌を歌う。

41　同・二階
ズラリと並んだ動物たちやぬいぐるみに囲まれて横たわるアキラ、大きく伸びをして、やがて目を閉じ、眠りこむ。
×　×　×
窓からの赤い夕陽が眠るアキラを照らす。その頬に鹿の人形がキスをする。目を開けると、マリがゴロンと横になる。
微笑みあう二人。
アキラ「おなかすいた？」
マリ「すいたァ」

42　山道（夜）
走ってくる永井の車。

「月の砂漠」セルDVD発売中 ¥5,170（税込） 発売・販売元：カルチュア・パブリッシャーズ

過ぎて行き、やがて停まる。

43 車内

助手席で銃をつきつけたままのキーチ。
運転席には永井。

永井「このまま道なりに下りて行けば大きな川に出る。橋の手前の道を上流に向かって川沿いに行け。三〇分も歩けば一軒家が見えてくる」

キーチ「行かないつもり?」

永井「言ったろ。君ひとりで行ってくれ」

キーチ「いいんですか、僕ひとりで行って」

永井「どういう意味だ」

キーチ、答えず、永井に銃をかざして見せると、すばやく車を下りる。
永井も慌てて下り、行こうとするキーチの肩を押える。
その手を振りほどくなり永井の頭を銃把で殴るキーチ。
永井、頭を押えてうずくまる。

キーチ「嘘なんですよ、全部。会いたいってのも、愛してるってのも。だったら俺が何したっていいワケだ。違いますか」

永井「君はどうやって生きてきた?」

キーチ「言ったでしょ。幸せそうな奴を見ると気が変になるって」

永井「自分を憐れむな!」

その言葉を聞いてうろたえるキーチ、永井に銃を向ける。

永井「無理だ。君に私は殺せない」

キーチ「約束したんだ、ハシガミさんと」

永井「ハシガミがどうして父親を殺したか知っているか」

キーチ、突然永井を殴り、蹴る。

永井「それはな、ハシガミが父親を男として愛していたからだ」

キーチ「言うな!(とさらに殴り、蹴る)」

永井「君もそうなのか」

キーチ「僕は親の顔なんか見たことない!」

走り去るキーチ。
永井、動けず、気を失う。

44 一軒家・台所

アキラとマリが段ボールを敷いた上に座って食事している。

アキラ「マリ、おいしい?」

マリ「うん、とっても」

アキラ「よかったねえ」

などと、幸せそうな二人。
と、携帯電話の発信音が鳴る。
顔を見合わす二人、マリがアキラを促しアキラ立って隣室へ。

カバンから携帯を取り出し、耳に当てる。
その様子を奥で見ているマリ。
アキラ「(おそるおそる)はい」
永井の声「そこにいるのか」
アキラ、答えず、ただ茫然とする。
永井の声「会いたい。愛している」
アキラの目から涙があふれ出る。
アキラ「……私も」
永井の声「車を捨てた。君と初めて会ったあの山道で」
アキラ、体を震わせて何かを耐える。
永井の声「今から行く」
アキラ「……だめ、こないで」
永井の深いためいきが聞こえる。
永井の声「恋のままならよかったんだ」
電話を切り、泣き伏しそうな自分の体を両手で必死に支えるアキラ。
いつか柱にもたれて母の姿を見つめていたマリも涙を流している。

45 川沿いの道

転がるように走るキーチ。

力尽きてダウンする。

呼吸が乱れ、咳こむ。

銃を見、それを天に向け、さらに自分の口につっこむ。

が、どうしても引き金を引くことはできない。

嗚咽して、むせる。

銃をポケットにしまうと、膝を抱えて、シクシク泣きだし、やがて立ち上がるとまた歩き出す。

46 一軒家・二階

マリが疲れきって眠る。

それを見届けたアキラは階下に下りる。

47 同・一階

下りてくるアキラ、居間にキーチがいる。
キーチ「あの人のことは忘れて下さい。マリちゃんとあなたと僕の三人で、ここで静かに暮らしましょう」
アキラ、キーチの側に座る。
アキラ「運転手さん、あなたいい人ね」
キーチ、顔を上げる。
アキラ「あなたを見てるとたまらない気持ちになるわ。憎しみが半分、愛しさが半分」
キーチ、じっとアキラを見つめる。
アキラ「あなたの中に永井がいるの。あなたが永井を愛してるのがわかりすぎるくらいわかって、とても耐えられない」
キーチ「僕もそうです」
うなずくキーチ。

キーチ「そしてあの人の中にもあなたがいる」

キーチ、手を伸ばしてアキラを抱く。キーチに凭れたアキラ、キスすると、ゆっくり押し倒し、首や胸に唇を這わせ、股間を愛撫する。

体を硬くし、小刻みに震えるキーチ。

アキラの唇がキーチの唇に重なる。

キーチ、突然アキラから逃れ、ポケットから銃を抜いてアキラに向ける。

アキラ、うろたえず、真っ直ぐにキーチを見る。


アキラ「殺して」

キーチ、わなわなと震えながら目を閉じ、引き金に掛けた指に力をこめる。

玄関の開く音、続いて永井が入る。

呆然と血まみれの永井を見つめる二人。

永井は倒れこむようにアキラに覆い被さり、抱きしめる。

かすかに声を上げ、永井の抱擁に応えるアキラ。

キーチ、見ていられず顔をそむけ、銃を足元に捨てると、立ち上がり出て行こうとする。

永井「そこにいろ」
一瞬立ち止まるが、すぐにヨロヨロと出て行くキーチ。

48　同・玄関口

出て行くキーチの後ろ姿に、アキラの上気した息づかいが聞こえる。

戸を閉ざすキーチ。

（F・O）

49　同・居間

暗がりでマッチに火を点けるアキラ、その火で永井のくわえた煙草に火を点ける。

永井「（一服吸って）眠らないと人は優しくなるのかもしれない」
アキラ、マッチの火を吹き消す。

永井「それまで許せなかったことが少しずつ許せるようになっていく」

アキラ「逆の人もいるわ。人それぞれね」
永井、フッと笑い、手を伸ばしてキーチの置いた銃を取り、寝転がる。

永井「誰かを殺したいと思ったことあるか」

アキラ「あるわよ。あなたを、その前にマリを」

永井「私もだ」
永井、銃を床に置くが、手は離さない。

永井「君に言いたくて言えなかったことがある。マリができるより前のことだ。セックスが終わって私がこんなふうに横たわっていた。君は台所に立って歯を磨いた。私はあの時、自分が君にとってただの行きずりの男でしかないように思えておそろしく不安で孤独な気持ち

アキラ「実際そんな感じだったわよ。あなた勝手にひとりで射精したじゃない。私は私でそんなふうにあなたのことを感じて、たまらなく歯を磨きたくなったんだわ」
永井「それでもわれわれは結婚したんだな」
アキラ「それでも、じゃないわ。だから、でしょ」
永井「そうか。だから、か」
永井、銃から手を離し、額に手を置く。
永井「ああ、君の側にいると眠くなる」
アキラ「……甘ったれね。相変わらず」
アキラ、起き上がる。
永井、そっと銃に手を戻す。
アキラ「あの子、どうしたかしら」
永井「彼は純粋だ。純粋すぎて少し怖いが」
アキラ「ふざけないで、わかってるくせに」
アキラ、立って出て行く。
永井、銃に手を置いたまま、眠る。

50 同・門前

座りこんで泣くキーチ。

玄関からアキラが出、キーチの側に歩み寄る。

顔を上げたキーチの顔をしばし見つめ、突然ひっぱたくアキラ。

キーチは表情を変えず、アキラを見つめ続ける。その頬をもう一度ひっぱたくアキラ。キーチ、立ち上がるとアキラをひっぱたく。さらにもう一発、もう一発。すぐにアキラが打ち返す。

× × ×

門の見える場所に並んで座る二人。
アキラ「あの人は行き倒れて道端に転がってたの。だから私はきのこの籠を置いて、あの人を、永井をここまで運んで、それから籠を取りに戻ったんだけど、もう無かった。後から母さんにすんごく怒られた。まだ十六だったわ。永井に会って、家出して、東京へ行って。気がついたら、両親は亡くなって、私にはマリができてた。聞いてる?」
キーチ「聞いてるよ」
アキラ「くだらない話ね。ねえ、ちょっと寝ていい?」
キーチ「あ、うん」
アキラ「(呟くように)ダメだって言っても寝ちゃうよ」
アキラ、横たわる。
アキラ「あなたのビンタ、凄く痛かった」
キーチ「僕、永井さんとは寝てません」
アキラ「……だからぶったのよ」
寝言のようにそう言い、眠るアキラ。
空はうっすらと明けかけている。

51 同・二階

かすかに明るくなってきた部屋で、ムックリ起き上がるマリ。

52 同・門前

すでに尾根が赤らんでいる。
眠るアキラの傍らで、座ったまままうとうとしているキーチ。
玄関を開けて近づいてくるのは永井である。
ふと目覚め、永井を見るキーチ。

永井「銃をどうした」
その声にハッと目覚めて起きるアキラ。

永井「銃をどうした」

53 同・階段

土足のまま駆け上がって行くアキラ。
永井は一階を捜し、階段下へ。

アキラ「(下りると永井を無視して) マリ!」
永井、アキラの精神的危機を感じ、背中から抱きしめるが、アキラはその手を振りほどこうともがく。

アキラ「マリ!」

54 同・庭

捜すキーチ。納屋の戸が少し開いているのに気づき、近づく。

55 同・納屋

戸を開くキーチ。
中で銃をキーチに向けて構えるマリ。
膝にクッキー缶が乗っている。
キーチ、手を上げる。

56 同・庭

アキラ、狂ったように永井を靴で殴りつけながら、くる。
納屋の入口にキーチの後ろ姿。
気づいた永井、駆け寄る。続くアキラ。

57 同・納屋

永井とアキラがくる。

アキラ「マリ!」

キーチ「くるな!」
マリにまっすぐ近づくと、銃を握り、もぎ取る。
マリ、クッキー缶を外の二人に投げつける。
缶はアキラに当たり、玩具が散乱する。
三人の間を風のように駆け抜けるマリ。
マリを追うアキラ。
追おうとする永井の前にまわり、銃をつきつけるキーチ。

キーチ「見えたよね、本当のとこが」

永井「まだだ（行こうとして押し返される）、言ったろ、君に私は殺せない」

キーチの脇を抜けて走り去る永井。

銃をつきつけたまま見送るキーチ。

キーチ「（か細く）僕しかいないんだよ、認めてよ、それを（歩き出す）」

58　川沿いの道～川

走るマリ。追うアキラ。

その背後を走る永井。

マリ、土手を上り、駆け下りて川へ。

続いてアキラ。

マリ、川岸で立ち止まる。

アキラ、マリに追いつき、抱きしめる。

土手に上がった永井、二人を見つけて立ち止まり、行こうとして止め立ちつくす。

険しい表情。

川岸で抱きあうマリとアキラ。

アキラ、やがて川へ入り、マリを手招きするが、マリは行かない。

泣き濡れた顔を川の水で洗うアキラ。

その様子を、やはり泣き濡れてはいるが笑顔で見つめるマリ。その背後の土手には永井が立っている。

永井、表情を変えずに二人を見つめる。

マリ、振り返って永井に手を振る。

振り返す永井。

マリ、手招きする。

永井、表情を硬ばらせたまま歩き出す。

道をヨロヨロとやってくるキーチ。

ラリったように何か呟きつつ微笑みながらも、目には涙が溢れている。

川岸に達した永井、マリの頭を撫で、靴のまま、川へ入って行く。

逃げるアキラに近づいて行く。

黙って見つめているマリの背後、キーチが土手を上ってくる。

アキラ「ダメよ、全然ダメ」

言いながら永井に水をかける。

永井「（水しぶきを受けながら）ダメだな」

アキラ「一度壊れたらもうダメなのよ」

永井「（アキラに水をかける）そういうことだな」

アキラ「（しぶきを受け）死んで」

永井「ああ」

永井、指を銃の形にして顳顬に当てる。

ふとアキラが川岸を見る。

マリのすぐ後ろ、キーチが銃を永井に向けている。振り返るマリ。無表情。

アキラ、永井を見る。

永井、バンッと言って、指の銃をはね上げる。

微笑むアキラ。

キーチ、引き金を引く。

銃声。永井がグラッと傾く。

微笑んだままのアキラ。

永井、よろけながらアキラに近づき、アキラに倒れこむ。受け留めたアキラ、ひしと抱き寄せる。

永井、笑顔で肯く。

マリ、川岸を二人の方へ近づく。

キーチ、銃を捨て、踵を返して歩き出す。

永井の体が川面に浮く。その体を流れるまま、寄り添って歩くアキラ。

二人を見守って川岸を歩くマリ。

三人を背に歩くキーチ。涙をこらえ、上を向く。

家族三人が下流へ向かって流れて行く。

59 都会のまんなか（シーン12と同場所）

ハシガミの服を着て、魚の腐ったような目で一点を見つめるキーチ。微動だにしない。不意に我に帰ったように身を起こすとブルブルッと震え、寒そうに両腕をかかえて前後に揺れながら、周囲を見回し、そして泣き始める。

暗転。エンドロール。

（終）

Fragments 5

仮面戦隊の★夜明け★
The Dawn Of The Persona Rangers
カラー／デジカム／95分

（起）依頼と契約……斯波と院長の密約
帰還者／侵入者……斯波
（承）孤絶した空間……少年院
火と水……
（転）食べることと連帯……兵糧攻め
音と散開……足音
（結）落ちること／浮ぶこと……死神

ある少年院。

二十人ほどの少年たちが受刑者として服役している。

脱走に失敗した斯波が戻ってくるのを見つめるかれら。

その中に田村直樹の姿もあった。


直樹は毎晩夢を見る。それは死神が院内に現れて、自分を罰する夢だった。

額を撃ち抜かれて絶命する直樹に、死神はさまざまな話をする。


院内の規律は厳しく、看守たちは少年らを動物並みに扱った。

受刑者のリーダー的存在である斯波が、直樹と同室の相馬を誘って、その他合計7人の秘密の会合を行う。それは待遇改善への抗議行動だった。


エスカレートした議論は、やがて暴動を熱望するようになる。

直樹は恐怖するが、もはや抜けることはできない。

そして計画は実行されることが決まった。

その直前、7人が一人ひとり、院長室に召喚される。

院長は一見優しそうで、しかし誰よりも冷酷な男だった。


誰もが裏切りを予感したが、斯波はやるしかない、とあくまで強行を唱える。

その時、相馬が看守に立てつき、暴行を受け、傷つく。

それを機に暴動は開始され、混乱が巻き起こる。

斯波は少年らを煽動し、机や椅子でバリケードを作らせ、篭城する。

相馬が看守長を人質に取り、バリケードのこちらと向こうで睨み合いが続く。

院外では飛び出した少年らを看守らが集団で殴りつけている。

どすん、どすん、と少年らが足を踏み鳴らして抗議する。


夜になって、直樹は斯波がこっそり脱け出して、看守らの側に逃げこむのを見る。

裏切り者は斯波だった。裏取引がなされたのだ。

やがて食い物がなくなり、ひとり、またひとりと投降する。

粛清された受刑者たちは、別の少年院へバラバラに移転させられる。

直樹だけはその少年院に残ることになる。


刑期を早めて出所する斯波に、なぜ裏切ったのか、と訊く直樹。

なぜ信じるのか、と逆に斯波は問い返す。

直樹は答えられない。


その夜、直樹はひとりで少年院を脱走する。

森の中で疲れきった直樹の前に死神が現れ、逃げてもムダだ、お前には待っている人たちがいる、その人たちのためにもお前は逃げてはならない、と諭す。

やがて追手は直樹を捕える。

追手の攻撃で血まみれの直樹は、輸送される車の中で、看守の一人に「他人を信じるからそういう顔になるんだ」と嘲われる。

だが直樹は、それでも自分には信じられる者がある、と自分に言い聞かせた。


本書p18掲載の「自由」や上記「仮面戦隊の夜明け」などを含み、『EUREKA』の続編となる予定の映画『波、あがりて』が、映画化に向けて動き出しました。今後のなりゆきにご注目ください。

青山真治（あおやま・しんじ）

1964年7月13日、福岡県北九州市に生まれる。立教大学文学部英米文学科在学中に蓮實重彥の講義を受講。卒業後、黒沢清の助監督をへて、1995年にVシネマ『教科書にないッ!』で監督デビュー。1996年、『Helpless』で長編映画デビュー。2000年の監督作品『EUREKA ユリイカ』で第53回カンヌ国際映画祭コンペティション部門にて国際批評家連盟賞とエキュメニック賞をW受賞。さらに「ルイス・ブニュエル黄金時代賞」を獲得し、評価を揺るぎないものとする。『チンピラ』（1996年）や『冷たい血 』（1997年）などのジャンル映画よりの作品から『月の砂漠』（2001年）や『こおろぎ』（2006年）の独創性や実験性、『サッド ヴァケイション』（2007年）が掉尾を飾る北九州サーガの語りの力感、『東京公園』（2011年）や『空に住む』（2020年）でみせた新機軸など、幅広い作風と野心的な作品群は平成の映画史において傑出している。小説家、批評家としても自作のノベライズ小説『EUREKA』で第14回三島由紀夫賞を受賞するなど、多数の書籍をのこした。おもな小説作品に『雨月物語』（2006年）、『地球の上でビザもなく』（2009年）、『帰り道が消えた』（2010年）、評論集やエッセイに『われ映画を発見せり』（2001年）、『シネマ21 青山真治映画論＋α集成2001-2010』（2010年）など。2010年代には舞台演出にもとりくみ、自作のほかにもストリンドベリやラシーヌの作品なども手がけた。2014年に多摩美術大学で、2016年からは京都造形芸術大学（現・京都芸術大学）で教鞭をとり後進の育成にあたった。教職を辞したのち、精力的に活動をつづけるも、2022年3月21日、東京で息をひきとる。このころの日々は『宝ヶ池の沈まぬ亀 ある映画作家の日記2016–2020』『宝ヶ池の沈まぬ亀 ある映画作家の日記2020-2022――または、いかにして私は酒をやめ、まっとうな余生を貫きつつあるか』（ともに2022年）に詳しい。没後発見された膨大な数の未発表脚本や企画案、草稿や断片によりその全体像はいまだ更新しつづけている。

撮影：池田正之

編集後記

青山真治のパソコンの中には数えきれないほどの企画書・プロット・シナリオが遺されていた。それだけではなく、まるで未来の自分が過去を振り返り作り上げたような、現在からみれば未確定の未来に向けてのフィルモグラフィや年表や予定が書き記されていた。ごく少数の実現された企画と膨大な実現されなかった企画が作り出す幻の巨木のようなものとしてそれはあった。「青山真治」という肉体は失われたが、パソコンの中の幻は消えない。だからとにかくまずその幻を未来に向けてそっと差し出す作業をやるんだよと、青山真治が笑っているように思えた。本書に掲載した企画やシナリオはそれらのほんの一部である。書籍となったそれらが人々の手にわたり世界中のさまざまな場所に根をはり樹となりその木陰が世界中に広がっていく。そんな「シェイディー・グローヴ」の幻影とともに本書はある。（樋口）

企画自体は昨年夏にたちあがったものの、諸般の事情で気づけば一周忌にほどちかい刊行となった。青山真治という稀代の映画作家の功績をふりかえるにはこのスペースはあまりにも小さいし、思い入れを語るにはなおさらである。その点は本書にご参加いただいたみなさん同じだと思う。書名は映画化にはいたらなかった構想や脚本を多数のこした青山氏の終わらなさに由来する。そのことを証明する計画も始動したと聞く。近い将来、あるいは遠い未来でも、青山作品の再帰を祈る。監修役の樋口さん、おつかれさまでした。（松村）

青山真治《あおやましんじ》アンフィニッシュドワークス

二〇二三年三月二〇日　初版印刷
二〇二三年三月三〇日　初版発行

編　集　樋口泰人＋松村正人
発行者　小野寺優
発行所　株式会社河出書房新社
〒一五一−〇〇五一
東京都渋谷区千駄ヶ谷二−三二−二
電話　〇三−三四〇四−一二〇一［営業］
〇三−三四〇四−八六一一［編集］
https://www.kawade.co.jp/

デザイン・本文組版　渡辺光子
印刷・製本　株式会社暁印刷

Printed in Japan
ISBN 978-4-309-25684-9
落丁本・乱丁本はおとりかえいたします。